Angelika Rohwetter, Marlies Böner Zollenkopf
Altwerden, wie es mir gefällt

verstehen lernen

Angelika Rohwetter, Marlies Böner Zollenkopf

Altwerden, wie es mir gefällt

Ein Lesebuch

Psychosozial-Verlag

Bibliografische Information der Deutschen Nationalbibliothek
Die Deutsche Nationalbibliothek verzeichnet diese Publikation
in der Deutschen Nationalbibliografie; detaillierte bibliografische Daten
sind im Internet über http://dnb.d-nb.de abrufbar.

Originalausgabe

Walltorstr. 10, D-35390 Gießen
Fon: 06 41 - 96 99 78 - 18; Fax: 06 41 - 96 99 78 - 19
E-Mail: info@psychosozial-verlag.de
www.psychosozial-verlag.de

Umschlagabbildung: *Senior woman kissing* © SuzanaMarinkovic/Thinkstock
Umschlaggestaltung & Innenlayout nach Entwürfen von Hanspeter Ludwig, Wetzlar
Satz: metiTEC-Software, me-ti GmbH, Berlin
ISBN 978-3-8379-2629-3

Inhalt

Vorwort

»I feel like myself and I like it.«
Georgia O'Keeffe (1887–1986)

In diesem Buch beschäftigen wir uns mit älteren und alten Menschen, ihren Lebensumständen, ihren Beziehungen, ihren Problemen und ihrer neuen Freiheit.

In den letzten Jahrzehnten hat sich der Blick auf das Alter verändert. Die meisten Menschen sind länger berufstätig als ihre Eltern, viele gründen deutlich später eine Familie, die Lebenserwartung ist erheblich gestiegen.

Es gibt Fotos von unseren Großmüttern in den 50er Jahren. Wir sehen alte Frauen in dunklen Mänteln, dem schwarzen Hut mit dem kleinen Schleier auf dem Kopf und der Handtasche am Arm. Die Gesichter sind oft müde und abgearbeitet. Damals waren unsere Großmütter gerade 60 Jahre alt. Ihre Rolle war klar definiert. Sie betreuten ihre Enkelkinder, halfen im Haus und im Garten, strickten Pullover und stopften Strümpfe. Wenn Arbeiter in Rente gingen, waren sie oft schon krank von 45 Jahren schwerer Arbeit. Viele erlebten ihren 70. Geburtstag nicht mehr.

Alte Eltern lebten vor 40, 50 Jahren oft im Haushalt ihrer Kinder. Durch ihre Mitarbeit unterstützten sie die Familie, solange es ihnen möglich war. Wenn sie gebrechlich wurden, pflegten die Angehörigen sie zu Hause.

In dem 1978 erschienen Buch *Alter als Stigma* schreibt Jürgen Hohmeier, dass alte Menschen eine gesellschaftliche Randgruppe bilden, die Hilfsmaßnahmen in Anspruch nehmen muss: »Die Notwendigkeit dazu hängt ebenso wie die Häufigkeit von zahlreichen individuellen und sozialen Faktoren ab, wie Gesundheitszustand, Einkommens- und Vermögensverhältnissen, Verhalten der Angehörigen etc.«

Heute bezeichnet die Werbung die 60- bis 70-Jährigen als Menschen im besten Alter. Nie besaß diese Altersgruppe eine größere Kaufkraft. Viele haben es zu einem ansehnlichen Wohlstand gebracht. Das Einkommen aus vielen Jahren

Berufstätigkeit war gewinnbringend angelegt und kann nun ausgegeben werden, für Kleidung, Kosmetik, Reisen oder zum Einzug in eine Senioren-Residenz.

In den letzten Jahren nahm sich auch der Buchmarkt dieser Altersgruppe an. Viele der Bücher, die speziell für ältere Menschen geschrieben werden, sind Ratgeber, in denen es darum geht, »schön und fit« bis ins hohe Alter zu bleiben.

Der Leser und ganz besonders die Leserin werden aufgefordert, Sport zu treiben, Kurse zu besuchen und sich an strenge Ernährungsregeln zu halten. Eine 70-jährige Frau, so die Verheißung, könne immer noch aussehen, als wäre sie 50 Jahre alt, und ein Mann mit Ende 60 immer noch am New York-Marathon teilnehmen.

In den Jahren nach der Berufstätigkeit diese Ansprüche zu erfüllen, klingt anstrengend und ist wohl nicht jedermanns Sache. Viele Menschen wollen sich im Alter von langer Berufstätigkeit, Kindererziehungszeiten, Haus- und Gartenarbeit ausruhen. Sie legen keinen Wert darauf, zehn oder zwanzig Jahre jünger auszusehen, als sie sind.

*

Im vorliegenden Buch wenden wir uns den »jungen Alten« im Alter zwischen 60 und 70 Jahren zu, die sich gerade damit beschäftigen, aus dem Berufsleben auszusteigen. Sind sie erleichtert, nach 40 Jahren Berufstätigkeit endlich ihre Zeit selbst einteilen zu können, viel Zeit mit der Familie zu verbringen, mit den Enkelkindern zu spielen, die Rosen zu beschneiden? Oder macht ihnen die Zukunft ohne Arbeit Angst? Empfinden Sie es als bedrohlich, nicht mehr mitten im Leben zu stehen, nicht mehr in ihrer einstigen Qualifikation gefragt zu sein? Befürchten sie, ein Leben ohne die Strukturen des Berufsalltags könne ihnen entgleiten und sie vielleicht sogar depressiv werden lassen?

Wir beschäftigen uns in unserem Buch mit den »Übergängen« im Leben: von der Berufstätigkeit zum Rentenalter, vom Wohnen in der eigenen Wohnung zum Leben in einer kleinen Seniorenwohnung oder im Altenheim. Dazu besuchten wir viele ältere Menschen. In der Regel sind sie zufrieden, dass sie noch in ihrem eigenen Haus leben können und sich selbst versorgen, eine kleine Wohnung in einer Seniorenunterkunft für sich einrichten konnten oder auch ein passendes Altenheim für sich gefunden haben. Dem »Wohnen im Alter« haben wir ein eigenes Kapitel gewidmet.

Besonders beschäftigen wir uns damit, wie körperliche Veränderungen und gesundheitliche Einschränkungen im Alter angenommen werden können. Im Leben der über 60-Jährigen werden die Entscheidungen für den Rest des Lebens getroffen. Wie sieht dann das Leben der oder des Einzelnen aus? Ist man bitter, weil das Leben einem nicht gegeben hat, was man sich gewünscht hat? Ist man verzweifelt, krank, einsam? Macht man der Welt, seinen Mitmenschen, seinen Kindern Vorwürfe? Mag man seinen alten Körper nicht mehr? Hat man Angst vor dem Tod? Welchen Umgang mit unerfüllten Wünschen, Krankheit, Einsamkeit gibt es? Kann man sich aussöhnen mit der eigenen Vergangenheit oder will man unzufrieden bleiben? Wir schreiben über Menschen, die ihren Weg nach den Jahren der Berufstätigkeit gefunden haben. Sie arbeiten weiter, freiwillig, weil ihnen ihre Arbeit Tagesstruktur gibt, weil sie zu ihrer Rente noch etwas dazu verdienen möchten, weil es ihnen Freude macht, sich ehrenamtlich in einem sozialen oder kulturellen Projekt zu engagieren.

Julia Onken sagt in ihrem Buch *Im Garten der neuen Freiheiten* dazu:

> »Die Arbeit trägt mich. Ja, so ist es, wer sich leidenschaftlich einer Arbeit verschreibt, wird erleben, wie sich dieses Engagement als tragfähige Basis für das eigene Dasein auswirkt. Hat man diesen Zusammenhang einmal begriffen, ist es einfach unmöglich, die Hände in den Schoß zu legen und zu warten, bis es Abend wird und das Licht ausgeht. Dann setzen wir alles daran, um weiterhin mit Begeisterung und Leidenschaft alles zu unternehmen, um das, was wir empfangen durften, zurückzugeben« (Onken, 2015, S. 167).

Nicht mehr berufstätig zu sein bedeutet auch, sich Wünsche erfüllen zu können, ein eigenes, neues Tempo zu entwickeln. Es ist die Möglichkeit, nach langer Berufstätigkeit das zu tun, was man möchte.

Doch auch, wenn im Alter mehr Zeit zur Verfügung steht, ist man in vielen Bereichen nicht mehr so schnell wie früher. Es gibt gesundheitliche Einschränkungen: Der Rücken schmerzt, der Blutdruck ist vielleicht zu hoch, man schläft nicht mehr so gut. Wie finden Menschen trotz ihrer Einschränkungen zu einem positiven Lebensgefühl? Viele ältere und alte Menschen suchen nach einem neuen Sinn für ihr Leben. Vielleicht wenden sie sich wieder der Religion ihrer Kindheit zu, besuchen wieder Gottesdienste, lesen in der Bibel und schließen sich einer Kirchengemeinde an. Oder sie besuchen Klöster, Kurse im Schweigen, beginnen zu meditieren. Darüber berichten wir im Kapitel »Religiosität und Spiritualität«.

Die Menschen, die heute alt sind, haben den Zweiten Weltkrieg erlebt. Die ganz alten Männer waren noch Soldaten und gerieten am Ende des Krieges in Gefangenschaft. Wieder zu Hause, bauten sie das Land auf und schwiegen zu ihren Erfahrungen. Auch die Frauen sprachen nicht über ihre traumatischen Erlebnisse. Sie haben Bombennächte erlebt, manche waren aus Schlesien, Pommern und Ostpreußen geflüchtet, waren Hunger, Kälte und Vergewaltigungen ausgesetzt. Jetzt, im hohen Alter holen die Schrecken der Vergangenheit sie manchmal ein. Im Kapitel »Positive Erinnerungen – Imagination« haben wir uns mit einer Form von Lösungsmöglichkeiten für die späten Traumafolgen beschäftigt.

Das Alter ist zudem die Zeit der Abschiede. Die alten Eltern sterben, gleichaltrige Freunde, Geschwister. Es ist nicht mehr so einfach, sich auf neue Beziehungen einzulassen und Freundschaften zu schließen. Vorhandene Beziehungen bekommen eine andere Bedeutung. Die langjährige Partnerschaft verändert sich, Sexualität wird neu definiert, bekommt einen anderen Stellenwert. Und schließlich ist die Auseinandersetzung mit dem Tod des Lebenspartners und dem eigenen Tod ein Thema, dem wir ein ganzes Kapitel widmen.

Nicht zuletzt widmet sich dieses Buch den Beziehungen zwischen den beiden Generationen der »jungen Alten« und den »alten Alten« und ihren jeweiligen Besonderheiten. Ein wichtiger Aspekt war für uns der Prozess der Individuation im Alter.

*

Wir wollen keine Forderungen stellen, sondern erzählen und beschreiben. Dieses Buch soll verschiedene Perspektiven auf das Älterwerden zeigen, ohne es zu romantisieren. Es beschreibt Facetten der Realität und der Normalität, ohne Ansprüche zu stellen. Es geht weniger um Veränderungen, als vielmehr um die Akzeptanz dessen, was ist – und was kommen wird. Es geht nicht um die Optimierung der Altersjahre, sondern darum, individuelle Wege zu finden und zu respektieren. Auch Räume für Erschöpfung, Lebensmüdigkeit, Schwäche und Nicht-mehr-Wollen, für Sich-nicht-mehr-anstrengen-, Nicht-mehr-kämpfen- und Nicht-mehr-gut-sein-Müssen soll es geben. Ein Rückzug bedeutet nicht Resignation, sondern eine aktive Umgestaltung des Lebens.

Alter bedeutet – das beschreiben wir in unserem Buch – Veränderung, Abschied, Beschwerden akzeptieren, Loslassen, Gewohntes aufgeben. Altwerden bedeutet aber auch, eine neue Freiheit zu erfahren. Julia Onken schreibt, dass es im fortgeschrittenen Alter hilfreich sein kann, sich die traurigen, schweren und belastenden Erfahrungen des Lebens noch einmal ins Bewusstsein zu rufen, aber nicht, um weiterhin darin zu verharren, sondern um sie zu bearbeiten und sich dann von ihnen zu verabschieden. Zum Leben, meint Onken, gehören auch all die schönen, glücklichen Begebenheiten und Momente. Es lohne sich, diese in den Fokus zu rücken. Schon die Erinnerung daran bringe die angenehmen Emotionen in Bewegung, die mit dem Erlebnis verbunden waren. Wer sich freue, dem öffne sich die Welt.

»Leben heißt«, so Onken »einen Entwicklungs- und Reifungsprozess durchzumachen, der so lange dauert, wie das Leben selbst – bis zum letzten Atemzug.«

So ist es der Wunsch der Autorinnen, die Leserinnen und Leser zu ermutigen, ihren eigenen Weg ins und durch das Alter zu finden. Gleichzeitig hoffen wir, zum Verständnis der Generationen (der jungen Alten und der alten Alten) beizutragen.

Wir bedanken uns bei allen Menschen, die uns so bereitwillig aus ihrem Leben, von ihren Wünschen und Ängsten erzählt haben. Ihnen ist dieses Buch gewidmet.

Angelika Rohwetter & Marlies Böner Zollenkopf

Übergänge

Was heißt heute »alt sein«?

Seit wenigen Jahren – vielleicht seit zwei Jahrzehnten – gibt es eine neue Altersdefinition. Die klassische »Altersgrenze«, das Ausscheiden aus dem Beruf, wenn man in Rente oder in Pension ging, besteht nicht mehr. Die Menschen, die jetzt in dieser Lebensphase sind, fühlen sich noch keineswegs besonders alt – und sie sehen auch nicht so aus. Aber jung sind sie auch nicht mehr – dafür umso beliebter als Konsumenten, denn sie sind noch sportlich, abenteuerlustig, interessiert an Dingen, an Reisen, an »lebensverlängernden Maßnahmen«. Auch dieser Begriff hat eine neue Bedeutung erhalten. Gemeint sind nicht mehr nur künstliche Beatmung und Magensonde, sondern Aktivurlaub, die »richtigen« Lebensmittel, ergänzende biochemische Präparate und Gehirnjogging bis hin zum Seniorenstudium. »Lebenslanges Lernen« ist nur eines von vielen Schlagworten aus diesem Kontext.

Die Menschen zwischen 60 und 70 Jahren sind die jungen Alten. »60 ist die neue 50« und ähnliche Slogans gehen heute durch die verschiedenen Medien. Das impliziert eine ganze Anzahl an Vorschriften und Forderungen, einen regelrechten Optimierungskatalog: schönste Großmütter, achtzigjährige Marathonläufer, Doktortitel nach Beendigung der Berufstätigkeit, Tauch- und Bergsteigerlehrgänge extra für diese Generation. Computerkurse für Rentnerinnen und Rentner sterben langsam aus, einen PC bedienen können mittlerweile fast alle, ebenso ein Smartphone oder eine Digitalkamera.

Was sie nicht mehr dürfen, diese jungen Alten: frühzeitig ermüden, an Hüft- oder Knieschmerzen leiden, keine Lust mehr auf Kurse haben. Überhaupt keinen Sport zu treiben, ist eine moderne Todsünde.

Dabei hat diese Generation mehr gearbeitet als die aufbauende Generation ihrer Eltern und Großeltern nach dem Krieg. Die meisten Frauen waren neben der Arbeit mit Haushalt und Kindern ganz oder teilweise berufstätig, die Männer haben sich durchaus an dieser Doppelbelastung beteiligt. Dazu kamen soziale Ansprüche, die früheren Generationen fremd waren. Ein großer Freundeskreis erforderte viel Zeit. Kindern wurde eine ganz andere Aufmerksamkeit entgegengebracht, Mitarbeit der Eltern in Kindergärten und Schulen war selbstverständlich. Neben allen Freuden und Vorteilen, die viele soziale Kontakte mit sich bringen, wird einfach verschwiegen, wie viele Stressfaktoren sich darin verbergen. Diese sozialen Kontakte können sehr aufwändig sein und – verstärkt durch die permanente Erreichbarkeit mithilfe der modernen Kommunikationsmittel – werden oft als anspruchsvoll und sogar als übergriffig erlebt. Und Berufstätigkeit bedeutete nicht einfach, in ein und derselben Firma bis zur Rente zu arbeiten. Höchste zeitliche und räumliche Bewegungsbereitschaft waren und sind gefordert, der Wille, sich fortzubilden und die Freude daran, in wirtschaftlich schlechten Zeiten für weniger Geld mehr zu arbeiten.

Dann gibt es nach diesen anstrengenden Jahrzehnten noch den Anspruch, die Alten mögen politisches, gesellschaftliches oder soziales Engagement zeigen, als Ehrenamtliche oder Freiwillige tätig sein. Die heute 60- bis 70-Jährigen waren es doch, die diese Kultur von Bürgerwachheit, Widerstand und Engagement entwickelt haben. Und sie fühlen sich dieser Kultur weiter verpflichtet, nicht zuletzt, weil sie nicht sehen, dass die nachfolgenden Generationen (inzwischen sind es schon zwei) ihnen diese Aufgabe abnehmen. Natürlich befinden sie sich da im Irrtum: Die heutigen Jungen sind nicht weniger aufmerksam, sie agieren einfach anders, klüger, weniger wild und trotzig. Sie haben auch weniger Gründe, sich gegen ihre Eltern aufzulehnen. Jedenfalls finden sich bei der allgemein nachlassenden Wahlbeteiligung die höchsten Wählerzahlen in der Generation der jungen Alten.

Sich ein bisschen zurückziehen zu wollen, nicht mehr auf allen Feiern dabei zu sein, lieber in den Schwarzwald zu fahren als nach Südtirol, auf der Donau Kreuzfahrten zu machen statt auf dem Jangtse – das kommt nicht gut an. Natürlich sind alle diese Aktivitäten erlaubt! Wunderschön, wenn es Freude macht, der Seele guttut und den Geist frisch erhält! Schrecklich nur, wenn die neue Lebensart, so jung wie möglich alt zu werden, zur Pflicht wird, wenn es nicht erlaubt ist, dass die Kräfte nachlassen, und es Tadel hervorruft, wenn man zugibt, dass man gern allein ist, für Stunden oder für Tage oder tatsächlich gern allein lebt.

In Rente gehen

Der Beginn der Lebensphase »Alter« wird häufig mit dem Eintritt in das Rentenalter und dem Ende der Erwerbstätigkeit verknüpft (vgl. hierzu Backes & Clemens, 2013).

Warum fällt es mir schwer, aufzuhören zu arbeiten?

Seit über 30 Jahren bin ich Sozialpädagogin. Immer arbeitete ich in schwierigen Arbeitsbereichen, zunächst mit straffällig gewordenen Männern, dann mit Frauen, die sich von ihren oftmals gewalttätigen Männern trennen. Die Arbeit verlangt mir viel ab; besonders die Frauen erwarten meinen vollen Einsatz. Das bedeutet oft, in die Auseinandersetzung mit Behörden und Ämtern zu gehen. Eine Verlängerung der Aufenthaltserlaubnis bei der Ausländerbehörde zu erreichen, eine Kostenübernahme für den Deutschkurs zu bekommen oder einen Platz in einer Krabbelgruppe zu finden sind nervenaufreibende Unterfangen. Es gibt auch schöne, innige Momente, die für viele Mühen entschädigen. Wenn ich erreicht habe, dass die Schulden, die eine Frau beim Jobcenter hat, durch Spenden bezahlt werden können, wenn das kleine Mädchen, das ich seit seiner Geburt kenne, mit ersten, wackligen Schritten auf mich zukommt, wenn mich der junge Mann, dessen Eltern aus Nigeria kommen, anruft und mir erzählt, dass er einen Studienplatz in Biologie bekommen hat und dass ich für die junge Mutter aus Ghana endlich eine Wohnung gefunden habe, spüre ich den Sinn meiner Arbeit.

Ich habe Menschen aus den unterschiedlichsten Ländern kennengelernt und an ihrem Leben teilgenommen. Sie sprachen mit mir über ihre Kultur, ihre Religion, ihr Heimweh, über ihre Sprache. Sie erzählten mir von ihren Familien, ihren Träumen und Hoffnungen, ihren Lebensgewohnheiten und Wünschen.

Ich habe zwei berufsbegleitende Fortbildungen abgeschlossen, eine Wohngruppe für türkische Mädchen mit aufgebaut und eine Migrantinnengruppe betreut.

Manchmal bin ich müde. Dann möchte ich nicht mehr so viel arbeiten. Ich bin fast am Ende meiner Berufstätigkeit angelangt.

Es sprechen viele Gründe dafür, vorzeitig in Rente zu gehen und nicht damit zu warten, bis ich das 65. Lebensjahr erreicht habe: Ich kann es mir finanziell leisten, mit dieser Arbeit aufzuhören, auch wenn ich nicht die volle Rente bekommen würde. Nur mein jüngerer Sohn studiert noch, und auch er verdient schon sein eigenes Geld. Wir haben ein Haus und zahlen keine Miete. Es gibt ein Sparkonto mit einem finanziellen Polster. Ich habe oft Schmerzen. Mein Rücken ist nicht in Ordnung. Wenn ich nicht berufstätig wäre, könnte ich mehr für meine Gesundheit tun. Ich hätte die Zeit, öfter zum Schwimmen zu gehen, an Kranken- und Wassergymnastik teilzunehmen. Meine Mutter ist 88 Jahre alt und lebt allein. Ohne meine Arbeit könnte ich sie öfter besuchen und mich um sie kümmern.

Warum höre ich also nicht auf zu arbeiten?

1. Ich habe Angst, nicht mehr ›dazuzugehören‹.
2. Als Rentnerin wäre ich endgültig alt. Ich wäre keine Sozialpädagogin mehr, sondern eine ›ehemalige Sozialpädagogin‹ (was vielleicht niemanden interessiert).
3. Ich hätte Angst, meinen Tag nicht genügend strukturieren zu können, Zeit zu vertrödeln. Davon weiß ich, dass es mich unzufrieden macht.
4. Bei meiner Arbeit bin ich ständig unter Menschen. Ich teile mir mit einer Kollegin das Büro, mit der ich auch befreundet bin. Wir haben so die Gelegenheit uns fachlich auszutauschen, aber es bleibt auch immer mal Zeit für ein Gespräch über private Dinge. Meine Klientinnen leben im gleichen Haus. Ich habe oft täglich Kontakt zu ihnen. Wenn ich nicht mehr arbeite, müsste ich mich um alle Kontakte selbst bemühen und ich müsste Verabredungen treffen. Vielleicht würde ich mich einsam fühlen.
5. Zeiten in meinen Leben ohne feste Arbeit taten mir nie gut.

Es gibt aber auch einige Dinge, die es mir leichtmachen würden, eher aufzuhören mit der Arbeit:

1. Ich könnte an ein oder zwei festen Gruppen teilnehmen, wenn ich nicht mehr berufstätig wäre. Geschichte, Literatur, Film und Theater interessieren mich. Ich sollte mich jetzt schon mal um eine Gruppe bemühen.
2. Ich hätte Zeit, Freunde zu besuchen und etwas länger bei ihnen zu bleiben, als es mir heute möglich ist – die Studienfreundin in Berlin, meine polnische Freundin in Chicago, Freunde in Süddeutschland.
3. Mein Mann, der jünger ist als ich, würde gerne für einige Zeit im Ausland arbeiten. Ich könnte ihn ohne Probleme begleiten und die Zeit nutzen, um zu schreiben, Archive und Bibliotheken zu besuchen, schöne Dinge machen.

So denke ich: Gut, dass ich noch etwas Zeit habe, mein Rentenalter zu planen.

M. BZ.

*

Die Professorin und Altersforscherin Ursula Lehr hat die Problematik in ihrem Aufsatz »Das Ende der Berufstätigkeit – eine Zäsur im Lebenslauf« wie folgt zusammengefasst:

> »Man spricht von der ›Altersgrenze‹, wenn es gilt, die Berufstätigkeit aufzugeben, in Pension oder Rente zu gehen. Das Ende der Berufstätigkeit – der eigenen wie der des Partners – bedeutet in jedem Fall eine Veränderung, eine Zäsur im Lebenslauf. Von den einen wird sie als neue Herausforderung und Chance, von den anderen als Gefahr, Problem oder gar als Krise wahrgenommen.«

Viele Menschen, besonders die, die mit ihrer Arbeit nicht sehr zufrieden sind, erwarten sehnlich das Ende der Berufstätigkeit. Die Arbeit wird mit Mitte 60 anstrengender, die Kräfte lassen nach. Trotzdem tritt oft, nach einigen Wochen in der Rente, eine große Leere ein. Wer sich bereits in den Jahren vor der Pensionierung Gedanken gemacht hat, wie sein Leben jetzt aussehen soll, wird es vielleicht einfacher haben. Der Berufsalltag hatte bis dahin – so viel Zwang er auch sonst mit sich brachte – von derartigen Entscheidungen entlastet: »Der Beruf sorgt für eine Mikro- und Makro-Gliederung unseres Lebens, für eine Rhythmisierung des Tages-, des Wochen- und des Jahresablaufes. Für viele Menschen ist die Berufstätigkeit der gliedernde Faktor, der mit der Pensionierung mit einem Mal entfällt« (ebd.).

Eine frühere Kollegin erzählt, dass sie es in der ersten Zeit nach dem Ende der Berufstätigkeit genossen habe, morgens lange schlafen zu können. Danach saß sie stundenlang im Bademantel in der Küche, trank Kaffee und las die Zeitung. Mit der Zeit fiel es ihr allerdings schwer, sich überhaupt irgendwann anzuziehen und eine Tätigkeit zu beginnen. Sie wünschte sich bald ihren zeitstrukturierenden Arbeitsplatz zurück. Gefordert zu werden und in regelmäßigen Kontakt zu stehen, bringt – solange es nicht das gesunde Maß überschreitet – viel Positives mit sich: »Der Berufstätige sieht und erfährt immer wieder etwas Neues, diskutiert mit anderen, setzt sich damit auseinander, sucht nach Argumenten für eine Zustimmung oder auch Ablehnung. […] Die Berufstätigkeit verlangt Organisationstalent; es muss geplant, überlegt und abgewogen werden« (ebd.). In vielen Büros gibt es morgens die gemeinsame Tasse Kaffee bei der die aktuellen politischen Ereignisse diskutiert werden. Dann wechselt man zu betrieblichen Themen über. Der Sozialarbeiter im Jugendamt bespricht mit seiner Kollegin einen Familienhelfereinsatz beim unbegleiteten minderjährigen Asylbewerber, überlegt mit ihr zusammen, welchen seiner Fälle er in die Wochenkonferenz mitbringen möchte, und klärt ab, bei welchen Hausbesuchen sie ihn begleiten müsste. Arbeitstag und Arbeitsinhalte werden diskutiert und geplant. Mit dem Eintritt ins Rentenalter fällt diese Organisation weg. Grundsätzlich lässt sich festhalten: »Bisher enge Kontakte werden weniger intensiv und auch die Partnerschaft erfährt oft eine Veränderung« (ebd.).

Es ist einfach, Pausen im Arbeitsalltag zu nutzen, um darüber zu sprechen, wie der Urlaub am Gardasee war und dass der Sohn länger studieren wird als vorgesehen. Vielleicht trifft man sich nach dem Dienst noch auf einen Kaffee oder auf ein Bier. Das erfordert keinen großartigen Verabredungsaufwand und ergibt sich während der Arbeitszeit. Nach der Berufstätigkeit müssen Kontakte zu Freunden und Bekannte neu und anders organisiert werden. Es wird schwieriger Alltagsdinge zu besprechen, wenn der vertraute Kollege nicht mehr am Schreibtisch gegenübersitzt. Aber es gibt noch den Ehemann oder die Frau zu Hause. Doch vielleicht möchte die Frau nicht den Inhalt der Zeitung mit ihrem Mann diskutieren oder ihr gewohntes Leben auf seine neue Freizeit einstellen. Das kann zu Problemen in der Beziehung führen, bietet aber auch die Chance, eine langjährige Beziehung neu zu gestalten.

Fahrradfahren und Spuren suchen

Robert ist 64 Jahre alt und gelernter Sozialpädagoge. Über 40 Jahre lang arbeitete er in der Jugendhilfe, bevor er vor etwa eineinhalb Jahren in Rente ging. Robert sagt, dass er seinen Beruf liebte, besonders in den Jahren, in denen er internationale Jugendreisen in ganz Europa organisierte und begleitete. Die letzten Jahre seiner Berufstätigkeit verbrachte er in der Behörde und war für den Jugendschutz zuständig. Diese Arbeit, die sich sehr von der Arbeit mit jungen Menschen unterschied, war für Robert in Ordnung, weil sie auch mit neuen Herausforderungen verbunden war. Aber am Ende hatte er das Gefühl: »Jetzt ist es genug.«

Die Zeit nach seiner Berufstätigkeit hat Robert gut und lange vorbereitet. Als ein Kollege, der sich bereits in den Ruhestand verabschiedet hatte, ihn ansprach und fragte, ob er Lust habe, mit ihm ein Projekt mit dem Namen »Spurensuche« zu entwickeln, sagte er gleich zu. Die »Spurensucher« beschäftigen sich mit der Zeit des Nationalsozialismus. Sie sammeln Spuren des Alltags der Menschen in dieser Zeit, Spuren des Widerstands und des Leids in dieser Periode. Schon früher hatte Robert für Jugendliche antifaschistische Spaziergänge organisiert, heute kümmert er sich um die Webseite der »Spurensucher«. Für sich sieht Robert in all seinen Tätigkeiten einen langen, roten Faden.

Robert ist ein sportlicher Mann. Er fährt viele Kilometer mit dem Fahrrad. Nachdem er in Rente gegangen war, erfüllte er sich einen lang gehegten Traum und fuhr mehrere Wochen mit dem Rad durch Spanien, Portugal und Frankreich. Er geht oft ins Sportstudio und wandert mit dem Alpenverein oder zusammen mit Freunden.

Für sein Rentenalter hatte Robert sich ursprünglich auch vorgenommen, wieder internationale Jugendreisen zu organisieren und daran teilzunehmen. Leider musste er feststellen, dass es sein altes Netzwerk nicht mehr gab. Viele seiner früheren Kollegen waren bereits in Rente gegangen, die jüngeren kannte er nicht. Zufällig las er in der Zeitung von einem Reiseangebot. Es wurde ein Reiseleiter gesucht, der kombinierte Schiffs- und Fahrradreisen auf Flüssen und Kanälen in den Niederlanden und Flandern begleiten würde. Robert fand, das wäre genau sein Projekt, und so ist er jedes Jahr fünf Wochen mit Urlaubern per Rad und Schiff unterwegs. Für diese Tätigkeit bekommt er ein Honorar, ebenso für seine Mitarbeit bei der freiwilligen Filmkontrolle in Wiesbaden, wo er schon im Rahmen seiner Tätigkeit als Jugendschutzbeauftragter mitgearbeitet hat. Nach der Berentung konnte er diese Beschäftigung weiter ausüben.

Nach etwa zwei Monaten »in Rente« hatte Robert das Gefühl, es wird zu viel. Neben den sportlichen Aktivitäten und der ehrenamtlichen Mitarbeit in verschiedenen Organisationen war er oft mit Freunden verabredet, die ihn jetzt ansprachen und meinten: »Nun hast Du Zeit, Dich mit uns zu treffen.« Robert fragte sich, was er wirklich wollte und ließ die Dinge etwas langsamer angehen. Jetzt nimmt er sich mehr Zeit für Gespräche mit seiner Frau, die noch berufstätig ist und erledigt mehr Hausarbeit als früher. Er bügelt und hört dabei Musik, geht einkaufen und kocht, wenn er dazu Lust hat. Noch immer steht Robert früh auf, aber er gönnt sich nun mittags eine Pause. Eine besondere Ordnung in Haus und Garten war nie wichtig für ihn und ist es auch heute nicht.

Roberts Leben ist ruhiger geworden, als es zu Anfang seines Ruhestandes war, auch wenn es immer noch viele Einträge in seinem Kalender gibt. Robert hat außerdem das Zeichnen für sich entdeckt. Vor einiger Zeit besuchte er einen Zeichenkurs und zieht sich nun manchmal zum Zeichnen auf den Dachboden zurück. Das Zeichnen entspannt ihn. Für die nächste Zeit wünscht er sich, mit einem Buch, draußen in der Natur auf einer Bank zu sitzen und zu lesen. Und Waldspaziergänge möchte er machen, allein oder mit seiner Frau, ganz ohne sportlichen Ehrgeiz.

Robert hatte keine Angst, sein Berufsleben aufzugeben, obwohl er seine Arbeit mit sehr viel Engagement wahrgenommen hat. Ein viel größerer Einschnitt, so befürchtet er, wird die Zeit jenseits seines 80. Geburtstags sein. Im Alter wird sich möglicherweise vieles ändern. Vielleicht müsse er dann das Radfahren aufgeben und alle anderen sportlichen Aktivitäten. Die Vorstellung, dement zu werden, macht ihm Angst. Es hilft Robert, in Kontakt mit »alten« Menschen zu sein, die im Leben stehen, aktiv und interessiert sind. Diese Menschen sind Vorbilder für ihn.

Seit Robert nicht mehr berufstätig ist, ist das Verhältnis zu seinen längst erwachsenen Kindern enger und vertrauter geworden. Er fühlt sich ihnen näher als in den Jahren davor. Das heißt nicht unbedingt, dass er mehr Zeit mit ihnen verbringt, aber er telefoniert öfter mit ihnen und schreibt Mails, nimmt mehr an ihrem Leben teil. »Meine größte Angst ist«, sagt er, »dass meinen Kindern oder auch den Enkelkindern etwas zustößt. Ein Kind zu verlieren muss ganz schrecklich sein. Diese Angst ist immer irgendwie da.«

In seinem Buch *Männer altern anders* schreibt Eckart Hammer:

> »Die Säule der Arbeit und Betätigung steht für die meisten Männer an erster Stelle ihrer Identität. Jeder Mensch braucht jenseits von Berufsarbeit irgendeine Form von sinnstiftender Tätigkeit. Nicht umsonst ist die Frage *und was machen sie so?* im Kontakt eine der ersten, mit der wir uns ein Bild von unserem Gegenüber machen. Unser Selbstwert, unsere gesellschaftliche Position, unsere Anerkennung, hängen maßgeblich von der Qualität unserer Betätigung ab« (Hammer, 2007, S. 28).

Robert hat für sich den Weg gefunden, jenseits des Berufslebens eine Erfüllung ein seinem Leben zu finden. Diesen Weg hat er gründlich und schon während seiner Berufstätigkeit vorbereitet.

Von der Rente etwas haben

Eigentlich ist Thorsten kein Rentner, auch wenn er nicht mehr arbeitet. Er befindet sich in der passiven Phase der Altersteilzeit. 2008 entschied er sich, diese Regelung in Anspruch zu nehmen. Heute ist Thorsten froh, seit zwei Jahren nicht mehr arbeiten zu müssen. Und er hat lange gearbeitet: Nach dem Abschluss der Realschule machte er eine kaufmännische Lehre. Es folgte der Zivildienst im Bereich Altenhilfe beim Sozialamt. Dort hatte Thorsten Kontakt zu alten Menschen, stellte Anträge und machte Hausbesuche. Zum ersten Mal kam er mit einem sozialen Arbeitsbereich in Berührung. In dieser Zeit überlegte er sich, BWL zu studieren und machte das Fachabitur an der Hochschule für Wirtschaft und Verwaltung. Doch es kam anders. Thorsten konnte sich nach seinem Zivildienst gut vorstellen, mit alten Menschen zu arbeiten, und bewarb sich an verschiedenen Fachhochschulen. Mit 22 Jahren begann er 1976 ein Studium der Sozialpädagogik. Sein Studienschwerpunkt war Gemeinwesenarbeit und da er in dieser Zeit auch Ferienfreizeiten für Kinder organisierte, nahm er gerne das Angebot an, sein Anerkennungsjahr bei einer Spielplatzinitiative zu machen. Die Arbeit gefiel ihm und so bewarb er sich in einem Kindertagesheim. Thorsten bekam eine befristete Stelle und arbeitete fünf Jahre im Hort mit Schulkindern. Es war in diesen Jahren nicht einfach, einen festen Arbeitsplatz als Sozialpädagoge zu finden, doch Männer, die sich für die pädagogische Arbeit mit Kindern entschieden, hatten eine bessere Chance. Und so fand Thorsten auch in einem anderen Kindertagesheim einen festen Arbeitsplatz. Dort arbeitete er neun Jahre. Es folgte eine Stelle als stellvertretender Einrichtungsleiter in einer Kita, die sich in einem Wohngebiet mit vielen sozialen Problemen befand. Hier änderte sich Thorstens Arbeitsbereich. Er hatte mehr Verwaltungstätigkeiten zu erledigen und arbeitete weniger in der Kinderbetreuung. Danach arbeitete er einige Jahre in einer Grundschule. Er betreute die Kinder, arbeitete aber auch fest in einer Schulklasse, zusammen mit einer Lehrerin. Darüber hinaus schloss Thorsten zwei berufsbegleitende Fortbildungen ab. Er wurde Mediator und systemischer Familienberater.

Am Ende seiner Berufstätigkeit war Thorsten Einrichtungsleiter einer Kindertagesstätte. Diese Arbeit war abwechslungsreich, gefiel ihm sehr und er erhielt viel Anerkennung von Kolleginnen, Eltern und Vorgesetzten. Jetzt tat es ihm fast leid, dass er sich zur Altersteilzeit entschlossen hatte. Aber in den letzten Berufsjahren hatte er auch festgestellt, dass es ihm manchmal schwerfiel, den dauernden Lärmpegel einer Kita auszuhalten. Die Arbeit war anstrengend und 40 Jahre Berufstätigkeit waren genug.

Schon während des letzten Arbeitsjahres besuchte Thorsten ein Seminar der Volkshochschule zum Thema »Männer und Ruhestand«. Die Teilnehmer dieses Seminars waren entweder seit Kurzem in Rente oder würden bald Rentner werden. Heute trifft sich Thorsten regelmäßig mit ehemaligen Mitgliedern dieser Gruppe zu gemeinsamen Aktivitäten und zum Gedankenaustausch. Das war eigentlich die einzige Vorbereitung, die Thorsten für die Zeit nach seiner Berufstätigkeit getroffen hatte. Er wollte das erste Jahr ohne Arbeit als »Sabbatjahr« ohne Verpflichtungen verstehen. Er hatte ein starkes Bedürfnis nach Ruhe und Entspannung. Schlafstörungen, unter denen er seit Jahren gelitten hatte, verschwanden in kurzer Zeit. Und er verbrachte mehr Zeit als früher im Sportstudio. Der erste Sommer ohne Berufstätigkeit war warm und Thorsten fuhr schon früh morgens ins Freibad oder machte Radtouren. Aber er konnte es auch genießen, lange in einem Café zu sitzen, Kaffee zu trinken und Zeitungen zu lesen. Erst im zweiten Jahr nach seinem Berufsausstieg begann Thorsten, seine Zeit mehr zu planen und wieder Aufgaben zu übernehmen. Heute berät er Menschen, die gerne ehrenamtlich arbeiten möchten und hilft ihnen, die für sie passende Tätigkeit zu finden. Er erledigt die Öffentlichkeitsarbeit für eine Stiftung. Alle zwei Monate trifft sich Thorsten mit ehemaligen Kolleginnen zu Gesprächen im Café, er nimmt an einem Vormittags-Englischkurs teil und besucht einmal in der Woche die alte Mutter einer Freundin im Altenheim. Damit entlastet er die Freundin und die alte Dame freut sich über die Abwechslung.

Thorstens Frau wird noch einige Jahre berufstätig sein. Die Beziehung zu ihr habe sich schon verändert, seit er nicht mehr arbeite, meint Thorsten. Er wäre geduldiger geworden, nehme alles gelassener, kleine Meinungsverschiedenheiten würden eher mit Humor ausgetragen als mit Schärfe. Er interessiere sich mehr für das, was seiner Frau wichtig ist. »Wir sind uns emotional nähergekommen, gehen liebevoller miteinander um«, sagt er. Insgesamt sei das Leben langsamer geworden. Dinge, die er früher nebenbei erledigt habe, wie der Besuch bei einem Arzt, haben jetzt einen anderen Stellenwert für ihn und nehmen schon mal einen ganzen Vormittag in Anspruch. Das Leben ruhiger angehen lassen, das ist für Thorsten jetzt wichtig. Thorstens Vater sagte ihm einst vor vielen Jahren: »Ich möchte früh aufhören, berufstätig zu sein, um viel von der Rente zu haben«. Da ist Thorsten mit seinem Vater einer Meinung.

Im Gegensatz zu Robert hat Thorsten das Ende seiner Berufstätigkeit auf sich zukommen lassen. Er wollte sich von langen, arbeitsreichen Jahren erholen, eine Pause machen. Erst dann kamen die Überlegungen: »Was mache ich jetzt? Wie will meinen Alltag, die nächsten Lebensjahre gestalten?« Nach knapp zwei Jahren ohne seinen Beruf ist Thorsten in seinem neuen Leben angekommen.

Arbeit ist Tagesstruktur

Seit vielen Jahren sind Brigitte und Lenja Freundinnen. Brigitte ist 72 und Lenja 67 Jahre alt. Beide haben zusammen in einem Dienstleistungszentrum gearbeitet. Sie teilten die Haushaltshelferinnen ein, die bei pflegebedürftigen alten Menschen arbeiteten. Voraussetzung dafür war ein Hausbesuch bei den alten Leuten, um sie kennenzulernen und ihre Wünsche und Bedürfnisse zu erfahren. So konnten Brigitte und Lenja feststellen, welche Helferin zu welchen alten Menschen passen würde, welcher Bedarf bestand und welche Anträge ausgefüllt werden müssten. Beide mochten ihre Arbeit und hatten guten Kontakt zu ihrer Klientel.

Lenja arbeitete im Dienstleistungszentrum bis sie 64 Jahre alt war. Brigitte wechselte noch einmal ihren Arbeitsplatz und arbeitete in den letzten zehn Jahren ihrer Berufstätigkeit in einer Wohngemeinschaft für mehrfachbehinderte Menschen als Nachtbereitschaft. Brigitte mochte die Bewohner der Einrichtung sehr. Hier hätte sie auch gerne als Rentnerin weitergearbeitet. Leider gestattete dies der Arbeitgeber jedoch nicht.

Für Brigitte und Lenja war das »In-Rente-Gehen« kein harter Bruch, denn beide arbeiteten weiter. Noch heute betreuen sie abwechselnd eine pensionierte Lehrerin, die in der Lage ist, ihre Pflegerinnen selbst zu bezahlen. Drei Tage in der Woche putzt, kocht und wäscht Brigitte im Rahmen einer 400 Euro Stelle im Haushalt von Frau Vogel. An jedem zweiten Wochenende ist Lenja vor Ort. Brigitte ist von Frau Vogel beeindruckt. Die alte Frau verlässt ihre Wohnung nicht mehr, sie sitzt in ihrem Sessel und ist zufrieden, so gut betreut zu werden.

Lenja und Brigitte hatten zunächst, als Brigitte in Rente ging, eine gemeinsame Putzstelle. Sie reinigten an den Wochenenden eine Büroetage im Stadtzentrum. Diese Arbeit hat Brigitte nun vollständig an Lenja abgegeben. Die Rente, die beide Frauen erhalten, ist nicht sehr hoch, sodass ein »Weiterarbeiten« fast eine Notwendigkeit war. Beide sind geschieden und leben allein. Sie können das Geld, das sie heute verdienen, gut gebrauchen. Zu arbeiten, bedeutet aber auch, eine Tagesstruktur zu haben, sich die Zeit einteilen zu müssen.

Dabei hatte Brigitte zunächst ganz andere Pläne für die Zeit nach der Berufstätigkeit gehabt. Ihr Traum war es, in ihrer dritten Lebensphase in der Gemeinschaft eines Stiftes zu leben. Sie verkaufte ihren Kleingarten, gab die Putzstellen an Lenja weiter und lebte zur Probe in drei verschiedenen Klöstern.

Leider fand sie nicht die richtige Einrichtung. Das Stift, in dem ihr das Miteinander gut gefiel, entschied sich aufgrund ihres Lebensalters gegen sie. Heute sagt Brigitte, ihr Traum habe sich zwar nicht erfüllt, aber sie sei froh, dass sie es ausprobiert habe. Das Leben im Kloster ist also kein unerfüllter Traum geblieben, sondern war ein Versuch. Kein Grund zum Hadern für Brigitte. Da sie ihre Wohnung behalten hatte, konnte sie ihr altes Leben wiederaufnehmen und blieb weiterhin Haushaltshilfe bei Frau Vogel.

Auch für Lenja war klar, dass sie nach ihrer Berufstätigkeit weiterarbeiten würde. Arbeit gibt ihrem Leben Struktur. Doch auch Lenja hatte einen Traum. Sie wollte so viel wie möglich reisen. Schon vor Jahren hatte sie afrikanische Länder kennengelernt: Gambia durch ihren damaligen Ehemann und in Mali hatte sie eine Freundin besucht. Jetzt reist sie nach Ghana zu Freunden, besucht ihren Patensohn in der Schweiz, finnische Schulfreundinnen in Berlin und sooft es möglich ist, ihren über 90 Jahre alten Vater in Finnland.

Ehrenamtliche Tätigkeiten und Hobbys lassen sich bei Brigitte nicht unbedingt voneinander trennen. So arbeitet sie ehrenamtlich in der »Winterkirche« mit. Winterkirche bedeutet, dass sich obdachlose Menschen in den kalten Monaten des Jahres in der Kirche aufhalten können. Die ehrenamtlichen Helferinnen bereiten ein Frühstück zu, kochen Kaffee oder eine Suppe. Brigitte deckt die Tische, spült das Geschirr und spricht mit den Menschen, die in die Kirche kommen.

Zudem singt Brigitte in einem kleinen privaten Chor, spielt Altflöte und ihre große Leidenschaft ist das Gärtnern. Inzwischen teilt sie sich die Arbeit mit Lenja in deren Kleingarten. Auch Lenja liebt die Gartenarbeit. Sie ist auf dem Land aufgewachsen und fühlt sich so mit ihrer Kindheit in Finnland verbunden. Lenja bewirtschaftet ihren Garten mittlerweile seit 22 Jahren. Als sie ihn damals pachtete, dachte sie, wenn ich einmal in Rente gehe, habe ich etwas zu tun. Lenja arbeitet ehrenamtlich in der finnischen Kirchengemeinde mit und lebt gesundheitsbewusst. Sie geht zur Wassergymnastik und zum Reha-Sport, sie macht Qi Gong und erledigt fast alle ihre Wege mit dem Rad. Manchmal gibt es gesundheitliche Probleme, dann ist der Blutdruck etwas zu hoch oder die Schilddrüse funktioniert nicht richtig. Darum nimmt Lenja ihre Vorsorgetermine beim Arzt wahr und lebt mit ihren kleinen Einschränkungen. Einmal in der Woche sind Brigitte und Lenja zum Laufen verabredet und danach gibt es ein gemeinsames Frühstück im Café. Dabei ist es wichtig für sie, zusammen zu sein.

Das spielt auch bei Brigittes wöchentlicher Wassergymnastik eine Rolle: Sie kann etwas für die Gesundheit tun und gleichzeitig in netter Gesellschaft sein, Kontakt haben, auch gerade dann, wenn es keinen Partner, keine Beziehung mehr gibt.

Welche Rolle spielen die längst erwachsenen Kinder in Lenjas und Brigittes Leben? Lenja telefoniert mit Sohn und Schwiegertochter, besucht sie zwei oder drei Mal im Jahr. Auch die Tochter kommt ab und an zu Besuch. »Jeder lebt sein Leben«, meint Lenja. »Das kenne ich auch nicht anders. Ich freue mich, wenn ich meine Schwestern in Finnland treffe, aber ein besonders enger Kontakt ist das nicht.« Brigitte überschreibt den Kontakt zu ihrer Tochter mit dem Satz: »Mama hilft!« Sie hütet das Haus, wenn Tochter und Schwiegersohn in Urlaub sind, sie bleibt bei den Kindern, wenn die Tochter mit ihrem Mann allein verreisen möchte, sie kümmert sich um den Garten und um die drei Hunde. Der Kontakt zur Tochter ist eng und liebevoll.

Freundschaften spielen im Leben beider Frauen eine große Rolle, wobei es auch heute nicht immer leicht ist, Freundschaften zu pflegen. Lenja hat Freundinnen, die sie seit 30 oder 40 Jahren kennt, aus der Zeit, als sie als Studentin aus Finnland nach Berlin kam. Es gibt Freundinnen aus Eltern-Kindergarten-Gruppen und Schul-Elternsprecher-Gruppen, finnische Freundinnen, mit denen Lenja bei einer Flasche Wein ausgiebig finnisch sprechen kann. Brigitte hat schon langjährige Freunde durch den Tod verloren. Es gibt für sie nicht mehr viele enge freundschaftliche Kontakte. »Aber das gefällt mir«, sagt sie. »Lange Treffen sind oft anstrengend für mich. Nach einem guten, ausführlichen Gespräch muss ich wieder für mich sein. Es gibt noch eine Spielgruppe in der Nachbarschaft und eine neue Freundin, die ich bei der Wassergymnastik kennengelernt habe. Das ist für mich genug. In meinem Alter schließt man nicht mehr so leicht Freundschaften und ich schaue sehr genau hin, mit wem ich zusammen sein möchte.« Lenja hat die Fähigkeit, lange Beziehungen zu halten. Es fällt ihr aber schwer, einen Schlussstrich zu ziehen, wenn sie den Kontakt eigentlich nicht mehr möchte. Brigitte ist da klarer. »Ich bin 72 Jahre alt«, sagt sie. »Ich mache da keine Kompromisse mehr.«

Beide Frauen arbeiten nach dem Ende der Berufstätigkeit weiter, fast in ihrem alten Beruf. Beide Frauen hatten Träume, als sie aufhörten, berufstätig zu sein. Lenja hatte endlich Zeit zu reisen, das Geld dafür verdiente sie sich. Brigittes Traum erfüllte sich nicht, sie hat keinen Platz in einem Frauenkloster gefunden, aber schon die Suche war eine wichtige Erfahrung für sie. Lenja gehört der evangelischen Kirche an. Sie arbeitet für die finnische Kirche in Deutschland ehrenamtlich. Dabei ist die Kirche auch ein Stück Heimat. Hier kann sie finnisch sprechen.

Brigittes und Lenjas Freundschaft besteht aus vielen Gemeinsamkeiten. Sie lieben es besonders, gemeinsam im Kleingarten zu arbeiten. Dabei gibt es nicht viel zu sagen und es ist schön für sie, nach getaner Arbeit auf der Bank vor den kleinen Gartenhäuschen zu sitzen und in den Garten zu sehen.

Entwicklung: Krisen, Chancen und Entscheidungen

> »Ich lebe mein Leben in wachsenden Ringen,
> die sich über die Dinge ziehn.
> Ich werde den letzten vielleicht nicht vollbringen,
> aber versuchen will ich ihn.
> Ich kreise um Gott, um den uralten Turm
> und ich kreise jahrtausendelang;
> und ich weiß noch nicht: bin ich ein Falke, ein Sturm
> oder ein großer Gesang.«
>
> *Rainer Maria Rilke (1875–1926)*

Menschen entwickeln sich, physisch und psychisch, vom Zeitpunkt der Zeugung an bis zum letzten Atemzug – und darüber hinaus. Viele Theorien dazu (Entwicklungspsychologien), darunter auch die von Sigmund Freud (1856–1939), enden mit der Pubertät, beziehungsweise mit dem Eintritt in das Erwachsenenalter. Ausnahmen machen der Schweizer Psychologe Carl Gustav Jung (1875–1961) und der deutsch-amerikanische Psychoanalytiker Erik Erikson (1902–1994). Beide beschreiben einen lebenslangen Entwicklungsprozess. Jung nennt dies den »Prozess der Individuation«, Erikson spricht von den »Stufen der psychosozialen Entwicklung«. Eine Übereinstimmung in den Theorien ist die Idee, dass es lebensgeschichtlich zu Krisen kommt, mit deren Bewältigung die nächste Stufe der Entwicklung erreicht ist.

Unter Individuation (frei und etwas ungenau zu übersetzen mit »Selbstwerdung«) versteht Jung die Entwicklung zu einem einzigartigen, unverwechselbaren Menschen. Mehr noch: Zu einem Menschen, der sich in einer Weise entwickelt, die seinem innersten Potenzial entspricht (vgl. Jung, 1990, 2013). Die Konflikte, die dabei zu bewältigen sind, bestehen in den Auseinandersetzungen mit den Normen und Wertvorgaben der Umwelt, zuerst natürlich mit den Eltern. Diese Auseinandersetzung beginnt sehr früh. Wenn zum Beispiel ein dreijähriges Kind durchsetzt, den roten anstatt den grünen Pullover anzuziehen, auch, wenn die Eltern finden, er passe nicht zur Hose, hat es einen Schritt der Individuation getan. Trotzphasen, Pubertät und alle Übergangsphasen sind Chancen für solche Entwicklungen. Einschränkende Anpassungen zu überwinden führt zur Reifung der Persönlichkeit.

Natürlich geht es im späteren Leben nicht mehr (nur) um einen roten oder grünen Pullover. Es geht um Berufs- und Partnerwahl, um Lebensgestaltung, Religionszugehörigkeit, politische Positionierung und mehr. Immer wieder fordern Situationen schwere Entscheidungen zwischen (manchmal notwendiger) Anpassung und Selbstverwirklichung. Dabei leuchtet ein, dass dieser Prozess im Alter nicht beendet ist. Wichtige Fragen, etwa die Frage nach der Beendigung des Berufslebens, nach der Wohnsituation im Alter, ja sogar nach dem Sinn, den die letzten Lebensjahre haben sollen, müssen beantwortet werden. Jung zufolge ist es wichtig, dass Handlungen und Entscheidungen im Einklang mit dem Selbst stehen, weil sonst eine seelische Erkrankung droht.

Erikson widmet der Entwicklung des Menschen sein Buch *Identität und Lebenszyklus* (1966). Hier beschreibt er acht Phasen im Laufe des Lebens eines jeden Menschen. Jede von ihnen erfordert eine Entscheidung zwischen zwei Polen. Diese Krisen zu bewältigen, führt zu einer erwachsenen Identität. Die letzten beiden Phasen sind für unser Thema wichtig und werden im Folgenden ausführlicher behandelt. Wer die ersten sechs Aufgaben des Lebens gut bewältigt hat, hat es natürlich im Alter leichter. Alle anderen können diese Herausforderung freilich trotzdem annehmen.

Das siebte Stadium in der Erikson'schen Entwicklungstheorie betrifft das Erwachsenenalter. Da ihm ein »frühes Erwachsenenalter« vorausgeschickt wird, können wir unter »Erwachsenenalter« die Lebensspanne etwa vom 35. bis zum 60. Lebensjahr verstehen. Diese Zuteilung berücksichtigt, dass sich der Begriff des Alters seit Erscheinen des Werkes deutlich verändert hat. Paare bekommen zum Beispiel in der heutigen Zeit viel später ihr erstes Kind. Außerdem sind Kinder aus diesem und anderen Gründen heute finanziell länger von ihren Eltern abhängig oder – andersherum formuliert – fühlen sich heutige (Mittelschichts-)Eltern länger für ihre Kinder verantwortlich.

Die Entscheidungskrise, die in diesem Lebensabschnitt bewältigt werden muss, ist die Entscheidung zwischen »Generativität« (also im weitesten Sinn: Zeugungskraft) und »Stagnation«. Der erwachsene Mensch ist inzwischen beruflich ausgebildet und etabliert. Er kann sein Einkommen genießen, seinen Interessen nachgehen und ein schönes Leben führen. Diese Lebenshaltung (auch als Selbstgenügsamkeit zu beschreiben) bedeutet für Erikson Stagnation. Zur Entwicklung der Identität gehört es für ihn, sich um künftige Generationen zu kümmern. Das müssen nicht die eigenen Kinder sein: Es geht um soziales wie um künstlerisches oder wissenschaftliches Engagement im Allgemeinen. Allerdings gehört es auch dazu, sich in angemessenem Rahmen um sich selbst zu kümmern – denn grenzenlose Aufopferung für andere ist nicht selten zugleich eine Flucht vor sich selbst und führt schnell zu ungesunden Abhängigkeitsbeziehungen auf beiden Seiten, die einem freien Miteinander im Wege stehen können. In dieser Phase entwickelt der Mensch die Fähigkeit zur Fürsorge. Damit vermeidet er Einsamkeit und entwickelt ein gesundes und tragendes soziales Netz.

Die achte und letzte Stufe dieses Modells von Erikson betrifft die »reifen Erwachsenen«, wie er sagt, also die Menschen (über 60 Jahre), für die wir dieses Buch geschrieben haben. In dieser Phase werden Entscheidungen für den Rest des Lebens getroffen, im wahren Sinne des Wortes. Bin ich bitter, weil mir das Leben nicht gegeben hat, was ich mir gewünscht habe? Bin ich verzweifelt, krank oder einsam? Mache ich der Welt (meinen Mitmenschen, meinen Kindern, Gott) Vorwürfe? Habe ich Abscheu oder sogar Ekel vor meinem alten Körper und dem der anderen Alten? Fürchte ich mich vor dem Tod? »Das Leben zu Ende leben ist kein Kinderspiel«, sagte Boris Pasternak, der russische Schriftsteller und Philosoph (1890–1960). Recht hat er!

*

Für manchen Menschen ist es zu schwer, sich in dieser Lebensphase allein zurechtzufinden, sie bräuchten Hilfe. Ist diese nicht bei Freunden zu finden, hilft vielleicht eine Psychotherapie. Freud war der Ansicht, über 50-Jährige könnten von einer psychotherapeutischen Behandlung nicht mehr profitieren. Lange taten sich auch die Krankenkassen schwer, solche Therapien zu bewilligen – und manche Menschen glauben, dass das immer noch so sei. Glücklicherweise hat sich dieses Bild in den letzten 20 Jahren stark verändert. Mittlerweile gibt es zahlreiche psychosomatische Kliniken mit dem Schwerpunkt Alterspsychotherapie. Auch ambulante Konzepte sind entwickelt worden. In Deutschland verdanken wir diese neue Strömung ganz wesentlich Professor Hartmut Radebold (*1935).

Neben den »normalen« Therapieinhalten bzw. Diagnosen (wie Ängste, Zwänge und Depressionen) geht es in diesen Therapien verstärkt um die Auseinandersetzung mit der besonderen Lebenssituation des Älter- und Altwerdens. Außerdem ist eine solche Therapie hilfreich bei unklaren Diagnosen. Kaum ein Laie – und manchmal auch kein Arzt – kann klar entscheiden, ob es sich bei den Beschwerden um Symptome einer beginnenden Altersverwirrung, einer Depression, einer leichten Dehydrierung oder einer Nebenwirkung von Medikamenten handelt. Ein besonderes Phänomen im Alter ist die psychische Wiederbelebung von Traumata – besonders gut untersucht am Beispiel der Kriegstraumatisierungen. Man sagt so leicht, dass alte Menschen mehr in der Vergangenheit leben. Wenn es nun große Schrecken in dieser Vergangenheit gegeben hat, ist Hilfe nötig. Übrigens gilt das nicht nur für die Opfer – auch auf Tätern lastet die Vergangenheit sehr, oft in Form von Ängsten und Schuldgefühlen. Eine gute Adresse, einen passenden Therapeuten mit Erfahrung in der Psychotherapie mit Älteren zu finden, ist die Webseite des *Instituts für Alterspsychotherapie* (www.alternspsychotherapie.de). Hier finden Sie auch eine Liste mit Therapeutinnen in Ihrer Nähe.

*

Den meisten Menschen gelingt es aber – und zwar besser, als sie es sich als junge Erwachsene vorgestellt haben – den Anforderungen des Alters gerecht zu werden und zu einer Vervollkommnung ihrer Identität zu gelangen. Sie sind fähig, auf ihr Leben zurückzuschauen, manchmal mit Reue und Bedauern, manchmal auch mit Freude, im Wesentlichen mit Akzeptanz: »Ja, so habe ich gelebt, so bin ich gewesen – das (was ich jetzt bin) ist aus mir geworden. Ich werde sterben – nicht heute, nicht morgen, aber die längste Spanne meines Lebens ist gelebt. Ich fürchte mich ein wenig davor, unter großen Qualen oder nach langen Leiden zu sterben, doch vor dem Tod selbst habe ich keine Angst. Bis dahin will ich mein Leben weiterleben und vielleicht das ein oder andere Thema noch abschließen, meine Sachen in Ordnung bringen und vielleicht noch ein wenig Freude in die Welt bringen.« Das Bewusstsein von der Endlichkeit des Lebens macht die uns verbleibenden Jahre kostbar. Unter Umständen sind es sogar die ersten Jahre, die wir bewusst leben und gestalten (können). Also tun wir, was noch zu tun bleibt – beziehungsweise was noch in unseren Möglichkeiten bleibt, wobei wir die Einschränkungen des Alters akzeptieren.

Max Frisch sagt dazu: »Das Bewusstsein unserer Sterblichkeit ist ein köstliches Geschenk, nicht die Sterblichkeit allein, die wir mit den Molchen teilen, sondern unser Bewusstsein davon. Das macht unser Dasein erst menschlich.« Auch kann dieses Bewusstsein von der Unvermeidbarkeit des Todes Sinn ins Leben bringen. Wir könnten uns die Frage stellen: »Was würdest Du tun, wenn Du wüsstest, dass du nur noch ... zu leben hast?« Nur, um dann weiter zu fragen: »Warum tust du es nicht jetzt?«

Eine solche Haltung nennt Erikson »Weisheit«: Sie ist das Ziel der Identitätsentwicklung und basiert auf der weitgehend erreichten Ich-Integrität. Das veränderte Körperbild, die nachlassenden Kräfte, das Wissen, nicht mehr – oder nicht mehr so viel – gebraucht zu werden, ist akzeptiert. Freunde und Verwandte sterben und die Überzeugung »Alle Menschen sind sterblich – außer ich« lässt sich nicht mehr aufrechterhalten.

Eine mögliche Reaktion auf diese Erkenntnisse – wenn sie nicht integriert werden können – ist Verzweiflung, ein Abgleiten in die Depression, der Rückzug in Bitterkeit und Härte, mit neidischem Blick auf die Jüngeren, manchmal gesteigert bis zur Boshaftigkeit und Verachtung. Bitteres Selbstmitleid sagt: »Alles, was ich jetzt noch tun kann, verlängert mein Leben sowieso nicht. Also ist alles sinn- und nutzlos. Verpasst ist verpasst ...« Diese Haltung bezeichnet Erikson als »(Lebens-)Ekel« – und der bezieht alle anderen Menschen ein, besonders diejenigen, die sich bemühen, ihren Lebensabend aktiv und angemessen zu gestalten.

Diese Verachtung für alle anderen kann auch bei demjenigen entstehen, der sich nur scheinbar mit den Schwierigkeiten des Alters auseinandergesetzt hat. Wer mit 80 Jahren noch Marathon läuft, könnte alle Menschen verächtlich bemitleiden, die sich einer Hüft-OP unterziehen müssen ...

*

Für Jung ist der Zustand der Reife noch ein ganz anderer, nämlich der einer geglückten Individuation, also zu einem *wahren* Selbst. Wahr bedeutet in diesem Fall: echt, authentisch, glaubwürdig. Gemeint ist das Gegenteil von dem Gefühl, welches immer wieder artikuliert wird: »Das bin ja gar nicht ich!«

Das zu leben, was in einem steckt, am Ende seines Lebens etwas abzuschließen, wenn es noch möglich ist, ist eine Chance. »Ich wollte ja nichts als das zu leben versuchen, was von selber aus mir herauswollte. Warum war das so schwer?«, lässt Hermann Hesse seinen *Demian* klagen. Ja, der Weg der Individuation, beziehungsweise der Weg zur Weisheit, individuell und authentisch, ist ein durchaus schwieriger, weil es ihn erst zu finden gilt. Oft ist es gar nicht so klar, was genau da eigentlich aus uns heraus will und schon längst nicht einfach von sich aus und ohne Widerstand. Schließlich haben sich die meisten Menschen ihr Leben lang mehr angepasst als entfaltet, an die Pflichten, die aus Beruf, Familie und anderen wenig beeinflussbaren Realitäten erwachsen.

Ein anderes Modell: Das Ashramadharma

Interessante Parallelen zur Erikson'schen Entwicklungsmodell bietet das Ashramadharma, das altindische Modell der Lebensphasen. Bei genauem Hinsehen entspricht es durchaus europäischen Entwicklungsmodellen. Nur in den letzten beiden Stufen, dem Alter und dem hohen Alter, unterscheiden sich die Inhalte, die diesen Lebensphasen zugeordnet werden.

Das Ashramadharma beschreibt Reifegrade und besondere Aufgaben in dem jeweiligen Stadium. Ashrama kann man mit »Lebensalter« übersetzen und Dharma mit »Weg« oder »Pflicht«. Das erste Stadium (Brahmacharya) ist in zwei Stufen unterteilt. Es beinhaltet die Kindheit, in der alle Fähigkeiten vorbereitet werden, die für das weitere Dharma nötig sind. In der zweiten Phase, der Jugendzeit, geht es darum, sich an Pflichten zu gewöhnen und die speziellen Fähigkeiten dafür zu lernen. Es gilt, sich vertraut zu machen mit den Herausforderungen des Lebens und Treue zu üben.

Danach folgt das Erwachsenenalter. Auch dieses ist wieder in zwei Stufen unterteilt. Hier finden wir ein Lebensmodell, dass mit unserem westlichen fast deckungsgleich ist. Allerdings sind die Bezeichnungen für das, was notwendig ist im jeweiligen Alter andere – und spirituelle Aspekte spielen in westlichen Modellen (fast) keine Rolle. Der erste Abschnitt im Erwachsenensein (Garhasthya) wird oft als »das Führen eines Haushalts« bezeichnet, wobei auch jede Art von Beschäftigung gemeint ist, die dem Erwerb des Lebensunterhaltes dient. Es gehört dazu, Wohlstand zu erwerben und Freude zu haben – das ganze Modell ist keineswegs asketisch. Emotionale (und spirituelle) Werte in dieser Zeit sind Liebe und Sorge.

Dann gibt es den zweiten Teil des Erwachsenenalters, das Vanaprasthya. Zur Charakterisierung dieses Alters gibt es die schöne Metapher des »Rückzugs in den Wald mit eigenem Herdfeuer«. Man könnte auch von einem »aktiven Rückzug« sprechen. In unserer westlichen Welt ist das die Zeit der jungen Alten, der Frührentner. Hier sollten sich die Menschen aus den engen familiären Zusammenhängen zurückziehen, langsam ihr Geschäft wie auch ihr Wissen weitergeben. Der Eintritt in diese Phase ist bei den meisten Menschen deutlich spürbar. Oft ist er mit negativen Empfindungen verknüpft: Menschen fühlen sich ihres Alltags überdrüssig, Sehnsucht nach Einfachheit und Ruhe entstehen und die Fragen tauchen auf: »Und jetzt? Das kann doch nicht alles gewesen sein ...« Diese beängstigenden Fragen lösen oft einen ungezielten Aktionismus aus. Nicht umsonst ist manchmal davon die Rede, dass Rentner nie Zeit haben. Sie müssen – neben gehäuften Arztbesuchen – diverse Kurse absolvieren, viel reisen, sich neue Hobbys erschließen und ganz viel für ihre Fitness tun. Manche übernehmen dazu noch eine Reihe von freiwilligen oder ehrenamtlichen Tätigkeiten. Dagegen ist natürlich nichts einzuwenden, solange es nicht unreflektiert geschieht. Wenig hilfreich für Körper und Seele ist es, das Ältergewordensein zu leugnen oder nach Eintritt in den Ruhestand so weiterzumachen wie bisher.

Die Aufgabe oder auch Tugend dieses Alters ist die *erweiterte* Sorge – das heißt die Verantwortung über das Geschäft und den Familienkreis hinaus. Ebenso gehört es in diese Lebensphase, sich um den eigenen Körper zu kümmern, der im Garhasthya aufgrund von Berufstätigkeit und vielen anderen Anforderungen oft vernachlässigt worden ist. Wichtig ist es hier, eigene Rückzugswünsche zu akzeptieren. Oft genießen Menschen, die nie allein sein konnten, jetzt diesen Rückzug. Manchmal geschieht das für kurze Augenblicke, manchmal für längere Zeit. Meditieren und Schweigen in ruhiger Umgebung werden immer beliebter.

Das vierte Lebensstadium in der hinduistischen Psychologie ist das Greisenalter – bei uns etwa die Zeit ab dem 80. Lebensjahr. Diese Zeit heißt Sannyasa. Die treffende Metapher für dieses Alter ist der »Rückzug in den Wald ohne eigenes Herdfeuer«. Hier geht es darum, sich von Wünschen, Anhaftungen zu befreien, zu entsagen zugunsten höheren Wissens und einer tiefen Ruhe. Der echte Sannyasin lässt sich erst von der Gemeinschaft unterstützen, wenn er seine Aufgaben in dieser erledigt hat. Er lebt zurückgezogen, ist freundlich, gütig, meditiert viel. Dieser Rückzug aus der Welt ist kein Aufgeben, sondern ein Akt von Gelassenheit. Schon in der Lebensphase davor empfinden manche Menschen Unsicherheiten, das Gefühl, sich nicht mehr zurechtzufinden, fremd zu werden im eigenen Leben. Und das gilt nicht nur für den Umgang mit neuen Techniken und Moden: Da sind auch gesellschaftliche Umwälzungen, die sich manchmal bedrohlich anfühlen. Ab hier beginnen viele Menschen zu denken und zu sagen: »Früher war alles besser.« Gemeint ist: »Früher habe ich die Welt verstanden, mich darin zu Hause gefühlt. Doch meine Kraft und die Bereitschaft Veränderungen zu akzeptieren, lassen nach.« Es liegt nun an ihnen, im (aktiven) Rückzug akzeptieren zu lernen, dass vieles geschieht, an dem man nicht mehr teilhat – und dies mit Gelassenheit und der Gewissheit, die eigene Aufgabe im Leben erfüllt zu haben. Es scheint, als sei es im Westen nur hilflosen, pflegebedürftigen Personen erlaubt, als alter Mensch in der Welt zu sein.

*

Die Unterschiede zu westlichen Entwicklungsmodellen und Einstellungen zum Alter zum Modell des Ashramadharma zeigen sich in zwei Punkten besonders deutlich: Erstens spielt so etwas wie Spiritualität im westlichen Nachdenken über das Alter kaum eine Rolle. Dabei stellen sich viele altwerdende Menschen die Frage nach dem Sinn des Lebens ganz neu, auch im Sinne des »Darüber-Hinaus«. Deutliche Unterschiede finden wir zweitens auch in den Bewertungen der einzelnen Aspekte des Alters: Sich nicht mehr zurechtzufinden im eigenen Leben wird in der altindischen Tradition keineswegs als Mangel gewertet, sondern als nötiger Schritt in der Entwicklung. Den Älterwerdenden wird gesagt: Es ist wichtig, natürlich und *gut*, nun die Jungen weitermachen zu lassen und sich zurückzuziehen, sich den letzten Dingen zu widmen und auf den Tod vorzubereiten.

Selbst mögliche Hilflosigkeit und Pflegebedürftigkeit, also das, wovor Menschen in unserer Kultur am meisten Angst haben, sind kein Mangel in der Lehre des Ashramadharma. Schwäche ist nichts, das möglichst zu vermeiden oder zu verstecken wäre, sondern ein organischer Teil der Entwicklung: Ich habe meine Aufgaben im Leben (der Gemeinschaft gegenüber) erfüllt, darum darf ich mich versorgen lassen, wenn ich selbst nicht mehr dazu in der Lage bin. Das bedeutet *nicht*, wie es häufig verstanden wird, dass die Eltern das Recht haben, von ihren *eigenen* Kindern versorgt zu werden. Es bedeutet, dass sie das Recht haben, in einer Gesellschaft zu leben, die das Alter und die Alten respektiert, ihnen ihre Würde lässt und sie angemessen versorgt. Sich versorgen zu lassen, ist gleichzeitig ein Akt von Demut. Und es gibt den Jungen die Möglichkeit, Verdienste zu erwerben für ihr Karmakonto.

*

In Hennys Leben etwa lassen sich die Phasen des Ashramadharma gut nachvollziehen (über Henny werden wir im Kapitel über »Alter, Sterben und Tod« noch mehr berichten). Sie war als junge Frau aktiv, lernte den (für ihre Zeit eher ungewöhnlichen) Beruf der technischen Zeichnerin, zog ihre Söhne groß und sich ein Stück zurück. Im Alter hat sie sich, in ihrer sanften Art, Widerstand zu leisten, an keiner Stelle gesellschaftlichen Forderungen unterworfen, die von ihr eine Optimierung ihres Alters gefordert haben. Je älter sie wurde, umso mehr konnte sie alle Verantwortung loslassen, gütiger und gelassener werden. Erst im Alter von über 90 Jahren begann ihr »Rückzug in den Wald ohne eigenes Herdfeuer.« Sie fing an, (immer noch sanft, aber deutlich) Forderungen zu stellen, wie sie versorgt werden möchte und weist Forderungen, die an sie gestellt werden zurück. Wohlgemeinte Angebote wie Physiotherapie nach einem Beinbruch, Ergotherapie, Massagen gegen Rückenschmerzen lehnt sie ab mit den Worten: »Ich bin über 90 Jahre alt und will nun meine mir zustehende Ruhe haben!«

Natürlich gibt es auch andere Möglichkeiten, das hohe Alter zu gestalten. Wichtig ist es, sich keiner Forderung (mehr) zu unterwerfen.

Unerfüllte und erfüllte Wünsche

Es gilt: Nehmen Sie sich die Freiheit, ganz gleich, was Erikson, Goethe oder sonst jemand sagt. Sie dürfen stagnieren, dürfen sich zurückziehen, dürfen sich langweilen. Ja, Sie dürfen sogar ein bitterer, humorloser alter Mensch werden – wenn Sie das wirklich wollen. »Mit dem Altwerden ist es wie mit Auf-einen-Berg-Steigen: Je höher man steigt, desto mehr schwinden die Kräfte, aber umso weiter sieht man«, sagte der Regisseur Ingmar Bergmann (1918–2007).

Und vom Weitsehen zur Weisheit ist es nur noch ein kleiner Schritt ... Was wir beschreiben, wird oft als »Aufgaben« des Alters formuliert. Da aber niemand das Recht hat, den altwerdenden Menschen Aufgaben zu stellen, nennen wir es Chancen und Entscheidungen. So setzen alle Menschen ihre eigenen Prioritäten. Natürlich sind auch Gesundheitssorge, Testament und Regelungen für Krankheitsfälle wichtig – dazu werden Sie Anmerkungen im Anhang finden. Hier geht es um die Chancen, das Leben weiter zu bereichern, Probleme zu lösen und überhaupt noch viel Freude zu erleben.

Zwar sagt Dietrich Bonhoeffer (1906–1945): »Es gibt erfülltes Leben trotz vieler unerfüllter Wünsche.« Und er hat natürlich Recht. Gleichzeitig wissen wir jedoch, wie viel Bitterkeit und Lebensenttäuschung entstehen kann, wenn es zu viele unerfüllte Wünsche gibt. Im Zuge unserer Weisheitsentwicklung stellen wir uns die Fragen: Welche tiefen, wirklichen Wünsche haben wir noch? Und wie können sie heute noch erfüllt werden? Bei manchen von ihnen scheint es (fast) unmöglich, sie in höherem Alter zu verwirklichen. Wenn es nicht zu sehr wehtut, können wir sie vernachlässigen oder – noch besser – aufgeben. Dorthin, wo noch ein Schmerz oder ein Bedauern sitzt, sollten wir genauer hinsehen. Doch Vorsicht! Hier lauert eine Falle! Schnell reden wir uns ein (oder manchmal tun das auch unsere Kinder), dass »das nicht mehr geht«. Die andere Frage, die wir uns stattdessen stellen könnten, lautet: »*Wie* kann es gehen?« Das eröffnet natürlich mehr Möglichkeiten als die Frage, *ob* etwas gehe. Schon allein die offen gestellte Frage weckt Fantasien und gute Gefühle: »Ich *könnte*, wenn ich wirklich will ...« Denken wir an das Beispiel der Fahrradtour (wenn es zu anstrengend wird, nehmen wir ein E-Bike). Sie wollten schon immer mal nach ... reisen? In jedem Land gibt es einen Reiseveranstalter, der preiswert und kompetent alles organisiert, sodass nur noch Flug und Klima anstrengend sein können. Wir können uns mit Menschen, die ähnliche Wünsche haben, zusammentun. Was sollte uns daran hindern?

Zu dem Thema der unerfüllten Wünsche gehört allerdings auch die Aussöhnung mit dem, was nicht mehr zu erreichen ist. Und das ist einiges. Wäre ich gern Flugkapitän geworden statt Steuerberater, Ärztin statt Krankenschwester? Hätte ich lieber X geheiratet statt Y? Und ich habe so viele Fehler gemacht in meinem Leben, hätte ich doch damals ... Ein Bedauern bleibt – es möge nicht zum Groll werden. Hier hilft ein Rückblick auf das, was trotzdem schön war. Allerdings ist es ebenfalls wichtig zu sehen: Wir dürfen durchaus auch grollen, denn niemand kann uns vorschreiben, mit unserem Leben zufrieden zu sein, wenn wir es gar nicht sind. So zu tun *als ob* wir es wären, hilft, so Erikson, leider auch nicht: Es macht arrogant und verachtend. Außerdem gibt es noch ein gutes Argument von Voltaire, dem französischen Philosophen und Aufklärer (1694–1778). Er soll gesagt haben: »Da es der Gesundheit zuträglich ist, habe ich beschlossen, glücklich zu sein.« Und zum Glücklichsein – oder zur Zufriedenheit – gehört ganz viel Akzeptanz und Versöhnung, auch mit seinen eigenen Fehlern und Versäumnissen.

Der Klempnermeister

Günther war 24 Jahre alt, als er heiratete. Die junge Frau, Sonja, in die er sich ein paar Monate zuvor verliebt hatte, war schwanger und etwas anders als eine Hochzeit kam für ihn nicht in Frage. Bis kurz nach der Geburt der ersten Tochter Maike wohnten Günther und Sonja bei Sonjas Eltern, dann zogen sie in eine eigene Wohnung.

Günther arbeitete in einer Firma, die Heizungen einbaute und reparierte. Er war bereits Klempnermeister und bildete Lehrlinge aus. Direkt nach der Schule, mit 14 Jahren hatte Günther seine Ausbildung in dieser Firma begonnen. Nach der Bundeswehrzeit meldete er sich zum Meisterlehrgang an und bestand mit 23 Jahren die Prüfung. Die 18-jährige Sonja hatte während der Schwangerschaft, die nicht einfach verlief, ihre Ausbildung als Sprechstundenhilfe bei einem Kinderarzt abgebrochen.

Schon bald war Sonja wieder schwanger. Auch dieses Kind war nicht geplant, aber nach dem anfänglichen Schrecken freuten Günther und Sonja sich auf ein Geschwisterchen für die kleine Maike. Günther war ein liebevoller Vater. Als Maike Keuchhusten bekam, trug er sie nächtelang durch die Wohnung, fütterte und wickelte Laura, die zweite Tochter, wann immer er Zeit hatte. Beruflich war er sehr eingespannt. Er war der einzige Meister in seinem Betrieb und in der Freizeit reparierte er die Heizungen der Verwandten und der Nachbarn, damit sich die junge Familie eine Wohnungseinrichtung und auch mal einen gemeinsamen Urlaub leisten konnte.

Günther ist ein Familienmensch. Er unterstützte seine Mutter, als sein Vater an Krebs erkrankte und bald darauf starb, er pflegte den Garten der Schwiegereltern und ging sonntagmorgens mit den beiden kleinen Töchtern zum Schwimmen.

Fünf Jahre später kam noch ein Kind. Dieses Mal hatte Günther sich sehr einen Jungen gewünscht. Er sah sich schon mit seinem Sohn beim Fußballspielen und mit ihm ins Stadion nach Dortmund fahren. Er würde für ihn seine alte Märklin Eisenbahn aufbauen und ihm ab und zu einen neuen Wagon schenken. Mit 14 Jahren könnte der Junge bestimmt Auto fahren. Doch es wurde wieder ein Mädchen. Günther war nur ganz kurz enttäuscht, dann freute er sich über seine dritte Tochter – Julia.

Drei, vier Jahre später bauten Sonja und Günther ein Haus zusammen mit Sonjas Eltern, die einen Bauplatz und Geld vom Verkauf ihres alten Hauses hatten. Nun begann eine arbeitsreiche Zeit für Günther. Er leistete viel Eigenarbeit am Bau und legte einen gepflegten Garten an, der seine ganze Leidenschaft wurde. Bald gab es Sträucher und Blumen, die abwechselnd blühten, einen Steingarten und Blumenampeln überall. Die Töchter wuchsen heran. Als sie größer waren, fuhr Günther sie zu Freunden, holte sie spät abends in der Diskothek ab und half ihnen dabei, ihre Bewerbungen zu schreiben. Oft fuhr er den schwerkranken Schwiegervater ins Krankenhaus, half mit, ihn abends ins Bett zu bringen oder ihn zu duschen. Günthers Tage waren ausgefüllt mit der Arbeit in der Firma, dem Garten und der Familie. Fußball spielte er mittlerweile nicht mehr und Freunde hatte er eigentlich nie. Die vermisste er auch nicht, denn er hatte ja Frau und Kinder. Die beiden ältesten Töchter heirateten, bekamen Kinder. Günther baute das Dachgeschoß aus, für Maike, seine Älteste.

Als der Schwiegervater starb, pflegte Günther das Grab, so wie er bereits das Grab seines eigenen Vaters viele Jahre in Ordnung gehalten hatte. Im Sommer fuhr er mit Sonja in Urlaub an die Nordsee, im Winter baute er im Keller Weihnachtskrippen. Dort hatte er sich eine Werkstatt eingerichtet, dort hatte er seinen Rückzugsraum.

Dies alles wurde anders, als Günther mit 58 Jahren im Urlaub einen Herzinfarkt erlitt. Er überlebte, aber dem Tod war er nah gekommen. Er hatte gespürt, dass Leben endlich ist. Gleichzeitig hatte er auch erlebt, wie sehr ihn die Liebe seiner Familie trägt.

Die Ärzte schrieben Günther über lange Zeit krank. Er erholte sich nur langsam und entschied sich, in Zukunft einen Gang runter zu schalten, auf seine Gesundheit zu achten. Er meldete sich zum Reha-Sport an, ging schwimmen und machte kleinere Fahrradtouren. Er aß gesünder und schlief länger.

Mit 63 Jahren ging Günther in Rente, da hatte er fast 50 Jahre bei der gleichen Firma gearbeitet. Er wollte nicht mehr so eingespannt sein und verzichtete bewusst auf einen Teil seines Einkommens.

Heute ist Günther 66 Jahre alt. Stundenweise arbeitet er noch bei seiner alten Firma. Außer ihm gibt es dort keinen Meister. So bleibt er für die Auszubildenden zuständig und ist unterschriftsberechtigt bei Gutachten. Günther sagt, er wäre mit seinem Leben zufrieden. Er arbeitet noch, aber er kann sich seine Zeit einteilen. Nie arbeitet er mehr als vier Stunden täglich. Er muss keinen Urlaub beantragen, er sagt in der Firma Bescheid und verreist dann für ein paar Tage mit seiner Frau.

Die Familie ist auch heute Günthers Lebensmittelpunkt. Die zweite Tochter, Laura, zog mit Mann und Kindern zu Günther und Sonja ins Haus, als die Schwiegermutter ins Altenheim ging. Günther fährt die Enkelkinder zur Schule oder zum Sport, hilft bei den Hausaufgaben und liest den Jüngsten Geschichten vor. Er hilft Julia beim Renovieren ihrer Wohnung und bepflanzt die Balkonkästen der Schwiegermutter im Altenheim.

Hat Günther heute Wünsche, Träume? Dass die Familie gesund bleibt, die Kinder ein gutes Leben haben. Und für sich selbst? Er möchte noch etwas arbeiten können und in seinem Garten sitzen, zwischen all den schönen Pflanzen.

Beziehungen

Neue Beziehungen zwischen den Generationen

Es gibt etwas Neues im Leben der Generation der jungen Alten, das selten oder nie im Zusammenhang mit den Optimierungsvorstellungen vom jungen Altwerden gesehen wird: Es handelt sich um ein Phänomen, das die Vorkriegsgeneration kaum kannte, das es in früheren Zeiten selten bis gar nicht gab, weil die Spanne eines einzelnen Lebens viel kürzer war. Diesen Umstand zu berücksichtigen, ist wichtig, denn nur so ist es verständlich, dass sich über lange Zeit keine Selbstverständlichkeit und Verhaltenssicherheit im Umgang mit dieser Situation ergeben konnte, sondern nur individuelle Wünsche und Vorstellungen moralischer Art vorherrschten. Es geht dabei um die noch lebenden Eltern, also die ganz, die wirklich Alten, die zwischen 80 und 100 Jahren alt sind. Die jungen Alten fühlen sich für ihre Eltern verantwortlich, mehr, als sich je eine Generation für ihre Eltern verantwortlich gefühlt hat oder verantwortlich fühlen musste.

Keine sozial-romantischen Einwände, bitte! Natürlich haben früher die Familien länger zusammengewohnt. Die Großmutter durfte im Haus bleiben, Küche und Kinder versorgen, während beide Eltern auf dem Feld waren oder in die Firma gingen. Wenn sie nicht mehr konnte, kam sie vielleicht ins Altersheim. Auf dem Land wurde sie nebenbei mitversorgt, oft ganz unemotional (»Wer bringt Oma das Essen?«). Nach dem Krieg lösten sich die engen Familienverbände weitgehend auf. Eltern und erwachsene Kinder lebten in Besuchsbeziehungen, oft über weite Entfernungen hinweg, manchmal auf zwei bis fünf Kontakte im Jahr beschränkt. Manchmal telefonierte man miteinander.

Wenn die Eltern nun ganz alt sind, sind sie oft wenig bis sehr hilfebedürftig. Jetzt setzt das große Verantwortungsgefühl der auch schon nicht mehr jungen

Kinder ein. Sie fühlen sich manchmal verantwortlicher für die Eltern, als sich diese jemals für sie (im Stress von Wiederaufbau und Wirtschaftswunder) gefühlt haben. Diese Kinder haben ihre autoritären Eltern bekämpft und sie so früh wie möglich verlassen. Nun stehen sie wieder da, um ihre alten und schwach gewordenen Eltern zu versorgen.

*

Peter ist ein gutes Beispiel. Heute ist er 63 Jahre alt und befindet sich in Altersteilzeit, eine Phase seines überaus engagierten und anstrengenden Berufslebens, auf die er sich schon lange gefreut hat.

Mit 18 Jahren ist Peter von zu Hause ausgezogen, schon vor seiner Volljährigkeit. Das geschah im Streit mit seinem Vater, als der Sohn in der Schule an einer Arbeitsgruppe über die Gräueltaten der Waffen-SS teilgenommen hatte. Er hatte von der Mitgliedschaft seines Vaters gewusst, sich aber vorher keine Gedanken gemacht. Als sein Vater jedes Gespräch darüber in schneidendem Ton verweigerte und danach hartnäckig zu allen Fragen schwieg, hatte der Junge ein paar Sachen eingepackt und sein Elternhaus verlassen. Der weitere Weg war nicht allzu schwer. Er zog in der nächstgelegenen Großstadt in eine WG, arbeitete ein paar Stunden die Woche, während er sein Abitur machte, und begann ein Studium der Politikwissenschaften. Seine berufliche Tätigkeit brachte ihn für lange Zeit im Rahmen einer Stiftung nach Afrika. Im Alter von 50 Jahren kehrte er nach Deutschland zurück und arbeitete im deutschen Büro der Stiftung. Als er 60 Jahre alt war, erhielt er den Brief einer Tante, der Schwester seiner Mutter, mit der Nachricht vom Tod der Mutter. Auf der Beerdigung traf er seinen Vater wieder – und war entsetzt: Sein Vater war ein alter Mann geworden, ging krumm und mit schleifenden Schritten an einem Rollator. Peter fühlte ein heißes Mitgefühl. Da traf ihn der trübe Blick des Vaters. Die anschließenden Worte, die er zu hören bekam, wird er wohl nie vergessen: »Wir haben ein Berliner Testament gemacht, mit dem Erben musst du also warten, bis ich auch tot bin. Aber ich bin zäh!«

Peter schob diese Reaktion der Trauer um die Mutter zu und entschied sich, in die Nähe des Vaters zu ziehen, um da zu sein, falls dieser ihn brauchen würde. Ein Jahr lang gab es keinen Kontakt, dann der Anruf einer Nachbarin, der Peter für den Notfall seine Telefonnummer gegeben hatte: Sei Vater sei gestürzt, habe einen komplizierten Bruch der Mittelfußknochen erlitten und liege jetzt im Krankenhaus. Peter kümmerte sich, und da der Vater keinerlei Verfügungen oder Vollmachten hinterlegt hatte, musste er sich viel mehr kümmern, als ihm lieb war. Im Krankenhaus war der Vater nach der mehrstündigen Operation noch sehr verwirrt, und die Ärzte besprachen mit Peter alles, was es zu besprechen gab. Dabei stellte dieser nebenbei fest, dass der Vater keine Freunde hatte. Seine Tante berichtete ihm, alle Kontakte des alten Paares habe die Mutter gepflegt.

Dann war über eine geriatrische Rehabilitation zu entscheiden, einen eventuellen Aufenthalt in der Kurzzeitpflege oder sogar eine Überführung in ein Pflegeheim. Kaum war er geistig wieder präsent, protestierte der Vater gegen alle Maßnahmen: Er wollte *sofort* nach Hause. Der behandelnde Arzt riet Peter, er solle sich zum Betreuer seines Vaters ernennen lassen. Peter kam das wie eine Entmündigung vor und der Gedanke machte ihm große Angst. Der Vater wurde auf *eigenen* Wunsch in einem Rollstuhl nach Hause entlassen. Peter hatte – zum Teil auf eigene Kosten, zum Teil mit Unterstützung der Krankenkasse – dafür gesorgt, dass die untere Etage des Elternhauses einigermaßen behindertengerecht ausgestattet war. Es gab eine neue Dusche mit einem Plastiksitz, einen schmalen Rollstuhl, ein Krankenhausbett mit einem Bettgalgen im Wohnzimmer, da sich das Schlafzimmer in der oberen Etage befand. Der erste Satz des Vaters beim Anblick dieser – in Anbetracht der Kürze der Zeit entstandenen Hilfsmaßnahmen – war: »Wie sieht das denn hier aus? Schaff das wieder weg, aber schnell!«

Peter schwieg, er schwieg bei allen Angriffen des Vaters, so sehr es auch in ihm brodelte, so laut er auch vor Wut und Enttäuschung hätte schreien mögen. Nach kurzer Zeit kam die Leiterin des Pflegedienstes, den Peter mit der Pflege beauftragt hatte. Peter ließ die beiden allein. Als er später anrief, um sich nach dem Verlauf des Gespräches zu erkundigen, bekam er zu hören, dass sein Vater nicht bereit gewesen sei, einen Vertrag zu unterschreiben.

Es folgte noch einige Zeit der Auseinandersetzung, bis der Fuß des Vaters geheilt und keine Pflege mehr benötigt war. Peter brach den Kontakt wieder ab. Aber nach nur vier Monaten stürzte der Vater erneut und der Kampf begann von Neuem. Peter kümmerte sich und begann gleichzeitig eine Psychotherapie, weil er Angst hatte, seinen unbändigen Zorn nicht mehr beherrschen zu können und dem Vater etwas anzutun. Schnell verstand er, dass seine Mühen, eine Nähe zu dem Vater herzustellen, vergebens bleiben würde und er für immer auf den Vater verzichten musste, den er sich gewünscht hatte, der aber *dieser* Vater nie hatte sein können. Nach einem leichten Schlaganfall des Vaters entschloss er sich, daraus Konsequenzen zu ziehen und die Entscheidungen, die für seinen Vater getroffen werden mussten, durch einen professionellen Betreuer vornehmen zu lassen.

*

Warum entsteht plötzlich diese große Verbundenheit, dieses hoch ambivalente Pflichtgefühl? Die jungen Alten haben mit ihrem Leben doch noch genug zu tun. Sie arbeiten noch oder befinden sich gerade in der Übergangszeit zum Ruhestand. Um mit dem Ashramadharma zu sprechen: Sie befinden sich in der Phase des aktiven Rückzugs. Sie sorgen noch (zumindest emotional, oft auch finanziell) für ihre eigenen, (fast) erwachsenen Kindern, manchmal hüten sie schon die Enkel. Und eigentlich hatten sie sich für diese Lebensphase vorgenommen, sich noch Wünsche zu erfüllen, solange sie gesund sind. Die wenigsten Menschen, die sich um ihre alten Eltern kümmern, tun dies aus einem freudigen, freundschaftlichen, liebevollen oder einem anderem positiven Gefühl heraus. Sie fühlen sich oft überfordert, alte Konflikte brechen auf – zum Beispiel die nie bereinigten Geschwisterkonkurrenzen. Es ist viel Arbeit, sich in die Systeme von Krankenkassen, Pflegeversicherungen und anderen Leistungsträgern einzuarbeiten, Gesetze zu wälzen, Betreuungen zu organisieren. Letzteres wäre der einfachste Weg: Das sind meine Eltern, ich bin in gewisser Weise (auch gesetzlich) in einer Pflicht, also sorge ich dafür, dass sie gut versorgt sind. Punkt.

Oft ist zu dieser Zeit nämlich die Beziehung zu den Eltern keinesfalls geklärt. Viele ältere Frauen suchen eine psychotherapeutische Behandlung auf, um uralte Konflikte – meist mit ihren Müttern – zu bearbeiten. Sie tun *alles*, um ihre Mütter zu unterstützen, verzweifeln aber an deren Ansprüchen, Undankbarkeit und Lieblosigkeit. Immer wieder fühlen sie sich verletzt durch Sätze, die sie seit ihrer Kinderzeit getroffen haben. Trotzdem suchen sie die Nähe ihrer Mütter. Männer sind in solche Konflikte eher mit ihren Vätern verwickelt, in der Regel deutlich weniger heftig. Sie kümmern sich auch seltener um alte Eltern, besonders dann nicht, wenn sie Schwestern haben.

Was ist da geschehen? Woher kommt diese plötzliche Verantwortung, wenn sie eben nicht aus Liebe und Dankbarkeit kommt? Ein *guter* Grund könnte das Gefühl sein: »Ich habe meine Eltern gern, wir haben seit Jahren ein gutes Verhältnis«. Und: »Ich kümmere mich freiwillig – und nicht über die Grenzen meiner Kraft hinaus. So kann das gute Verhältnis bestehen bleiben.« Wenn es das nicht ist, was ist es dann?

Auch Sieglindes Beispiel lässt die Frage nach der Motivation für ihr starkes Verantwortungsgefühl ihrer Mutter gegenüber unbeantwortet. Ihr Vater war vor einigen Jahren schon gestorben. Die Mutter blieb allein in dem großen Haus zurück und lebte ganz zufrieden im Kreis ihrer Nachbarschaft und verschiedener Vereine. Sieglinde besuchte sie regelmäßig einmal in der Woche und half ihr im Haushalt. Das tat sie, obwohl sie selbst an einem Bandscheibenvorfall litt und die Mutter gut eine Putzfrau hätte bezahlen können. Außerdem befand sie sich in einer Zusatzausbildung, die sie ihrem Chef nur mühsam abgerungen hatte, da sie selbst schon fast 60 Jahre alt war.

Die Begegnungen verliefen halbwegs ruhig, aber immer gab es mindestens eine entwertende Bemerkung, die Sieglinde in ein uraltes Gefühl von Verletzung stürzte – die Beziehung zur Mutter war immer eher distanziert geblieben. Mutters Liebe gehörte ihren beiden älteren Kindern, nicht dem unerwünschten Spätankömmling Sieglinde.

Als die Mutter 93 Jahre alt war, erlitt sie einen Schlaganfall. Nun gab Sieglinde ihre Fortbildung auf, um sich besser um die Mutter kümmern zu können. Dazu gehörten die Organisation der Zwischenpflege, die Suche nach einem angemessenen Heimplatz, der ihren (Sieglindes!) hohen Ansprüchen genügte, die Auflösung des großen Haushaltes – und ein fast täglicher Besuch. Das alles bewältigte Sieglinde neben ihrer Berufstätigkeit, ohne die Geschwister zu beteiligen, die, so Sieglindes Aussage, doch nicht in der Lage seien, Verantwortung zu übernehmen. Nebenbei gesagt, machten die Geschwister alles falsch und verstanden nicht so gut wie sie, was die Mutter nun brauche.

Warum möchten wir unsere alten Eltern pflegen, obwohl wir bereits selbst zu den jungen Alten gehören?

Zu der Fragestellung, warum sich junge Alte so intensiv um ihre Eltern kümmern, obwohl sie mit ihrem eigenen Leben sehr ausgelastet sind und das Verhältnis zu den Eltern überhaupt nur eingeschränkt harmonisch war, haben wir einige Thesen entwickelt.

Verantwortung

Die Generation der heutigen jungen Alten hat immer wieder zu Mitbestimmung und Mitverantwortung aufgerufen und große Bewegungen zustande gebracht, beispielsweise die Antifaschismus-Gruppen, die Anti-AKW-, die Friedens- und die Öko-Bewegung. Hinzusehen, sich einzumischen, Verantwortung zu übernehmen wurden zu hohen moralischen Werten. Hintergrund dafür ist unter anderem die Auffassung, dass das Hitler-Regime nicht so hätte agieren können, wenn es mehr Wachsamkeit und Mitverantwortung in der Bevölkerung gegeben hätte.

Neue Beziehungen zu Umwelt, fremden Ländern, eigenen Kindern, Mitbürgern mit Migrationshintergrund und zu alten Menschen entstanden. Alte

Menschen sollten selbstbestimmt leben, nicht in Zwangsgemeinschaften in Altersheimen dahinvegetieren. Dabei entstand in der Folge auch ein neues Bewusstsein von alten Menschen und ihrer Würde. Konzepte von Altersheimen wurden geschaffen, die Bildung, Sport und andere Beschäftigungen – oft auf hohem Niveau – enthielten. (Dieser Zustand ist heute, 2017, Vergangenheit.)

»Ins-Heim-Kommen«, einst eine Drohung für unartige Kinder, schien jetzt auch für die jungen Alten – trotz der Veränderungen – eher eine Bedrohung als eine Idee der Entlastung von Alltagsplagen und ein Maximum an Versorgung zu sein. Es ist keine Frage, dass Altersheime für Menschen geringeren oder auch mittleren Einkommens kein erstrebenswertes Lebensende waren – und sind. Also müssen nun die *Kinder* die moralischen Ansprüche ihrer alten Eltern erfüllen und sich um sie kümmern (sofern diese nicht ebenfalls schon dieselben Ansprüche an sich stellen und jede Hilfsbedürftigkeit von sich weisen): Sie wollen (sollen) ganz jung alt werden, niemanden zur Last fallen, sie schwärmen von Altenwohnanlagen mit separaten Wohneinheiten und zubuchbarem Service, manche von Altenwohngemeinschaften oder sogar von generationsübergreifendem Wohnen. Der kollektive Anspruch an die Alten scheint neben den wirtschaftlichen Faktoren (nie waren Rentner so reich) auch zur Abwehr individueller Selbstansprüche zu dienen: Wenn die Eltern gesund und munter bleiben, bleibt den Jungen viel erspart. Also sollen sie gesund und selbständig bleiben, um es den Kindern, also den jetzt jungen Alten, zu ersparen, sich um sie zu kümmern. Wenn sie nicht gesund und fit bleiben, sind sie vielleicht selbst schuld, weil sie sich nicht rechtzeitig selbst gekümmert haben? Dann mischt sich Ärger und Ungeduld in die Versorgungsbereitschaft der Kinder, die als junge Alte selbst häufig viel Mühe mit ihrem Leben haben.

Natürlich gibt es auch Wege, diese Verantwortung zu delegieren – von der rumänischen Pflegerin, die bei der alten Mutter wohnt bis hin zu dem Heim für an Demenz erkrankte Alte auf Ko Samui.

Die Idee, die eigene Mutter »ins Heim zu geben«, ist von sehr widersprüchlichen Gefühlen begleitet. Auf der einen Seite stehen der Wunsch nach Entlastung, das Gefühl der Überforderung, Hilflosigkeit und Wut. Auf der anderen Seite geht es um Pflicht und Verantwortung und manchmal auch um Mitgefühl.

Gleichzeitig schreiben die *Kinder* Patientenverfügungen und Betreuungsvollmachten, damit später niemand ohne ihr Einverständnis oder gar gegen ihren Willen Entscheidungen für sie treffen kann, wie verantwortungsbewusst diese auch immer sein mögen. Sie wollen nicht in die Abhängigkeit kommen, in der ihre Eltern gerade sind.

Das alles erscheint genauso widersprüchlich, wie es in der Realität ist: Die Alten kämpfen gleichzeitig um ihre Autonomie *und* um ihren Anspruch, von den Kindern versorgt zu werden.

Wiedergutmachung

Ein unbewusstes Motiv für die neue Nähe kann der Wunsch nach Wiedergutmachung sein. Die Eltern sind alle – in unterschiedlicher Weise – traumatisiert durch ihre Erlebnisse im Krieg. Im Zustand des Alt- und Schwachgewordenseins entsteht ein Gefühl von Hilflosigkeit und Ausgeliefertsein als Reminiszenz – es handelt sich fast um eine Retraumatisierung. Diese Eltern klammern sich an ihre erwachsenen Kinder, die die Verantwortung übernehmen, dafür zu sorgen, dass es ihren Eltern gut geht. Manchmal hatten sie als kleine Kinder schon dieses Verantwortungsgefühl. Gerade Kinder depressiver und traumatisierter Eltern sind häufig parentifiziert. Sie fühlen sich als Eltern der Eltern. Dieser Zustand wird wieder aktiviert, nachdem alle Beteiligten Jahrzehnte in relativer Unabhängigkeit voneinander gelebt haben.

Ein unbewusstes Bündnis mit fatalen Folgen kommt zustande: Die Versorgungs-, manchmal auch Bevormundungs*bereitschaft* (siehe nächste These) der Kinder führt zur Verstärkung der Infantilität der Eltern, zu größerer Abhängigkeit und damit auch zu sich permanent erneuender Enttäuschung auf beiden Seiten. Die Kinder bringen nicht das Glück, auf das die Eltern ihr Leben lang gewartet haben. Diese hingegen erwarten stattdessen Anerkennung von den Eltern für ihr Engagement (auf die wiederum *sie* ihr Leben lang gewartet haben). Die Eltern stellen weitere Forderungen, direkt oder schmollend subtil: »Es ist ja nicht wichtig, wie es mir geht«. In Gruppen von alten Menschen, besonders von denen in Heimen, gibt es geradezu Wettkämpfe darum, um wen sich die Kinder am meisten kümmern.

Die Einsicht, die Eltern nicht glücklich machen zu können, und trotzdem ein Recht auf ein eigenes Leben und Glück zu haben, war den heute erwachsenen Kindern als16-Jährige selbstverständlich. Sie haben heftig dafür gekämpft. Diese Einsicht müssen sich die heute 60-Jährigen oft neu erarbeiten. Das alles bedeutet nicht, sich gar nicht um die alten Eltern zu kümmern, sondern es geht um einen angemessenen Umgang mit ihnen.

Eine kleine Geschichte aus der Praxis zeigt, was gemeint ist: »Sie wissen, dass Sie ihre Mutter nicht glücklich machen können«, sagt die Therapeutin zu ihrem Patienten mit der verwitweten Mutter, die außerdem ein kleines Alkoholproblem hat. Er antwortet: »Doch, das kann ich. Ich kann zu ihr ziehen, abends mit ihr fernsehen, Bier trinken und neben ihr im Doppelbett schlafen. Sie kocht dann auch für mich.« Er denkt eine Weile nach und fährt dann fort: »Aber das will ich nicht. Ich gehe sonntags zu ihr zum Mittagessen und dann spazieren wir zusammen auf den Friedhof. Das reicht!«

Manche Kinder haben tatsächlich das Gefühl, ihr zurückliegendes Handeln wieder gut machen zu müssen. Haben sie die Eltern nicht in der Pubertät schnöde behandelt, als junge Erwachsene verachtet und vielleicht auch über Jahre gar keinen Kontakt gehabt?

Nur angedeutet sei hier die Idee des Erbens. Wie kann ich ein Erbe annehmen, wenn ich mich vorher nicht um meine Eltern gekümmert habe?

Vergangenheitsbewältigung

Ein ähnlicher Wunsch nach Wiedergutmachung liegt oft bei Menschen vor, die eine relativ unglückliche, manchmal vernachlässigte Kindheit hatten. Hier geht es darum, dass die Eltern nun endlich ihr Versagen wieder gut machen sollten. So besuchte zum Beispiel Frau H. jede Woche zweimal ihre bettlägerige Mutter im nahegelegenen Altersheim. Die Mutter sprach kein Wort mit ihr, während Frau H. ihr zeigte, was sie mitgebracht hatte und ihr kleine Geschichten aus dem Alltag erzählte. Es kam zu keiner Reaktion. Einmal veränderte Frau H. ihren Besuchsrhythmus. Sie ging an einem Freitagnachmittag zu ihrer Mutter, weil sie am Tag zuvor vergessen hatte, eine Jacke mitzunehmen, die sie in die Reinigung bringen sollte. Ob sie wirklich nicht *wusste*, dass es sich dabei um einen dritten Freitag im Monat handelte, zu dem regelmäßig ihr Bruder aus einer 300 Kilometer entfernten Stadt anreiste, blieb offen. Jedenfalls hörte sie, als sie die Tür zum Zimmer ihrer Mutter einen Spalt breit geöffnet hatte, diese laut lachen! Sie betrat den Raum, die Mutter blickte ihr mit leuchtenden Augen entgegen: »Guck mal, Heiner ist da! Der besucht mich wenigstens regelmäßig.« Die alte Kränkung! Heiner war immer der Bessere, der Geliebtere gewesen, ganz gleich, welche Mühe sich Frau H. auch gab. Neben dem alten Schmerz des ungeliebten Kindes war auch die Geschwisterkonkurrenz wieder virulent. Und das blieb so bis über den Tod der Mutter hinaus – die Geschwister haben heute keinen Kontakt mehr. Und es ist Frau H. nicht gelungen, das gewünschte, harmonische Verhältnis zur Mutter herzustellen, das es nie gab. Die Endgültigkeit des Verzichts auf gute Eltern macht es den Kindern so schwer, Demenzen zu akzeptieren: Nun gibt es mit Sicherheit keinen Nachschlag an Liebe oder auch nur interessiertem Zuhören mehr, wenn die Eltern begonnen haben, ihre Kinder ganz zu vergessen.

Der Versuch, mit den Eltern in deren letzten Lebensphase die wunderbare Familie herzustellen, die es nie gab, nach dem Motto: »Es ist nie zu spät, eine glückliche Kindheit zuhaben«, ist gescheitert.

*

Geschwisterproblematiken werden besonders deutlich, wenn die Eltern zu alt werden, um sich selbst zu versorgen: Hier zeigt sich immer wieder der Kampf darum, wer das bessere Kind ist, wer klüger, lebenstüchtiger ist. Letzteres darf entscheiden – oftmals, ohne die Geschwister überhaupt zu befragen.

Geschwisterrivalitäten zeigen sich oft auch schon nach dem Tod eines Elternteils. Eine Frau berichtet: »Seit Jahren schicke ich über einen Blumenversand ein Grabgesteck zu Allerheiligen für das Grab meines Vaters. Heute habe ich mit meiner Mutter telefoniert und ihre erste Frage war: ›Klappt das auch zu Sonntag mit Deiner Bestellung?‹ Es ist also sehr selbstverständlich, was mich etwas ärgerte. ›Ja, klar‹, habe ich gesagt und obwohl ich die Antwort genau kannte, gefragt: ›Schickt Bettina auch etwas für den Friedhof?‹ – ›Daran denkt Bettina nicht. Das hat sie noch nie gemacht. Dabei war sie doch Papas Liebling!‹ Warum habe ich gefragt? Es ist völlig egal, was Bettina macht oder nicht. Ich mache das gerne und freiwillig. Will ich die gute, die bessere Tochter sein? Jedenfalls fühle ich mich ertappt. Und wenn meine Mutter mal wieder betont, dass Bettina Papas Liebling war und nicht ich, dann tut das immer noch ein bisschen weh.«

Rache

»Warte mal, wenn ich groß bin und du bist klein …!«, drohte der fünfjährige David, als er von seiner Mutter ins Bett geschickt wurde. Und genau das geschieht jetzt: Die *Kinder*, auch, wenn sie selbst nicht mehr auf dem Höhepunkt Ihrer Kräfte sind, sind jetzt in (fast) jeder Beziehung *größer*, also mächtiger als die Eltern und übernehmen deshalb häufig das Bestimmen. Sie entscheiden über den Aufenthaltsort der Eltern, weil sie glauben, diese könnten nicht mehr allein leben. Vielleicht haben sie damit recht, dass die Eltern zu wenig trinken, dass die Wohnung nicht mehr »gut genug« geputzt ist, dass Vater einen verwahrlosten Eindruck macht … Und doch bleibt es das Recht der Alten, solange sie geistig präsent sind, über ihr Leben zu entscheiden. Plakativ ausgedrückt: Sie haben das Recht, in einer schlecht geputzten Wohnung zu leben!

Man denke an die vielen Alten, die nach einer kaum überstandenen Operation nicht mehr nach Hause können. Oft sind alte Menschen länger als jüngere nach einer Narkose verwirrt. Manchmal sind sie es aufgrund unkontrollierten Tablettenkonsums, weil ihnen Ärzte Medikamente verschreiben, ohne sich um die Wechselwirkung mit von anderen Ärzten verschriebenen Medikamenten zu kümmern. Dies ist ein häufiger Anlass für eine Unterbringung, ohne dass abgewartet wird, in welchem Maß die Symptome (zum Beispiel nach einer massiven Dehydrierung oder nach einem Schlaganfall) reversibel sind.

Kurz: Oft werden Entscheidungen über die alten Eltern getroffen, die in dieser Weise gar nicht getroffen werden dürften, weil gar keine Bevollmächtigung vorliegt.

Manchmal werden aber auch in der Beziehung zu den alten Eltern uralte Familienkonflikte inszeniert. So wunderte sich Johanna, wie stark ihr Groll war, wenn ihre Mutter ihre wohlgemeinten Ratschläge, Empfehlungen und andere Interventionen zurückwies. Dabei waren diese rein pragmatischer Natur und keineswegs besonders bevormundend. So schlug sie zum Beispiel ihrer Mutter vor, als sie nach einer Hüftoperation kaum laufen konnte, ihre Putzfrau auch das Einkaufen übernehmen zu lassen. Die Mutter lehnte dies ab, die Putzfrau müsse sich um ihre Enkelkinder kümmern. Solche Szenen wiederholten sich häufig und Johanna spürte, wie sie immer wütender wurde. In einem Gespräch mit ihrem Mann wurde ihr der Grund klar: So war es immer gewesen. Früher war es der Vater, der Vorschläge zur Gestaltung des Familienlebens gemacht hatte, und die Mutter hatte alle abgelehnt. Es hatte einen heftigen Streit gegeben. Und statt mit der Familie den Zoo zu besuchen oder im Park zu picknicken, hatte der Vater wütend die Tür zugeschlagen und sich in seine Werkstatt zurückgezogen. Mutter hatte sich mit Kopfweh ins Bett gelegt … Nachdem Johanna ihren Zorn verstanden hatte, fiel es ihr deutlich leichter, ihrer nun alten Mutter ihren Willen zu lassen.

Kleiner Exkurs für Liebhaber von Verschwörungstheorien

Alle im Folgenden beschriebenen Episoden sind so – mit kleinen Abweichungen, um die beteiligten Personen zu schützen – wirklich passiert. Erschreckend ist die Häufigkeit solcher Geschehnisse, die uns zu der gewagten These verleitet haben, es gäbe eine Verschwörung zwischen den jungen Alten gegen die ganz alten Alten. Oft genug spielen Ärzte dabei eine Rolle. So hat zum Beispiel in keinem der geschilderten Fall ein Arzt um Entbindung von der Schweigepflicht gebeten, wenn er zu Sohn oder Tochter eines alten Menschen Kontakt hatte, der in seiner Behandlung war. Das scheint nur auf den ersten Blick freundlich und unbürokratisch – es bleibt übergriffig und ein Verstoß gegen die Berufsethik. Deshalb ist so ein Verhalten nur im äußersten Notfall zulässig. (Und im Zuge moderner Kommunikationstechnik kann eine Schweigepflichtsentbindung oder Vollmacht schnell gefaxt oder gemailt werden.) Auch führen Ärzte gern Gespräche über die Patienten *in deren Anwesenheit* (nur) mit den Angehörigen. Die alten Menschen haben dann oft schon »abgeschaltet«, weil ihnen die Terminologie fremd ist oder weil sie schwer hören und sich niemand die Mühe macht, sie einzubeziehen.

»Meine Mutter ist alt und kann nicht mehr alleine leben«, in diesen Satz stimmen Ärzte viel zu oft und zu gern ein. So schrieb zum Beispiel ein Orthopäde in seinen Bericht, die alte Frau sei nicht mehr in der Lage, alleine zu wohnen und müsse in einem Pflegeheim untergebracht werden, da eine erhöhte Gefahr, dass sie stürzen könnte, bestünde. Er schrieb dies nach einer Untersuchung, bei der er die vollständige Heilung eines Unterschenkelbruches feststellte. Es hatte ihn übrigens niemand um eine solche Beurteilung gebeten.

Viele Menschen wissen heute um die Überdosierung und die besonderen Nebenwirkungen bei der Medikamentengabe an alte Menschen. Welcher Arzt macht sich die Mühe, nach all den anderen Medikamenten zu fragen, die seine Patientin einnimmt? Und welcher Arzt kümmert sich schon um die *Priscus-Liste*, obwohl die AOK eine verkürzte Liste für den Schreibtisch des Arztes herausgegeben hat? (Die Priscus-Liste ist eine Auflistung von Arzneimitteln bzw. Wirkstoffen, die älteren Patienten wegen möglicher Nebenwirkungen nicht verabreicht werden sollten. Sie enthält auch die jeweiligen Alternativen.)

Falsche oder falsch dosierte Medikamente bringen manchen alten Menschen in einen verwirrten Zustand, der dann als beginnende Demenz gedeutet werden kann. Auch hierfür liegen uns einige Beispiele vor. So geschah es Marianne: Sie hatte einen leichten Schlaganfall erlitten. Die Behandlung auf der Akutstation war schon nach wenigen Tagen beendet. Marianne allerdings noch erschöpft und schien verwirrt. Da sie am selben Ort keine Verwandten hatte, brachte sie die Sozialarbeiterin des Krankenhauses im benachbarten Pflegeheim zur Kurzzeitpflege unter. Eine geriatrische Rehabilitation lehnte Marianne. ab. Vermutlich wusste sie gar nicht genau, was darunter zu verstehen sei. In der Kurzzeitpflege litt sie an Schlaflosigkeit und lief nachts durchs Heim. Das war dem Pflegepersonal nicht geheuer, und sie bekam Medikamente, deren Dosis noch zweimal erhöht wurde. Nun war Marianne auch tagsüber müde, hatte Gleichgewichts- und Gedächtnisstörungen. Sie wurde auf die Demenzstation verlegt. Der Sohn reiste an und erschrak über den Zustand seiner Mutter. Er ließ sich über die Medikation unterrichten. Bevor er einen anderen Heimplatz fand, erlitt seine Mutter einen zweiten Schlaganfall. Im neuen Heim erwiesen sich fast alle Schäden durch den Schlaganfall als reversibel und Marianne als nur leicht altersverwirrt. Es geht ihr gut, sie genießt Spaziergänge und andere Kontakte mit ihren Alltagsbetreuern und nimmt an Gruppenangeboten teil.

Verlegungen dieser Art – plötzlich für die älteren Menschen und ohne ausreichenden Vorlauf – sind durchaus nicht selten. Sie geschehen oft nach einer OP, wenn der alte Patient verwirrt erscheint, weil er die Medikamente noch nicht ganz verarbeitet hat. Hier gibt es eine bekannte Kette: Sturz – Oberschenkelhalsbruch – Krankenhaus – Heim. Oft hat der Patient sich noch nicht wieder genug erholt, um eine eigene Meinung deutlich kundzutun. Diese Entscheidungen übernehmen dann oft die Kinder. So kündigten die Töchter von Walter seine Wohnung, während er noch von einer Hüftoperation genas. In seinem kleinen Zimmer im Pflegeheim wurde er depressiv.

Natürlich hatten es die Kinder nur gut gemeint. So auch die Kinder von Marianne, die mit ihren 87 Jahren allein in einem freistehenden Haus lebte. Zwei Mal in der Woche kam die Putzfrau, morgens ein Pflegedienst. Die Kinder baten die Nachbarn, ein Auge auf die Mutter zu haben. Das verführte die Nachbarn dazu, regelmäßig um das Haus herumzuschleichen (ohne sich bemerkbar zu machen) und den Kindern Bericht zu erstatten.

Manchmal gibt es auch Streitigkeiten zwischen den Alten und den Kindern, weil die Kinder, die inzwischen einige Vollmachten haben, sich die Versorgung der Eltern anders vorstellen. Sie hätten vielleicht lieber die Pflegerin, die im Haus der Eltern wohnt, anstelle der liebevollen Nachbarin, die gern (und auch gegen Bezahlung) die Hilfe übernimmt. Ein Fall einer solchen Streitigkeit (wobei auch noch die Kinder der alten Frau als Kontrahenten dastanden), wurde sogar in einer westdeutschen Großstadt vor Gericht verhandelt. Die alte Frau hatte nämlich die Pflegerin, mit der sie sich gar nicht verstand, kurzerhand aus dem Haus gewiesen. Sie könne allein entscheiden, wer sich um sie kümmerte, wollte sie vor Gericht vertreten. Der Richter wies ihren Einspruch ab mit den Worten: »Jetzt seien Sie mal still, ich rede mit ihrem Sohn!« Der Prozess ist übrigens für die alte Frau nicht gut ausgegangen, was ihren geistigen Verfall rapide beschleunigt hat.

Ein anderer Fall, der uns besonders erschüttert hat, ist folgender: Josef und Gertrud lernten sich kennen und lieben, als er 80 und sie 77 Jahre alt waren. Nachdem sie drei schöne Jahre miteinander verbracht hatten, wurden bei Gertrud erste Anzeichen einer Altersverwirrtheit deutlich. Das ängstigte sie, aber Josef versprach ihr, für sie zu sorgen. Da seine Frau vor vielen Jahren an einer Krebserkrankung gestorben war, hatte er eine Vorstellung davon, was es bedeutete, einen Menschen bis zu seinem Tod zu pflegen. Also zog das Paar zusammen. Sie dachten kurz über eine Heirat nach, verwarfen den Gedanken aber wieder. Da beide durchaus vermögend waren, gelang es einige Zeit mithilfe ambulanter Dienste den Alltag zu organisieren. Als die Demenzerkrankung von Gertrud immer stärkere Ausmaße annahm, traten ihre Kinder auf den Plan. Offensichtlich hatten sie Angst um ihr Erbe, es wurden in Auseinandersetzungen den (abwesenden) Kindern Josefs Begehrlichkeiten unterstellt. Über einen richterlichen Beschluss erhielten die Kinder von Gertrud die Personensorge – und entschieden schon nach wenigen Wochen deren Übersiedlung in ein Pflegeheim.

Was die Generationen voneinander erwarten

»Gehe nicht sanft in diese gute Nacht,
Das Alter sollte brennen und toben am Ende des Tages;
Rase, wüte gegen das Sterben des Lichts.

Wenngleich weise Männer an ihrem Ende wissen, dass dunkel recht ist,
Weil ihre Worte noch keinen Blitz entzündet,
Gehen sie nicht sanft in diese gute Nacht.

Gute Männer, ein letztes Winken, weinend wie hell
Ihre schwachen Taten in einer grünen Bucht getanzt hätten,
Rase, wüte gegen das Sterben des Lichts.

Wilde Männer, die die Sonne im Flug fingen und besangen,
Und zu spät bemerken, dass sie sie betrauerten auf ihrem Weg,
Gehen nicht sanft in diese gute Nacht.

Ernste Männer, dem Tod nahe, sehend mit schwindendem Augenlicht
Blinde Augen können funkeln wie Meteoriten und heiter sein,
Rase, wüte gegen das Sterben des Lichts.

Und Du, mein Vater, dort auf der traurigen Anhöhe,
Verfluche, segne mich jetzt mit deinen wilden Tränen, bete ich.
Gehe nicht sanft in diese gute Nacht.
Rase, wüte gegen das Sterben des Lichts.«

Dylan Thomas (1914–1953), Übersetzung: Florian Rohwetter

Es ist eine große Herausforderung, mit den Schwächen der altwerdenden Eltern umzugehen. Der kindliche Satz »Wenn ich groß bin und du bist klein« ist jetzt zu einer gewissen Realität geworden, und diese ist gar nicht so lustig. Das Verhältnis zwischen Eltern und Kindern ist auf den Kopf gestellt. Es muss völlig neu definiert werden. Je ausgewogener es vorher war, je versöhnter beide Parteien sind, umso weniger eklatant wird das Problem, umso weniger Konflikte entstehen. Vielleicht ist ja auch schon von erwachsenen Eltern zu erwachsenen Kindern über das Altern der Eltern gesprochen worden, über ihre Vorstellungen und Wünsche, vielleicht haben sie eine gewisse Vorsorge betrieben. Umso leichter wird es den Kindern, den Eltern das zukommen zu lassen, was sie an Unterstützung brauchen.

Das Altwerden der Eltern setzt neue Individuationsprozesse bei den Kindern in Gang, stellt neue Anforderungen an die Selbstverantwortung der jungen Alten. Sie verlieren den Schutz der Eltern und die Option, wenn alle Stricke reißen, immer noch dort Hilfe zu bekommen. Dieses Bild ist selbst bei denjenigen Menschen vorhanden, bei denen es bewusst gar keine Vorstellung davon gibt, in einer Notlage zu ihren Eltern zu gehen, weil sie doch schon so lange auf eigenen Füßen stehen. Ein Vorbild geht verloren, ein immer noch in den Tiefen der Lebensgeschichte vergrabenes Ideal der stolzen, starken Eltern. Dylan Thomas' Gedicht, das wir diesem Kapitel vorangestellt haben, drückt das herzzerreißend aus. Er schrieb es am Totenbett seines Vaters, den er bisher als so stark erlebt hatte. Fast alle alten Menschen wünschen sich, sanft und leicht in den Tod zu gleiten. Dylan erlebte einen solchen Tod bei seinem Vater. Es erfüllte ihn mit Zorn und Entsetzen, dass sein Vater nicht gegen den Tod ankämpfte.

Der Anblick der schwächer werdenden Eltern antizipiert eigene Verluste. Es ist eine narzisstische Kränkung, darauf hingewiesen zu werden, dass Kraft, Gesundheit und Lebenstage endlich sind. Unser Unsterblichkeitsglaube wird auf die Probe gestellt.

Diese beiden Punkte verbinden sich in der Identifikation mit den Eltern. Sie erscheinen in Fragen wie »Hat das alles einen Sinn gemacht? Reicht es aus? Muss da nicht noch etwas kommen? Haben meine Eltern und habe ich das im Leben erreicht, was wir uns vorgenommen haben?«

Das Altwerden der Eltern fordert erneut dazu auf, selbstverantwortlich zu sein. Nun sollte diese Einsicht nicht einhergehen mit dem Habitus, die Eltern seien nicht mehr selbstverantwortlich. Hier setzt das Dilemma ein. Solange die Eltern nicht vollkommen dement sind, haben sie das Recht, über ihr Leben zu verfügen, selbst dann, wenn sie nicht in der Lage sind, ihre eigenen Entscheidungen umzusetzen. Und das gilt auch, wenn es den Kindern »unvernünftig« zu sein scheint. Dazu gehört, dass diese Beziehung nicht einseitig versorgend sein kann und darf. Das bringt die Beziehung in eine Schieflage. So werden die Kinder schnell zu überforderten Kontrolleuren und Bevormundern und die hilfebedürftigen Eltern zu infantilen Abhängigen, oft nörgelnd und unzufrieden. Max Frischs Wort: »Die Würde des Menschen [...] ist die Wahl« (Frisch, 1975, S. 144), gilt hier in besonderem Maße – für beide Seiten.

Es gilt für jede Beziehung, dass sie in neuen Lebenssituationen neugestaltet, »angepasst« werden muss und so auch für die Beziehung älterer Menschen zu ihren alten Eltern. Was haben die Alten denn noch zu geben? Etwas wird da immer sein und sei es nur das Modell, so oder so nicht werden zu wollen. (An dieser Stelle weisen wir auf den Abschnitt über den »Welleneffekt« in unserem Kapitel »Lebensende« hin.) Die neue Beziehung zu den alten Eltern stellt den Kindern die Aufgabe, zu respektieren, auf welche persönliche und eigenverantwortliche Weise ein Mensch ein langes, oft mühsames Leben zu Ende bringt. Sie beinhaltet die Möglichkeit, letzte Fragen zu stellen.

Was erwarten also die Kinder von ihren ganz alten Eltern – und die Eltern von ihren Kindern? Beide wollen keine Einmischung, wünschen sich aber vom jeweils anderen, dass er Anteil nimmt. Gleichzeitig wird erwartet, dass der Andere die Rolle akzeptiert, die er in *meinem* Leben spielt, ohne allzu große Forderungen zu stellen. Dies beschreibt deutlich folgendes Beispiel:

Als Irmgard sich entschied, aus ihrem großen, aber renovierungsbedürftigen Haus in eine kleine Altenwohnung mit gehobener Ausstattung zu ziehen, verhandelte sie mit ihrer Tochter Maria um deren Beteiligung an ihren Kosten. Maria ging mit ihrer Mutter zusammen deren Finanzen durch und stellte fest, dass diese mit eigner Rente, der Witwenrente und diversen anderen Einnahmen aus Miete und gut verzinsten Festanlagen über ein Einkommen von etwa 5.000 Euro im Monat verfügte. Zusätzlich gab es noch ein gutgefülltes Sparkonto. »Das reicht längst für deine Miete und es bleibt noch einiges übrig«, sagte Maria zu ihrer Mutter und fügte hinzu: »So viel Geld werde ich im Alter nicht haben!« Die Mutter antwortete kurz und kühl: »Das interessiert mich überhaupt nicht.«

Maria fand nicht nur diese Bemerkung drastisch. Besonders schmerzte sie, dass die Mutter so tat und wohl auch so dachte, als läge die Berentung ihrer Tochter in weiter Ferne. Dabei ist Maria nur noch wenige Jahre jünger als die Mutter zu dem Zeitpunkt war, als sie sich aus dem Berufsleben zurückgezogen hatte. Sie hatte Marias Realität schon lange nicht mehr im Blick – was zunächst gänzlich unproblematisch ist: Die Mutter darf die Realität der Tochter durchaus aus den Augen verlieren. Schwierig wird es allerdings, wenn die Mutter aus ihrer falschen Vorstellung vom Leben der Tochter eine Anspruchshaltung entwickelt: »Du hast noch so viel Zeit, Geld zu verdienen. Ich habe so viel für dich getan, jetzt bist du an der Reihe. Zeige ein bisschen Dankbarkeit!« Und: »Wer soll sich denn um mich kümmern, wenn nicht du?«

Die Mutter will versorgt sein, sich nicht mehr um die Zukunft der Kinder kümmern, sich keine Sorgen machen müssen. Die Sorgen der Mütter um ihre Kinder nehmen lange Zeit einen großen Raum in ihrem Leben ein. Damit soll nun endgültig Schluss sein. Jetzt möchten sie – soweit es geht – ihr Leben

leben, vielleicht nicht einmal genießen, sondern in erster Linie sorgenfrei sein und in Ruhe gelassen werden. Natürlich ist das ihr Recht! Nur: Wenn es vorher eine intakte Beziehung gegeben hätte, würde das Interesse für einander nicht erlöschen.

Das Phänomen gibt es auch in der anderen Richtung: Die Kinder wollen nicht durch Ansprüche und Bedürfnisse der Eltern aus ihrem eigenen vollen Leben herausgerissen werden. Die norwegische Schriftstellerin Anne B. Ragde erzählt in ihrem Buch *Die letzte Reise meiner Mutter* (2016) folgende Szene: Sie beginnt gerade, als Schriftstellerin Erfolg zu haben. Die Mutter ist sehr stolz auf sie. Als Anne sich gerade auf einer Lesereise befand, bat ihre Mutter sie, in ihrem Altersheim vorzulesen. Anne reagierte zunächst mit Zorn: »Wie ich sie in diesem Moment hasste, weil sie kein Teil meines Lebens war und nicht begriff, wie mein Alltag aussah. Aber natürlich musste ich kommen, das war mir klar, sowie wir das Gespräch beendet hatten, und ich blieb stehen und starrte mein Telefon an und hasste sie noch mehr. Denn natürlich musste ich hinfahren« (Ragde, 2016, S. 30).

Die Gefühle, die Ragde beschreibt, sind stark tabuisiert. Wer kann schon zugeben, seine alten Eltern zu hassen? Dieser kleine Romanausschnitt enthält die ganze Ambivalenz, von der in diesem Kapitel die Rede war. Ragde liest also im Heim ihrer Mutter und der Abend endet für sie mit folgenden Worten der Mutter: »›Ich finde, das ging doch ziemlich gut‹, sagte sie danach. ›Du hast mich ja überhaupt nicht blamiert, Anne‹« (ebd., S. 31).

So gehen die Forderungen hin und her, werden oft nicht ausgesprochen, formulierte und unformulierte Bedürfnisse erhalten keine angemessene Resonanz. Viele Ansprüche sind vielleicht auch gänzlich unbewusst.

Es ist nicht sicher, ob früher formulierte Zuweisungen an alte Menschen, sich angepasst, unauffällig und bescheiden zu verhalten, heute völlig ihre Gültigkeit verloren haben. Vieles vom oben Gesagten finden wir schon in der Kalendergeschichte *Die unwürdige Greisin* von Bert Brecht (1898–1956). Die Erzählung beginnt mit der Kontrolle, die die Kinder ausüben wollen, nachdem der Vater gestorben ist und die Mutter allein lebt: »Die Kinder schrieben sich Briefe über das Problem, was mit ihr zu geschehen hätte.« Die *Greisin* (72 Jahre alt, 1939 sicher ein »altes Alter«) lehnt alle Vorschläge ab, nur monatlich ein wenig Geld nimmt sie von ihren Kindern an. Zwei Jahre lebt die alte Frau noch, streng beobachtet von einem ihrer Söhne, der am selben Ort wohnt und enttäuscht darüber ist, dass seine Mutter allein in ihrem großen Haus wohnen will, während er sehr beengt lebt. Die »Unwürdigkeit« der Greisin besteht in der Geschichte Brechts aus folgenden Vergehen: Sie geht allein ins Kino, besucht statt vornehmer Bekannter einen armen Flickschuster, geht auswärts essen, machte allein Ausflüge mit einer teuren Pferdekutsche, ja, besuchte sogar ein Pferderennen. Dadurch war der vor Ort lebende Sohn »durch und durch alarmiert. Er wollte einen Arzt hinzugezogen haben.« Dies hinderte die alte Frau jedoch nicht, sich mit einem behinderten Mädchen anzufreunden und ihr Geld an den Flickschuster zu verschenken.

Gerade der Umgang der Eltern mit dem eigenen Geld bringt die Kinder oft auf die Idee, sich jetzt »kümmern« zu müssen. Das kann die Angst um das Erbe sein und/oder die Angst davor, die später notwendig werdende Pflege finanzieren zu müssen. Es kann (Geschwister-)Neid sein oder es sind einfach die moralischen Vorstellungen der noch arbeitenden Kinder, aus denen das Motiv für deren Empörung erwächst.

Brechts *Greisin* lebte nur noch zwei Jahre, viel länger wäre sie der Sorge ihrer Kinder wohl nicht entkommen. Die Geschichte endet mit einfühlsamen Worten des Ich-Erzählers: »Sie hatte die langen Jahre der Knechtschaft und die kurzen Jahre der Freiheit ausgekostet und das Brot des Lebens aufgezehrt bis auf den letzten Brosamen.«

Weniger einfühlsam ist der Schriftsteller Stefan Zweig (1881–1942). In seinem Buch *Die Heilung durch den Geist* (1930/31) schrieb er in der Darstellung von Mary Baker-Eddy, der Gründerin der Christlichen Wissenschaft: »Einundsechzig Jahre zählt Mary Baker-Eddy, als sie vom Grab ihres dritten Mannes heimkehrt. Einundsechzig Jahre, Großmutteralter, in dem andere Frauen die schwarze Haube aufsetzen und still in einen Winkel schatten, ein Alter, da Menschen bereits erste Gleichgültigkeit und Müdigkeit überfließt, denn wie lange kann man noch wirken und für wen?« (Zweig, 1982 [1930/31], S. 228).

Zweig schrieb diese Geschichte im Alter von 50 Jahren. Mit 61 Jahren nahm er sich das Leben. Rechnen wir also seine harten Worte seiner allgemeinen Abneigung gegen Mary Baker-Eddy, den Frauen allgemein und seiner Depression zu. Mary Baker-Eddy begann mit 61 Jahren zum wiederholten Mal ein neues Leben, das noch 28 Jahre dauern sollte.

*

Natürlich sind die beschriebenen Konflikte nicht die Regel zwischen den beiden Generationen der jungen Alten und der alten Alten. Doch tauchen sie so häufig auf, dass sie uns ein eigenes Kapitel wert waren. Diese Konflikte verdienten eine ausführliche sozial-psychologische Untersuchung und ein eigenes Buch.

Veras Mutter

Als meine Freundin Vera in ihre Heimat Guatemala zurückkehrte, schuf sie sich ein kleines Paradies am Atitlansee. Sie ließ ein rosafarbenes Hotel mit einer großen Terrasse zum See hin bauen. Von da aus blickt man über das tiefblaue Wasser zu den zwei dunklen Vulkanen auf der anderen Seite des Sees. Der Garten, der sich am Ufer entlang erstreckt, ist wunderschön. Das ganze Jahr über wachsen tropische Früchte an den Bäumen und Blumen blühen überall.

Alle zwei Jahre kommt Vera nach Deutschland, um ihre erwachsenen Kinder und langjährige Freunde zu sehen. Jedes Mal besucht sie uns und meist sind die Umstände ihres Besuches chaotisch. Sie hat unsere Telefonnummer verloren, schreibt eine E-Mail an die falsche Adresse oder kommt zu uns, wenn wir nicht zu Hause sind. Wenn wir dann aber zusammensitzen, ist es wie immer, als wären wir nie getrennt gewesen. Heute wirkt Vera müde. Sie ist dünn und spitz geworden. Die Arbeit im Hotel erschöpft sie. Vor ein paar Monaten ist Yvonne, Veras Tochter nach Deutschland zurückgegangen. Yvonne hatte das Hotelrestaurant allein betrieben, nun erledigt Vera das auch noch irgendwie.

Die meiste Kraft kostet Vera die Versorgung ihrer Mutter. Die 94-jährige Frau beginnt dement zu werden. Als wir vor 18 Jahren am Atitlansee waren, war Veras Mutter noch eine große Hilfe im Hotel. Sie kochte Kaffee, schnitt Gemüse und half, die Gästezimmer in Ordnung zu bringen. Sie konnte mit erstaunlicher Geschwindigkeit den Berg ins Dorf Santa Maria bewältigen. Heute ist sie für Vera eine große Last. Immerzu schimpft sie mit Vera: »Warum bekommt man hier keinen Kaffee?« Vera bringt ihr einen Kaffee. Dann heißt es: »Der ist ja viel zu heiß, ich habe mich verbrannt! Ich möchte zwei Löffel Zucker.« Hat Vera ihren Kaffee mit zwei Löffeln Zucker gesüßt, entgegnet sie: »Der Kaffee ist zu süß, den trinke ich nicht!« Sie möchte in ihre eigene Wohnung nach Chimaltenango fahren und Vera hat Angst, dass ihr dort etwas passiert. Sie ruft Vera von dort aus an und möchte abgeholt werden. Sie will dort nicht alleine bleiben. Vera fährt mit dem Bus nach Chimaltenango, kommt spät abends an, packt einen Koffer für die Mutter und weckt sie am nächsten Morgen früh: »Komm, steh auf, der Bus fährt bald.« »Was?«, antwortet die Mutter unwirsch: »Warum willst Du mich hier abholen, hier ist mein zu Hause. Ich will nicht weg.« Im Hotel am Atitlansee hat Vera nun eine Frau eingestellt, die sich um die Mutter kümmern soll. Aber die Mutter will mit dieser fremden Frau nichts zu tun haben. Sie spricht nicht mit ihr. Die Frau soll weggehen, sagt sie zu Vera. Schlafen möchte sie nur in Veras Zimmer. Dadurch fühlt sich Vera bedrängt, aber sie hat Angst, dass ein Unglück passiert, wenn die Mutter allein ist. Manchmal stellt Vera fest, dass die Mutter ungewaschen riecht. Das ist Vera besonders unangenehm, wenn Gäste in der Nähe sind. Sie zieht dann die alte Frau unter die Dusche, auch wenn die Gäste auf ihr Essen warten müssen. Die Mutter wirft einen Stuhl um und legt sich auf den Boden. Dann weint und jammert sie laut. Vera kann nicht mehr. Kurz vor dem Ende ihrer Kräfte, verliert sie ihre Beherrschung und schreit ihre Mutter an – was ihr jedoch schnell leidtut und sie mit einem Gefühl der Verzweiflung zurücklässt.

M. BZ.

Versöhnung

Zur Versöhnung gehört wesentlich die Versöhnung mit Menschen, die uns einst (oder immer noch) am Herzen lagen: mit Freunden, die man auf dem zurückliegenden Lebensweg im Streit oder aus Zeitmangel verloren hat, mit Verwandten oder einem seit Langem getrennten Partner, oft sogar mit den eigenen Kindern oder den eigenen Eltern. Dabei ist es nicht einmal wichtig, ob die Person, mit der man im Zwist liegt, noch lebt. Gleichgültig ist zuletzt auch, wer die Schuld trägt an dem Streit. Es muss gar nicht in jedem Fall vergeben oder verziehen werden (obwohl auch das selbstverständlich erlaubt und hilfreich ist – was immer darunter zu verstehen ist). Im Wesentlichen geht es einfach darum, einen inneren Kampf aufzugeben und den inneren Dialog zu stoppen, der auch nach Jahrzehnten noch tönt: »Warum habe ich nicht gesagt, dass ...« oder »Aber er hat ja damals nicht mehr geantwortet.«

Überall, wo noch kleine Stachel in der Haut sitzen, die manchmal piksen, geht es um diese Art der Versöhnung. Ihre einfachste Form besteht in der Floskel: »Es ist vorbei.« Natürlich braucht es eine ganze Weile, bis diese Erkenntnis in den Tiefen der Gefühle Wurzeln geschlagen hat. Andere, unkomplizierte Lösungen sind ein Anruf oder, falls das zu beängstigend ist, ein Brief. In der Regel sind die Angesprochenen dankbar für ein Versöhnungsangebot. Sie haben schon lange dasselbe tun wollen, sich aber (ebenfalls) nicht getraut. Auch Versöhnung mit nicht mehr lebenden Mitmenschen ist möglich, wie diese stattfinden kann, ist eine Frage der Fantasie und des Glaubens.

Am schwierigsten mag die Versöhnung sein zwischen Eltern und Kindern, wenn lange kein Kontakt mehr bestanden hat. Manchmal wurde der Kontakt seitens der Kinder abgebrochen, ohne dass die Eltern (genau) wussten, worum es eigentlich geht. In solchen Fällen kann man nur um einen neuen Kontakt bitten – vorerst, ohne den alten Konflikt wieder aufzunehmen. In jedem Fall hilft die Mediation durch eine dritte, neutrale Person. Dabei geht es darum, ohne Ansprüche und Vorwürfe darüber zu kommunizieren, mit welchen Gefühlen wir uns neu begegnen und welche Wünsche wir für einen möglichen neuen Kontakt haben.

Versöhnung, egal mit wem, ist niemals ein leichtes Unterfangen. Doch sie schenkt ein großes Glücksgefühl, wenn sie gelungen ist. Die nachfolgende Geschichte liefert ein anschauliches Beispiel für eine Versöhnung mit einer verstorbenen Person.

Mein kleiner dicker Vater

»Meine Mutter erzählte immer, wie schön mein Vater mit mir gespielt habe, als ich noch ganz klein war, und mit welcher Geduld er mir das Sprechen beigebracht habe. Diese Zeit liegt vor meiner Erinnerung. Was ich weiß, ist Folgendes: Mein Vater war klein, wirklich klein, gerade 1,55 Meter. Schon mit 13 Jahren überragte ich ihn, was meinem Respekt ihm gegenüber nicht förderlich war. Er hatte außerdem sehr schütteres Haar und war dick, eine Kugel auf stämmigen, kurzen Beinchen. Er hatte eine große Narbe auf der linken Stirnseite von einer Kriegsverletzung durch Granatsplitter und einen leichten, nicht so gut zu beschreibenden Sprachfehler. In seiner Aussprache ließen sich sch und ch nicht voneinander unterscheiden. Das fiel jedoch weniger auf, als seine katastrophale Grammatik, die mich schon früh zum Erröten brachte, besonders, wenn ein Nachbarkind dabei war. Es waren nicht oft andere Kinder bei uns.

Mein Vater war ein Versager, jedenfalls machte meine Mutter ihm das täglich deutlich. Er verdiente wenig Geld, war oft krank, verrichtete wenig qualifizierte Arbeit. Er putzte die Waschräume der Arbeiter in einer großen Fabrik. Umso mehr trank er. Wenn er betrunken war, wurde er aggressiv. Besonders viele Schläge bekam dann ich, vielleicht, weil er meine Verachtung spürte, wo ich doch einmal sein Liebling und sein Stolz gewesen war. Ich hatte große Angst vor ihm, vor seiner Wut, aber auch vor Äußerungen der Umwelt über ihn, meinen Vater, für den ich mich nur schämen konnte.

Eine besonders peinliche Geschichte gab es mit meiner Klassenlehrerin in der Grundschule, einem älteren Fräulein. Sie erzählte oft bis weit in die Pausen hinein ihre Familiengeschichten, die ich im Übrigen durchaus spannend fand, berichtete sie doch aus einer anderen Welt. Als ich das zu Hause erzählte, beschloss mein Vater, ihr ›die Meinung‹ zu sagen, weil die Hofpausen wichtiger seien als die Geschichten von Fräulein B. Wutschnaubend hielt er die Lehrerin im Schulflur auf. Alle Kinder wurden schnell auf den Hof geschickt. Ich habe nie erfahren, wie dieses Gespräch verlief, habe mir aber lebhafte Vorstellungen gemacht, wie er wohl stotterte und sprachfehlerte und sie ihn mit geübten, geschliffenen Mittelschichtsworten matt setzte. Zugegeben, ich stellte es mir mit anderen Ausdrücken vor, aber prinzipiell genau so, denn den spitzen Ton ihrer Stimme, wenn sie jemanden zurechtwies oder vor der Klasse bloßstellte, kannte ich nur zu gut.

Der Auftritt meines Vaters hatte einen großen Erfolg. Immer, wenn unser Fräulein jetzt die Stunde überzog, bot sie mir an, doch schon mal auf den Schulhof zu gehen, sonst müsse mein Vater sich wieder aufregen. Weil ich erst acht Jahre alt war, blieb ich auf meinem Platz sitzen, bis sie uns zur viel zu kurzen Hofpause entließ.

Danach versuchte ich, solche Begegnungen zu vermeiden, und drohende Elternabende verschwieg ich zu Hause. Meistens wollten meine Eltern sowieso nicht dorthin gehen, weil sie ihre Abende lieber rauchend, trinkend und Karten spielend verbrachten. Sehr früh durfte ich mitspielen, weil Kartenspielen zu dritt netter war als zu zweit. So lernte ich immerhin früh Skatspielen, was mir im späteren Leben von Nutzen war.

Wenn mein Vater gute Laune hatte, wurde es außerordentlich gefährlich. Seine Art, Spaß zu machen, war sehr grob und brachte mich schnell zum Weinen. Dann gab es Schläge, weil ich keinen Spaß verstand. Oder ich bekam gleich Angst. Dass ich Angst vor ihm hatte, machte ihn besonders wütend. Und wenn er wütend war, gab es sowieso Schläge, ganz unabhängig davon, wer oder was ihn wütend gemacht hatte.

Kinder durften nicht wütend werden, denn von ihnen verlangte er Höflichkeit, Gehorsam (von Vater ›Artigsein‹ genannt) und Pünktlichkeit als wichtigste Tugenden. Pünktlichkeit besonders: ›Fünf Minuten vor der Zeit ist des Soldaten Pünktlichkeit‹ war sein dazu gehörender Leitspruch. Immer musste ich um sieben Uhr zu Hause sein, also eigentlich um fünf vor sieben. Manchmal gelang es mir.

Die Angst vor dem Vater war allgegenwärtig. Mit einer Ausnahme: Bei allem, was in einem Zusammenhang mit der Kirche stand, blieb er stumm. Zwar war er selbst Mitglied der SPD und der Gewerkschaft, aber er war sehr katholisch erzogen worden. So errichtete ich mir in der Kirche systematisch eine autonome Domäne. Ich ging nicht nur jeden Sonntag dorthin, sondern oft auch noch zu Andachten, im Mai und im Oktober täglich. Es gefiel ihm nicht, aber er wagte es nicht, mir den Gang zur Kirche zu verbieten.

Kurz bevor ich 17 Jahre alt wurde, zog ich von zu Hause aus, um mich auf den mühsamen Weg der zweiten Bildung zu begeben. Die Angst vor meinem

Vater blieb noch lange Zeit. Ich versuchte, so wenig wie möglich bei meinen Eltern zu sein. Ich habe das Bild meines bösen Vaters lange beibehalten, sogar noch manche Legende darum gebildet. Ich entwertete den Vater in mir immer mehr, womit ich durchaus Ängste und die Erinnerungen an Ängste abwehren konnte. In manchen Therapien, die ich gemacht habe, wurde er als Monster gehandelt. Ich konnte darüber Anerkennung bekommen, in Gruppen hatte ich fast immer den schlimmsten Vater. In diesen Encounter-, Marathon- oder Körpertherapiegruppen, wie sie in den 70er und 80er Jahren üblich waren, habe ich ihn erschlagen, beschimpft, erwürgt. Es hat mir kurzfristig Erleichterung gebracht, wirklich geändert hat sich nichts. Ich blieb ängstlich und depressiv – verborgen hinter einer aggressiven Abwehr. Darin war ich wohl meinem Vater ähnlich, aber das hat mir damals niemand gesagt.

Einmal gab es ein ganz zartes Stimmchen, das etwas für mich Ungewohntes über meinen Vater sagte. Ich hörte, wie mein ältester Sohn, der meinen Vater durchaus mochte und ihm angstfrei begegnete, zu einem Spielkameraden sagte: »Mein Opa hat den dicksten Bauch der Welt!« Es steckte Stolz in diesem Satz und ich hatte für einen Moment das Gefühl, dass *mein* Urteil vielleicht nicht ganz objektiv sei.

Lange Zeit habe ich weitergewütet, gegen meinen furchtbaren Vater, gegen meine Herkunft, die berühmte ›dreifache Chancenlosigkeit‹, ein katholisches, weibliches Arbeiterkind zu sein. Dann begann ich ein Studium in Bremen, einer neuen Universität mit einem ›Klassenstandpunkt‹ und einem Vertrag mit der Arbeiterkammer. Die Schicht, aus der ich kam, mit Menschen wie mein Vater, war unter verschiedenen Gesichtspunkten immer wieder Thema in den Seminaren. Einerseits machte mich das stolz, andererseits wurden die Dinge ganz anders dargestellt, als ich sie erlebt habe. Arbeiter waren Helden. Alkoholismus, Gewalt, die ›Verkommenheit der Armen‹ wie Luise Rinser das einmal genannte hatte, kam im Arbeiterbild der ›linken Universität‹ nicht vor. Ich war enttäuscht und verwirrt, bis irgendein Knoten platzte und ich spontan eine flammende Rede hielt: ›Ihr doziert hier über Arbeiter, als wenn ihr zu Hause einen im Stall hieltet. Was wisst ihr denn wirklich? Wisst ihr, wie sich Schichtdienst anfühlt, wenn man sich in der kleinen Wohnung nicht rühren darf, weil der Vater schlafen muss? Wisst ihr, wie es sich anfühlt, wenn man aus dem Fenster sieht mit der bangen Frage: Kommt der Vater nüchtern oder betrunken nach Hause? Wisst Ihr, wie das ist, wenn das Geld am Monatsende nicht reicht und man wird zum Kaufmann geschickt, um ›anschreiben‹ zu lassen?‹

Am Ende war ich erschöpft und verlegen, aber es war viel geschehen. Das schreckliche Wesen meines Vaters war in einen realen, soziologischen Rahmen gesetzt worden, der ›Unterschicht‹ hieß, oder, je nach politischem Kontext, ›Arbeiterklasse‹. Das erleichterte mich ungeheuer, es brachte mir ein Stück positiver Identität und das Gefühl, dass das, was mir in meiner Kindheit geschehen war, weder meine Schuld noch ein einzelnes individuelles Unglück bedeutete. Es hatte etwas mit Bedingungen zu tun, für die auch mein Vater nicht verantwortlich gewesen ist.

In einer Psychoanalyse bekam ich zum ersten Mal eine Ahnung davon, dass es vielleicht noch andere Dinge zwischen Vater und mir gegeben haben mochte als Verachtung, Angst und Gewalt. Aber das blieb vage. Ich war schon 40 Jahre alt, als mich eine Therapeutin fragte, ob ich denn gar keine guten Erinnerungen an meinen Vater hätte. Sie ließ nicht locker, und endlich fielen mir zwei Szenen ein:

Als ich zweieinhalb Jahre alt war, zogen wir um in eine Werkswohnung. Vor der Fertigstellung wollten meine Eltern sie besichtigen und nahmen mich mit. Das Treppenhaus war noch nicht gebaut, im Hausflur stand eine lange Leiter, die vom Parterre bis in den zweiten Stock führte. Mein Vater nahm mich auf den Arm und trug mich die schwankende Holzleiter hinauf bis zu unserer zukünftigen Wohnung. In diesem Augenblick hatte ich keine Angst.

Die zweite Erinnerung spielt in eben dieser Wohnung. Ich muss wohl fünf Jahre alt gewesen sein und es war Winter. Ich war sehr krank und wünschte mir, etwas vorgelesen zu bekommen, das kannte ich aus dem Kindergarten. Mein Vater machte sich mit dem Fahrrad auf den Weg, um ein Märchenbuch zu kaufen. Einige Tage – bis ich wieder gesund war – las er mir Märchen vor und ich war glücklich dabei.

Diese Erinnerungen waren lange verschüttet gewesen, vergraben auch unter der vielen Angst. Mein Vater war kein verträglicher Mensch. In den Jahren seiner durch den Schlaganfall entstandenen Aphasie war er, nun völlig der Sprache beraubt, die er nie wirklich beherrscht hatte, jähzornig und oft außer sich. Er bedrohte mich mit dem Stock und stieß schrecklich laut fürchterliche Töne aus und dies auch in der Öffentlichkeit. Wieder schämte ich mich für ihn, nahm es hin, äußerlich ruhig, aber mit Herzklopfen. Nur wenn er meine Kinder bedrohte, wurde *ich* fuchsteufelswild und er erschrak.

Einige Jahre später, mein Vater war schon tot, fielen mir beim gründlichen Sortieren meiner Besitztümer Briefe in die Hände. Es waren drei ganz kurze Briefchen, die mein Vater geschrieben hatte, als ich mit neun Jahren in der Kinderkur gewesen war. Sie waren sehr liebevoll und von ausreichend guter Orthografie. In meiner Unterstellung, er sei Analphabet gewesen, musste ich mich wohl geirrt haben.

Bis dahin hatte schon ein wenig Versöhnung stattgefunden. In den letzten Lebensjahren meines Vaters konnte ich es ertragen, mit ihm in einem Raum zu sein und ihn auch zweimal im Jahr für einige Tage zu mir einzuladen.

Einmal hatte ich einen Traum, in dem mein Vater sang. Er sang wunderschön und mein Herz war davon berührt. Nach dem Aufwachen fiel mir ein, dass er tatsächlich eine gute Stimme hatte. Meine Mutter machte sich eher lustig, wenn er sang, sodass es auch mir schnell peinlich wurde. Einmal im Jahr ging er in die Kirche, zur Christmette. Dort konnte er Lieder, die er gut kannte, laut mitsingen und erntete auch manchmal einen bewundernden Blick. Bei der Erinnerung daran wurde ich traurig, was in Gedanken an meinen Vater früher oft geschehen war, diesmal allerdings nicht um mich, sondern seinetwegen., soviel erbärmliches, so viel ungelebtes Leben. Wenn er nur ein bisschen mehr Glück gehabt hätte, wäre er vielleicht Operettensänger geworden. Und auch, wenn es nur für den Chor gereicht hätte – wie anders hätte dieses Leben sein können, und damit auch meines.

Ich habe meine Kinder nicht geschlagen. Ich habe diese Gewalt nicht weitergegeben. Irgendwie gelang es mir, mein Leben zu retten, einen Weg aus dem Elend herauszufinden, psychisch und sozial. Als mir das gelungen war, konnte ich meinem Vater verzeihen. Ich liebe ihn nicht, heiße nicht gut, was er mir angetan hat. Ich habe lediglich aufgehört, es ihm vorzuwerfen, und wenn ich an ihn denke, habe ich ein tiefes Mitgefühl. Und vielleicht ein kleines bisschen Sympathie, weil er so gern sang. Ich habe inzwischen selbst Gesangsstunden und bin erstaunt darüber, wie glücklich mich singen macht und dass ich es *kann.*«

Diese Zeilen habe ich (A.R.) fast fünfzehn Jahre nach dem Tod meines Vaters geschrieben. Er ist früh gestorben, sodass mir keine Zeit geblieben ist für eine Versöhnung und eine *neue* Beziehung zu ihm. Für die vielen Menschen meiner Generation, deren Eltern jetzt richtig alt sind, gibt es noch die Möglichkeit einer Versöhnung jenseits von Anspruch und Vorwurf.

*

Natürlich kann man nichts Vergangenes verändern, so sehr man Fehler oder Versäumtes auch bereut. Oder doch? Wir werden uns in diesem Buch noch mit Chancen und (Neu-)Entscheidungen befassen. Wir können dem Ganzen (Leben) einen krönenden Abschluss geben, dazu ist es nie zu spät. Im Sinne Eriksons bedeutet das nicht, dass Sie bis ins hohe Alter fit bleiben müssen (auch wenn dagegen natürlich nichts einzuwenden ist). Es bedeutet auch nicht, dass Sie Ihre wunderbarsten, kreativsten Werke schaffen, wenn Sie nie künstlerisch tätig waren – und auch keine Lust dazu verspüren. Es bedeutet: Dinge zu Ende bringen und das zu tun, was Sie (wirklich!) immer schon tun wollten, Neues zu entdecken, wenn Sie ein neugieriger Mensch sind. Lernen bis ins hohe Alter bedeutet auch nicht, dass alle über 70-Jährigen plötzlich japanisch lernen müssen, um geistig fit zu bleiben. Die populärwissenschaftlich verbreiteten Erkenntnisse der Hirnforschung haben interessante Blüten getrieben, was »man« alles tun sollte ... Und doch kann es durchaus noch Durchbrüche geben: Einige Menschen haben in fortgeschrittenem Alter zu schreiben angefangen, andere mit dem Bildhauen, dem Singen (für alle Altersstufen zu empfehlen) oder dem Malen. Für das Letztere ist die inzwischen wieder in Vergessenheit geratene Grandma Moses (1860–1961) bekannt, die erst im Alter von 75 Jahren das erste ihrer rührend naiven Bilder malte.

Der Grundsatz, dass wir unsere Vergangenheit nicht verändern können, ist ein wenig irreführend. Vielleicht können wir nicht reale Fakten verändern. Aber wir stehen nicht vor Gericht! Abgesehen davon hat die Hirnforschung nachgewiesen, dass wir uns nur sehr wenig an die Fakten erinnern, sondern immer nur an die letzte Erinnerung, und diese ist schon eine Erinnerung an die Erinnerung an ... Jede Erinnerung ist wie ein verschobener Stein auf einem Turm, der am Ende ganz schief steht und nur noch wenig deckungsgleich mit seiner Grundfläche ist (dem tatsächlichen damaligen Ereignis). Was wir am Leben halten, ist das Gefühl zu dem angeblichen Ereignis. Und dieses können wir ändern. Hier ein Beispiel: Rebekka war mit 15 Jahren in Peter, einem jungen Mann aus der Nachbarschaft, verliebt, der etwa fünf Jahre älter war als sie. Er wurde auf sie aufmerksam und ihre Zuneigung schmeichelte ihm. Schließlich war er ein Arbeiter ohne Ausbildung und Rebekka besuchte das Gymnasium. Nach einigen gemeinsamen Ausflügen, auf denen auch vorsichtige, sanfte Zärtlichkeiten ausgetauscht wurde, beendete Peter die Beziehung. Er sagte zu ihr: »Weißt du, wir passen einfach nicht zusammen. Ich bin Arbeiter und außerdem Alkoholiker. Auf dich wartet ein ganz anderes Leben.« Die Verletzung Rebekkas war groß und sie fand keine Antwort. Erst fast 50 Jahre später, als sie begann, über ihr Leben nachzudenken – und darüber, was ihr geholfen hatte, ihren Weg zu finden, fiel ihr diese Episode wieder ein. Und statt des alten Schmerzes stellte sich eine tiefe Dankbarkeit ein. Zu diesem Zeitpunkt war Peter übrigens schon seit zehn Jahren tot. Solche Umwertungen (oft nur scheinbar) erlittenen Schmerzes oder Unrechts helfen auf dem Weg der Aussöhnung mit dem eigenen Leben und sind wichtige Meilensteine am Weg zur Weisheit. Und manchmal gelingt es ganz leicht. Ein entscheidender Aspekt dieser Leichtigkeit ist es, als Kinder die Schwäche der Eltern zu akzeptieren.

Unser Haus in Norden

Meine Schwiegermutter starb vor fast vier Jahren. Wir beerdigten sie neben ihrem Mann auf dem neuen Norder Friedhof. Sie wollte das so. Als Opa drei Jahre zuvor gestorben war, hatte sie ein Wiesengrab für ihn und sich gekauft. ›Damit ihr keine Arbeit mit der Grabpflege habt‹, meinte sie. Uns gefiel dieser Teil des Friedhofs nicht. Wir hätten sie lieber bei ihrer Kirche in Bargebur begraben, aber wir respektierten ihren Wunsch.

Ein paar Tage nach der Beerdigung saßen wir am Wohnzimmertisch in Omas Haus, wie es von nun an hieß. Wir sahen mehrere Kartons mit alten Fotos durch: Familienfotos aus der Krummhörn, wo die Schwiegermutter aufgewachsen war. Ihr Vater beim Deichbau und als Soldat im ersten Weltkrieg. Die Tante bei der Kartoffelernte in Leybuchtpolder. Fotos von Hochzeiten und Kindtaufen. Viele Bilder von unseren Kindern, die wir jahrelang mit der Post nach Norden geschickt hatten oder die der Opa machte, wenn die Jungen in den Ferien zu Besuch waren. Aber es gab auch viele Fotos aus einer anderen Welt, aus Breslau und Schlesien. Diese Bilder hatte Opas Mutter mitgebracht, als sie nach dem Krieg fliehen musste. Fast alles, was sie besaß, verlor sie unterwegs, aber ihr Tagebuch, das ›schlesisch-evangelische Gesangbuch‹, das Poesiealbum aus ihrer Schulzeit und die Fotos erreichten Ostfriesland.

Wir entschieden, wir würden Omas Haus erst einmal behalten. Hier könnten wir erholsame Wochenenden verbringen, lange Deichspaziergänge machen, die Cousinen zum Tee einladen, Krimis im Garten unter der Buche lesen und uns um den Freund und Nachbarn kümmern. Unsere Söhne könnten sich hierher zurückziehen, um Referate für die Uni zu erarbeiten oder sich mit Freunden verabreden. Aber auch unsere Freunde oder meine Geschwister könnten hier Urlaubstage in unmittelbarer Nordsee-Nähe verbringen. Wir haben diese Entscheidung nie bereut. Wir lieben lange Winterabende in Omas Küche mit einem Glas Wein oder ein Sommerfrühstück auf der Terrasse, am liebsten mit einem Gedicht von Dr. Briese auf der Brötchentüte.

Meine Mutter lebt seit einigen Jahren in einem Seniorenhaus in Nordrhein-Westfalen. Sie ist jetzt 86 Jahre alt und das Laufen fällt ihr schwer, besonders aber das Treppensteigen. Und Treppen gibt es in unserem Haus sehr viele. So kommt es, dass meine Mutter uns seit vielen Jahren nicht mehr besucht. Deshalb luden wir sie im vergangenen Sommer in Omas Haus nach Norden ein. Mutter brachte ihre Freundin Marlene mit nach Ostfriesland, 83 Jahre alt und ebenso schlecht zu Fuß. Wir stellten zwei Betten unten im Wohnzimmer auf und die beiden alten Damen richteten sich häuslich ein. Das Wetter war schön. Beide saßen stundenlang im Garten und unterhielten sich. Einmal täglich ging es mit zwei Großmüttern, zwei Rollatoren 500 Meter um den Block. Mehr schafften die alten Damen nicht. Wir kochten Mittagessen, tranken Tee auf der Terrasse und aßen Kuchen im Schlosscafé. Gegen 22 Uhr zogen sich Mutter und Marlene zurück. Aber sie schliefen noch lange nicht. Aus dem Wohnzimmer hörten wir Gemurmel und leises Lachen. Am letzten Abend ihres Besuches in Ostfriesland hatte mein Mann eine Idee. »Warte mal«, sagte er so um 23 Uhr, »ich werde nochmal im Wohnzimmer vorbeischauen.« Mit Schwung öffnete er die Tür: »Jetzt ist hier aber Ruhe! Licht aus und schlafen!« Tür wieder zu. Stille. Leise: »Sind wir jetzt im Schullandheim«? Und dann Gekicher!

»Seit du mit 19 Jahren von zu Hause ausgezogen bist, waren wir nicht mehr so lange am Stück zusammen«, sagte meine Mutter am nächsten Morgen beim Frühstück. »Wie schön, dass ihr Omas Haus behalten habt.‹«

M. BZ.

*

So leicht kann Versöhnung sein, auch wenn nie über Konflikte gesprochen wurde. Die alten Auseinandersetzungen spielen einfach keine Rolle mehr, wenn die aktuelle Realität akzeptiert wird: Diese Mutter ist jetzt fast 90 Jahre alt. Welchen Sinn würde es machen. ihr noch etwas vorzuwerfen oder sogar eine gemeinsame Aufarbeitung der Vergangenheit zu verlangen.

Auch Anne Ragde erlebt sich am Ende versöhnt, als sie die Mutter kurz vor deren Tod betrachtet: »Die Wand, von der ich nicht gewussthatte, dass sie da war, bis ich mich daran lehnen wollte, war für immer verschwunden« (Ragde, 2016, S. 127).

Freundschaft und Liebe im Alter

Hinsichtlich der Kontakte und Beziehungen ändert sich sehr viel im Prozess des Älterwerdens. Das betrifft den Kontakt zu den Generationen – die ganz Alten (Onkel, Tanten, Freunde der Eltern) sterben nach und nach. Der Kontakt zu den Kindern wird oft weniger, einfach darum, weil diese sehr mit ihrem eigenen Leben beschäftigt sind oder weil es ungelöste Konflikte gibt, die den Kontakt erschweren. Gleichzeitig fällt der Kontakt mit den Arbeitskollegen ganz weg. Nicht, dass wir sie alle besonders gerngehabt hätten, aber es war ein oft leichter Kontakt: hier und da ein Geplauder, manchmal auch ein Konflikt, ein persönlicheres Gespräch mit dem ein oder anderen Kollegen und vielleicht ein kleines Kaffeetrinken zum Wochenabschluss. Nun müssen alle Kontakte organisiert werden. Menschen, die nicht Teil eines Paares sind, haben es da besonders schwer. Für alle ist es leichter, wenn sie in bestimmte Gruppen eingebunden sind, in einem Chor, einer Wandergruppe, einem Literaturkreis oder einem Kochclub. Natürlich kann man jetzt eine solche Gruppe auch selbst gründen, leichter ist es aber, wenn sie schon existiert. So wie zum Beispiel Thorsten, wie wir gesehen hatten, einen Kurs für Männer im Übergang zum Ruhestand besuchte, aus dem sich eine stabile Gruppe entwickelte.

Die wahrscheinlich größten Schätze im Alter bleiben funktionierende Beziehungen. Wobei »funktionieren« wohl ein zu technischer Begriff ist. Gemeint sind Freundschaften und Liebesbeziehungen, die Geborgenheit und Sicherheit geben, wenn nötig und möglich ein Stück Versorgung. Vor allem aber geben sie Freude am Zusammensein, am gemeinsamen Tun und beim Austausch von Erinnerungen. Besonders kostbar sind die langjährigen Freundschaften, wenn es keine Partnerschaften (mehr) gibt. Natürlich können auch noch vorhandene Liebesbeziehungen durch Freundschaften entlastet und bereichert werden. So können etwa Freundinnen gut miteinander verreisen, Kurse oder kulturelle Events besuchen, für die sich der Partner nicht interessiert – oder die Anstrengungen mit sich bringen, die er nicht mehr auf sich nehmen will oder kann.

Freundschaft

Langjährige Freunde sind Zeugen, Lebensbegleiter, Weggefährten. Sie wissen um unsere Geschichte und manche Geheimnisse, die wir nicht unbedingt dem oder der Liebsten erzählen. Wenn wir Glück haben, kennen sie noch unsere Eltern. Manche alten Geschichten wären ohne sie längst verloren gegangen. Da wir im Alter zunehmend gern alte Geschichten erzählen (und manchmal unsere Kinder damit ungeduldig machen), ist es ein Geschenk, diese erlebten Geschichten noch mit jemanden teilen zu können. Wer außer der langjährigen Freundin kennt noch die schrullige alte Lehrerin, die mit ihrer Schwester zusammenlebte? Wer kennt noch den schüchternen Jungen der ersten großen Liebe?

Freundschaften verändern sich – teils wegen des anspruchsvollen gelebten Alltags, manchmal auch wegen räumlicher Entfernungen. Das Wesen einer wirklichen Freundschaft, einer tiefen Verbundenheit, zeigt sich darin, dass das Gefühl der Vertrautheit sich immer wieder herstellt, auch wenn wir den Freund nur ein oder zweimal im Jahr sehen. Manchmal intensivieren sich Beziehungen wieder, wenn die berufliche Einbindung wegfällt und die Kinder ihre eigenen Wege gehen. Ein weiterer Grund aus dem Freundschaften sich im Alter vertiefen können, ist der, dass die Angst um die Liebesbeziehung weniger wird. Frauen aus der Generation der jetzt über 80-Jährigen haben oft keine Freundschaften gepflegt, weil das in ihrer Generation mit Mann und Kindern nicht vereinbar schien. Oft gab es gute Bekannte, Paare aus der Nachbarschaft, gemeinsame Freunde. Eine Vertiefung der Kontakte entstand dann manchmal nach dem Tod der Ehemänner. Auch jüngere Frauen haben häufig ihre Freundschaften vernachlässigt, weil sich ihre Aufmerksamkeit immer wieder auf die Liebesbeziehung fokussierte. Wenn die Liebesbeziehungen langjährig und stabil sind, fällt die Angst weg, er könne sich eine andere suchen, während ich mit einer Freundin ausgehe oder für ein paar Tage ohne ihn verreise.

Doch viele Freundschaften haben diese Zeit der dünner werdenden Verbindung überstanden und kommen jenseits der 50 zu einer neuen Blüte. Jetzt ist die Freundin nicht nur mehr Zeugin unserer Geschichte, sie ist auch Spiegel unseres Älterwerdens. So sehen wir mit Rührung die Altersflecken auf den Händen der Freundin. Manchmal freuen wir uns auch, weniger davon zu haben. Dafür haben wir vielleicht mehr Falten – oder Kilos auf den Hüften. Wir sehen uns an und wissen: So schnell können wir uns nicht verlieren. Wir mögen uns, manchmal empfinden wir sogar ein Gefühl von Liebe. Wir wissen, welche Schwierigkeiten die Freundin überwunden hat, mit welchen sie heute noch kämpft, wissen um ihre Ängste, gerade um die Ängste vor dem Älterwerden. Und wir machen uns gegenseitig Mut.

Freundschaften können sich verändern, wie zum Beispiel bei Henny, die seit Jahren nur noch mit ihrer Freundin Hildegard telefoniert – dafür aber täglich und jedes Mal mehr als eine halbe Stunde. Hildegard weiß sicher viel mehr von Henny als ihre Söhne.

So kann aus Freundschaften (im Notfall) auch eine elementare Versorgung im Alter wachsen: Wir rufen uns gegenseitig kurz an, ob alles in Ordnung ist, wir bezahlen eine gemeinsame Haushaltshilfe oder sogar eine Pflegerin. Aus der distanzierteren Freundschaft der Jahre der Vollbeschäftigung wird eine Alltagsbeziehung, eine neue Regelmäßigkeit, ein Rückgriff auf unsere Peergroup, die uns als Jugendliche so wichtig war, weil sie uns ein Hort des Verständnisses war gegen das Nicht-verstanden-Werden durch Menschen in anderen Lebensphasen. Hier finden wir das Einfühlungsvermögen, das wir von unseren Kindern nicht (immer) erwarten können. In diesem Raum werden auch körperliche Berührungen selbstverständlicher und es ist nicht peinlich zu sagen, wie wunderbar es ist, solch eine zuverlässige Freundin, solch einen treuen Freund zu haben. Pflegen wir also unsere Freundschaften, um Spaß miteinander zu haben, länger gesund zu bleiben und um uns austauschen zu können über die Anstrengungen des Alters!

Liebe

Liebesbeziehung, Partnerschaft, Ehe, vielleicht sogar Partnersuche – sind das noch Themen für das Alter? Diese Frage können wir mit großer Sicherheit beantworten. Das Fehlen einer solchen Intimbeziehung gehört sicher zu den schmerzhaftesten Verlusten oder Mängeln im Alter. Hier gilt in ähnlicher Weise wie in Freundschaften, dass intime Nähe Geborgenheit vermittelt, in der gleichzeitig eine persönliche Weiterentwicklung möglich ist. Ja, haben wir uns denn auch im (hohen) Alter noch etwas zu sagen? Haben wir noch gemeinsame Projekte? Wir haben! Das Alter gemeinsam zu gestalten und dabei möglichst zufrieden zu sein, Einschränkungen zu akzeptieren und so oft wie möglich eine angemessene Kompensation zu finden, ist schon ein Teil eines solchen Projektes. Kompensation meint Folgendes: Wir müssen nicht auf die gemeinsame Fahrradtour verzichten, weil die Kondition nachlässt. Wir können eine weniger anstrengende Route wählen, einen Teil der Strecke mit öffentlichen Verkehrsmitteln fahren oder ein E-Bike kaufen (oder ausleihen). Solche Lösungen zu finden, kann viel Spaß machen. Nach wie vor gilt: Gemeinsames positives Erleben, konstruktives Lösen von Problemen stärkt die Bindung mehr als gemeinsam ausgehaltenes Leid. Und was wir uns noch zu sagen haben? Wir können uns darüber austauschen, was wir erleben, wenn wir uns nicht sehen. Auch im Alter ist es wichtig, dass jeder seinen eigenen Interessen nachgeht. Manchmal entdecken wir auch neue Gemeinsamkeiten: den Garten, die Meditation, stille Wanderungen …

Aber kann es nicht sein, dass die Liebe aufhört im Alter? Dass es langweilig wird? – Nein, das kann nicht sein! Wenn wir so denken, vergessen wir, dass Liebe immer wieder eine Entscheidung ist. Zum Beispiel jene, den anderen anzusehen, ihn nach seinen Wünschen, Gefühlen und Interessen zu fragen. Immer wieder können wir darüber staunen, wie der andere ist – wir haben nicht gewusst, dass er sich so entwickelt, dass er das Alter in dieser Weise angehen wird. Natürlich hatten wir eine Fantasie darüber, denn immer wieder bilden wir uns ein, den anderen zu kennen. Dazu möchten wir hier ein etwas längeres Zitat von Max Frisch einfügen – denn besser kann man es nicht sagen:

> »*Du sollst dir kein Bild machen*
>
> Es ist bemerkenswert, daß wir gerade von dem Menschen, den wir lieben, am wenigsten aussagen können, wie er sei. Wir lieben ihn einfach. Eben darin besteht ja die Liebe, daß sie uns in der Schwebe des Lebendigen hält, in der Bereitschaft, einem Menschen zu folgen in allen seinen möglichen Entfaltungen. Wir wissen, daß jeder Mensch, wenn man ihn liebt, sich wie verwandelt fühlt, wie entfaltet, und daß auch dem Liebenden sich alles entfaltet, das Nächste, das lange Bekannte. Vieles sieht er wie zum ersten Mal. Die Liebe befreit es aus jeglichem Bildnis. Das ist das Erregende, das Abenteuerliche, das eigentlich Spannende, dass wir mit den Menschen, die wir lieben, nicht fertigwerden: weil wir sie lieben, solang wir sie lieben. […] [A]ller Geheimnisse voll, unfaßbar ist der Mensch, den man liebt. – Nur die Liebe erträgt ihn so« (Frisch, 1975, S. 44f.).

Klingt es nicht abenteuerlich, was Max Frisch da beschreibt? Ist es nicht eine lohnende Herausforderung, die Liebe im Alter neu zu definieren, sie neu zu beginnen, anstatt sie im gemeinsam organisierten Alltag versickern zu lassen? Wir haben die Wahl. Liebe und Beziehung sind nicht Schicksal, sondern Freude (am Anderen, am Zusammensein), Kreativität (eigene Wege zu finden, gemeinsame Projekte zu entwerfen) und Lachen! Genau das macht die (Liebes-)Beziehung zur größten Bereicherung und Unterstützung beim Altwerden, auch wenn sie ein bisschen Arbeit macht und uns immer wieder zwingt, uns mit unseren Schwächen auseinanderzusetzen, mit unseren Machtansprüchen, Eifersüchten, Verlassenheitsgefühlen und Angst vor der Abhängigkeit.

Der Philosoph und Soziologe André Gorz (1923–2007) beschreibt in seinem Buch *Brief an D.* (2009) seine Bedenken, als er seine Partnerin heiraten will. Er fragt, was denn sei, wenn sie sich beide in 10 oder 20 Jahren so verändert hätten, dass diese Beziehung gar nicht mehr ihren Wünschen entspräche. Die kluge Dorine antwortet:

> »Wenn Du Dich mit jemandem fürs Leben verbindest, dann legt ihr eure Leben zusammen und unterlasst alles, was eure Verbindung entzweit oder ihr zuwiderläuft. Die Herstellung eurer Gemeinsamkeit ist euer gemeinsames Projekt, und ihr werdet es je nach wechselnden Situationen immer wieder von neuem bestätigen, anpassen, neu ausrichten. Wir werden das sein, was wir zusammen tun werden« (Gorz, 2009, S. 23).

Das klingt vielleicht ein wenig nach Selbstaufgabe, doch Gorz' Buch macht sehr deutlich, wie in dieses Konzept auch alles Individuelle hineinpasst. Ein weiteres Zitat aus diesem Buch führt uns zum nächsten Abschnitt dieses Kapitels, zur Erotik, die immer ein Teil einer lebendigen Liebe sein wird. André Gorz schreibt einen Brief an seine Frau Dorine. Dieser Buch-Brief beginnt mit folgenden Worten:

> »Bald wirst Du jetzt zweiundachtzig sein. Du bist sechs Zentimeter kleiner geworden, Du wiegst nur noch fünfundvierzig Kilo, und noch immer bist Du schön, graziös und begehrenswert. Seit achtundfünfzig Jahren leben wir nun zusammen, und ich liebe Dich mehr denn je. Kürzlich habe ich mich von neuem in Dich verliebt, und wieder trage ich in meiner Brust diese zehrende Leere, die einzig die Wärme Deines Körpers an meinem auszufüllen vermag« (Görz, 2009, S. 5).

Erotik und Sexualität

Sucht man Bücher über Erotik im Alter, stößt man im Internet auf Titel wie *Sex im alten Rom* oder *Für die Liebe ist man nie zu alt,* einem erotischen Liebesroman von Michael Schönberg, im März 2016 erschienen. Es gibt einige Blogs zu diesem Thema, wobei eher von Sexualität die Rede ist als von Erotik. In allgemeiner gehaltenen Büchern zum Alter (zum Beispiel Radebold & Radebold, 2015) wird das Thema nur am Rande behandelt. Wir würden diesem Thema gern ein ganzes Buch widmen, weil es lustvoll, interessant und – immer noch – voller Geheimnisse ist. Hier sind bereits einige erste Überlegungen gesammelt.

Die Fragen nach der Sexualität von Senioren, die in den Büchern gestellt werden, sind oft altbacken und indirekt entwertend. Sie lauten: »Sex im Alter – ist das normal?« Und: »Funktioniert das noch?« Sowie: »Ist es überhaupt noch nötig?« Die dazugehörige und etwas (natürlich versteckt) anmaßende Antwort ist: »Ja, aber nicht so oft und eigentlich zählt doch etwas anderes.« Auch sonst sind die Betrachtungen eher am Mangel als an der Freude orientiert: Libido- und Erektionsstörungen, zum Beispiel als Folge von Medikamenteneinnahme, fehlende Partner, die Unmöglichkeit des Sexuallebens im Altersheim ... Woher kommt die Vorstellung von der Asexualität des Alters? Woher der immer noch verschämte Umgang mit diesem Thema, das zum Beispiel erst seit wenigen Jahren in Kinofilmen Thema sein darf? Es ist nicht unwichtig, sich mit dieser Fragestellung zu befassen. Die Antworten führen auch zu Erklärungen, warum einzelne, ältere Paare Schwierigkeiten damit haben, ihrem Begehren Ausdruck zu verleihen, eine erotische, erfüllende Sexualität zu leben.

Diese Antworten sind verblüffend: Zu allererst stoßen wir auf die kindliche, unbewusst immer noch vorhandene Vorstellung, die Eltern hätten keinen Sex (»Vielleicht einmal, um mich zu zeugen«). Lustvolle, leidenschaftlich gelebte Sexualität der Eltern ist den meisten Jugendlichen und jungen Erwachsenen unvorstellbar. Grund dafür sind eigene sexuelle Erfahrungen, die bei jungen Menschen das Gefühl vollkommener Autonomie und Authentizität auslösen. Sie erleben etwas, was sie mit niemanden teilen, was sie von allen Menschen unterscheidet, besonders natürlich von ihren Eltern. Mit der eigenen Sexualität haben sie sich der Kontrolle entzogen und ihren Unterschied von den Eltern manifestiert. Nun sollten die Eltern ihren Kindern gerade hier, im sexuellen Erleben, so ähnlich sein? Wird diese Vorstellung nicht revidiert, entsteht ganz einfach die Idee, »zu alt« für gelebte Sexualität zu sein, der Irrtum, »es« wäre irgendwann einfach zu Ende.

Aus dieser Grundhaltung entwickeln sich verschiedene Rationalisierungen, zum Beispiel bei Frauen diejenige, dass nach den Wechseljahren der Geschlechtsverkehr aufgrund der Trockenheit der Schleimhäute so weh täte, dass man es besser lässt. Außerdem sei es mit der Libido, also dem sexuellen Verlangen, doch nicht mehr so weit her. Letzteres beruht natürlich auf einem Irrtum. Sexuelles Verlangen entsteht im Kopf, an derselben Stelle, wo auch die Zensur sitzt, die da sagt: »In meinem Alter? Mache ich mich da nicht lächerlich?« Ebenso ist die Idee des sexuellen Versagens (bei Männern und Frauen) mit sehr viel Scham verknüpft. »Katastrophen« wie fehlende Erektion oder ausbleibender Orgasmus müssen unbedingt vermieden werden.

Als letzter Grund – wobei es noch einige weitere geben mag – sei das alles beherrschende Schönheitsideal genannt, das sich schlicht auf die Primäreigenschaften »jung« und »schlank« reduzieren lässt. Kaum jemand kann sich diesem Ideal und dem damit verbundenen, entwertenden Blick auf den alternden Körper entziehen. Diese Einstellungen deuten auf ein enges, schematisches Bild dessen, was Sexualität – unabhängig vom Alter – zu sein hat. Hier ist kein Raum für neue, erweiternde Erfahrungen, geschweige denn für Leidenschaft und Rausch, besonders nicht für Menschen jenseits der 60 oder 70.

*

»Sexualität« ist immer ein enger Begriff, umfasst er doch im Wesentlichen den Koitus mit seinen Varianten – im Alter wird dieser zum Ausschlusskriterium. Hier bringt uns der Begriff der »Erotik« weiter, der alles enthält von der sexuellen Vereinigung bis zu einer tiefen spirituellen Verbundenheit, die sich über die Berührung zweier seit Langem miteinander vertrauter Körper herstellt. Und manchmal auch zwischen zwei alten Körpern, die sich das erste Mal begegnen, einfühlsam und neugierig gleichermaßen. Eine Sexualität im Alter braucht diese Erweiterung, sonst ist sie anfällig für Enttäuschung, Müdigkeit, Ärger bis hin zu Ablehnung des alternden Körpers, des eigenen und des Körpers des Partners.

Was bereits im Kapitel »Beziehungen« beschrieben wurde, gilt auch für die Erotik: Neues Spiel, neues Glück, auch wenn der Spielgefährte der gleiche bleibt. Es geht um das Wiedererkennen des vertrauten Körpers in seinen Veränderungen durch die gelebten Jahre. »Ich sehe deinen Körper, er hat sich verändert und verändert sich weiter. Ich verzichte auf überkommene ›Schönheitskriterien‹. Ich bin berührt von der Geschichte, die ich in deinem Körper lesen kann. Diesen Körper sanft zu berühren – für experimentierfreudige Paare empfehlen sich auch tantrische Massagen – lässt eine tiefere Verbundenheit entstehen. Lust ist nicht etwas, was man einfach hat, nimmt oder gibt«, schreibt Gorz: »Es ist eine Weise, sich hinzugeben und die Hingabe des anderen herbeizurufen« (Gorz, 2009, S. 12). Das kann geschehen in einer ruhigen Atmosphäre, bei sanftem Licht und mit flüsternden Stimmen und klaren Blicken. Lachen ist natürlich auch erlaubt. Die auf diese Weise gemeinsam gelebte Erotik ist eine gegenseitige Bestätigung von Akzeptanz des anderen, von Nähe, Vertrautheit und Sicherheit. Weit über die augenblickliche Lust hinaus führt dieses Erleben zu mehr gemeinsamer Lebensqualität. So kann sich die Scham langsam verabschieden. Diese Scham, die sich auf den veränderten Körper bezieht, zu überwinden, lässt neues Vertrauen und eine neue Hingabe wachsen, Hingabe an den Partner, an das Alter. Es wächst die Akzeptanz des neuen, älter gewordenen Selbst. Denn das ist überhaupt eine der Hauptaufgaben im Alter: das veränderte Körperbild zu akzeptieren und in sein Selbstbild zu integrieren. Der liebevolle Blick des Partners oder der Partnerin hilft dabei.

Kleine Randbemerkung: Dass sich manche Männer (zunehmend auch Frauen) immer wieder jüngere Partnerinnen suchen, hat auch etwas mit dieser fehlenden Integration zu tun. Wenn wir innerlich immer 30 Jahre alt bleiben, können wir nicht in einer Beziehung bleiben, in der der Partner immer älter wird. Wir verweigern diesen Blick in den Spiegel. Es ist einfach zu schmerzhaft.

Natürlich ist mit der Erotik im Alter auch Wehmut verbunden. Wir erinnern uns gerade in der Sexualität an das, was anders war, als wir jung waren. Vielleicht idealisieren wir es sogar. Dagegen ist nichts einzuwenden, solange das Gefühl für die gegenwärtigen Kostbarkeiten nicht verloren geht.

Hilde Domin (1909–2006) hat in einem Gedicht diese beiden Seiten der erotischen Liebe im Alter ganz wunderbar ausgedrückt. Nur mit dem Wort »hässlich« in diesen Versen sind wir nicht einverstanden. Bedenken wir aber, dass »Hass« im Mittelhochdeutschen auch Kummer bedeutet und vielleicht sogar Trauer.

Zärtliche Nacht

Es kommt die Nacht
da liebst du
nicht was schön ist
was hässlich ist.
Nicht was steigt –
was schon fallen muss.
Nicht wo du helfen kannst
wo du hilflos bist.
Es ist eine zärtliche Nacht,
die Nacht da du liebst,
was Liebe
nicht retten kann.

PS: Alle hier gesagten Dinge über Liebe, Akzeptanz des älter werdenden Körpers und erotischer Hingabe gelten ebenso für die Autoerotik wie für die Homoerotik. Und was soll Frauen daran hindern, Erfahrungen mit anderen Frauen zu machen, wenn es in fortgeschrittenem Alter zu wenige Männer gibt?

Und weil das Thema so positiv, lustvoll und der Gesundheit zuträglich ist, gibt es hier noch einen kleinen Exkurs über Tantra.

Tantra

Tantra gibt es sowohl in der indischen wie auch in der buddhistischen Mythologie. In beiden Zusammenhängen geht es *nicht* um Erotik oder Sexualität. Im Hinduismus wurden tantrische Riten – bis hin zu Opferung von Tieren – durchgeführt, um die wilden Muttergottheiten zu beruhigen und zu verehren. Die Kraft dieser Göttinnen ist eine schöpferische Kraft. Viele Tantraseminare für Frauen (jeden Alters) haben die Erweckung dieser Kraft zum Ziel. Die göttliche weibliche Kraft wird »Shakti« genannt. Diese kreative, schöpferische, mutige Energie ist das Thema in Tantragruppen, die allein Frauen vorbehalten sind.

Auch in unserer Kultur haben sich Frauen in der zweiten Hälfte des 20. Jahrhunderts um die Besonderheiten von Weiblichkeit bemüht, einschließlich der Verehrung der weiblichen Genitalien. Beispielsweise gab es 1976 einen Kalender mit lauter Klitorisbildern. Das Tantra ist da schon immer weitergegangen und spricht von der »Verehrung der Yoni«. Allerdings ist die Yoni untrennbar mit dem Lingam, dem Symbol der Gottheit Shiva, verbunden, der in ihr ruht. Dieses (Doppel-)Symbol ist in vielen hinduistischen Tempeln zu finden. Viele tantrische Riten waren geheim und sind es bis heute noch. Die wunderbar »schamlosen« (im besten Sinn des Wortes) erotischen Figuren an den vielen indischen Tempeln zeigen oft Stellungen aus dem Kamasutra, der berühmten indischen Lebens- und Liebeslehre aus dem zweiten bis dritten Jahrhundert nach Christus.

Das Tantra, das wir heute so nennen, ist europäisch-amerikanisch aufgearbeitet. Es hat seine Wurzeln im Buddhismus. Hier verspricht es, der schnellste und direkteste Weg zu Erleuchtung zu sein. Die erotischen Übungen, die wir kennen, sind nur ein winziger Teil dieser Lehre. Penetration oder Orgasmus sind erlaubt, spielen aber keine Rolle. Dass wir nur diesen Teil der Lehre kennen, liegt daran, dass alle wichtigen spirituellen Teile der Lehre geheim waren. Seriöse Tantraschulen beziehen die spirituellen Lehren so weit wie möglich in ihre Ausbildungen und Kurse mit ein.

Im Tantra geht es im Wesentlichen darum, Energien umzuwandeln und Bewusstseinszustände zu schaffen – auch mithilfe bestimmter Meditationen –, die voller Liebe sind. Alle Trennungen sind aufgehoben: die Trennungen zwischen Körper und Seele ebenso wie die Trennungen zwischen den Menschen. In tantrischen Meditationen geht es für den Lernenden nicht um die Entdeckung seiner negativen Seiten und deren »Bearbeitung«, der Meditierende identifiziert sich vielmehr mit den Tugenden »des« Buddhas. (Eine der wichtigsten Lehren des Buddhismus ist, dass wir alle eine Buddhanatur in uns haben, die es zu stärken gilt.)

Wie kommt da die Erotik ins Spiel? Eigentlich sprechen wir hier von dem Neotantra, das wir Bhagwan Shree Rajneesh, genannt Osho (1931–1990) verdanken. Hauptgedanke ist die Idee, sexuelle Energien zu transformieren (zum Beispiel in Liebe und Hingabe) und damit zu einer neuen Bewusstheit zu gelangen. Der Weg dorthin besteht in einer Reihe von Übungen, die durchaus sexuellen Charakter haben und immer auch andere, spirituelle Aspekte einbeziehen. So enthält zum Beispiel die ritualisierte Massage der Geschlechtsorgane den Aspekt der Verehrung. In diese Massage kann der ganze Körper einbezogen werden, damit in ihm neue, positive Energien fließen können. Was kann also das Tantra älter werdenden Menschen diesseits aller Esoterik oder Spiritualität bieten? Es geht um eine neue erotische Erfahrung ohne jeden sexuellen Leistungsdruck, um Körperakzeptanz und Hingabe, kurz: um reine Lust, denn, so sagt Epikur: »Die Lust ist Ursprung und Ziel des glücklichen Lebens.« Wir sehen an dieser Stelle davon ab, dass er die Lust des Denkens und des Philosophierens gemeint hat, obwohl diese auch nicht zu verachten ist. Auf jeden Fall sind Lust und Leidenschaft zwei wichtige Gefühle, für die es sich – auch im hohen Alter – zu leben lohnt!

Selbstbestimmtes Wohnen im Alter

Unmissverständlich hält Artikel 2, Absatz 1 des Grundgesetzes fest: »Jeder hat das Recht auf die freie Entfaltung seiner Persönlichkeit, soweit er nicht die Rechte anderer verletzt und nicht gegen die verfassungsmäßige Ordnung oder das Sittengesetz verstößt.« Der 2007 veröffentlichte *Sechste Altersbericht* des Bundesministeriums für Familie, Senioren und Gesundheit bekräftigt ebenfalls, ganz in diesem Sinne (im Abschnitt »Altersbilder in der Pflege«, S. 346):

> »Sie [d.h. alle alten Menschen, die eine Pflegedienstleistung in Anspruch nehmen] haben das Recht auf Beachtung ihrer Willens- und Entscheidungsfreiheit sowie auf Fürsprache und Fürsorge. Die an der Pflege und Behandlung beteiligten Personen müssen ihren Willen beachten und ihr Handeln danach ausrichten. Das gilt auch, wenn sie sich sprachlich nicht artikulieren können und ihren Willen beispielsweise durch ihr Verhalten zu Ausdruck bringen. Menschen, deren geistige Fähigkeiten eingeschränkt sind, müssen ihrem Verständnis nach entsprechend in Entscheidungsprozesse, die ihre Person betreffen, einbezogen werden. Sie können erwarten, dass gemeinsam mit Ihnen sowie gegebenenfalls ihren Vertrauenspersonen und den für ihre Betreuung, Pflege und Behandlung zuständigen Personen abgewogen wird, wie ihre individuellen Ziele und Wünsche unter den gegebenen rechtlichen und tatsächlichen Möglichkeiten verwirklicht werden können.«

Keine Pyjamaparty im Altenheim

Mein Großvater gab 1972, wenige Wochen nach dem Tod meiner Großmutter, seine Wohnung auf und zog in ein Altenheim, ganz in die Nähe meiner Eltern.

Damals war er 71 Jahre alt und bis auf verschiedene kleine Einschränkungen ganz gesund. Großvater fühlte sich aber nicht in der Lage, für sich zu sorgen. Meine Großmutter hatte ihn immer nachdrücklich aus der Küche ferngehalten. Das war ihr Reich. Großvater hat nie Kaffee gekocht oder ein Spiegelei gebraten, von der Zubereitung einer Mahlzeit ganz zu schweigen. Er hatte keine Vorstellung vom Wäschewaschen oder Putzen. Da er auch keinerlei Interesse hatte, sich mit diesen Dingen zu beschäftigen, fand er die Vollversorgung in einem Altenheim gut. Meine Mutter, seine Tochter, war mit dieser Regelung einverstanden und so zog mein Großvater mit einer Kommode, seiner Schwarzwälder Kuckucksuhr, seinem Dual-Kofferplattenspieler und seiner Opern- und Operetten-Schallplattensammlung ins katholische Altenheim St. Bonifatius ein. Großvater legte viel Wert darauf, gut gekleidet zu sein. Er trug immer einen Anzug und eine Krawatte. Sonntags trank er zum Mittagessen ein Glas Wein, den Nachmittag verbrachte er bei Kaffee und Kuchen im Kurhaus. Oft fuhr er abends mit dem Taxi zurück ins Altenheim, die Busfahrt war ihm zu umständlich. Großvater machte sich mit diesem Verhalten nicht beliebt. Seine Mitbewohner hielten ihn für einen Angeber. Das störte meinen Großvater allerdings nicht. Inzwischen hatte er ein Auge auf eine Mitbewohnerin geworfen. Bald gingen beide Hand in Hand spazieren, häufig auf dem Friedhof, wo der Ehemann der Frau begraben war. Man traf sich auch im Café oder im Bacchuskeller auf ein Glas Wein. Dort wurden die beiden vom Leiter des Altenheims angetroffen, der am nächsten Morgen meine Mutter anrief, um ihr mit zu teilen, dass mein Großvater und seine Begleiterin offensichtlich nicht mehr ganz nüchtern gewesen waren. Außerdem sehe man so eine »Paarbildung« im Altenheim nicht gerne. Das störe den Ablauf und führe zu Eifersüchteleien. Meiner Mutter war die ganze Angelegenheit sehr peinlich. Sie versprach, schnellstmöglich mit meinem Großvater zu sprechen. Sie versuchte, ihm ins Gewissen zu reden. So etwas gehöre sich einfach nicht, schon gar nicht so schnell nach Großmutters Tod.

Zum Eklat kam es drei, vier Wochen später. Der Nachtschwester fiel auf, dass aus dem Zimmer meines Großvaters Opernmusik erklang. Da es schon nach 22 Uhr war, entschied sie sich, für Ruhe zu sorgen. Sie klopfte an die Tür und als nicht reagiert wurde, öffnete sie die Tür mit ihrem Generalschlüssel. Was sie vorfand, bestürzte sie. Großvater und seine Freundin saßen im Pyjama auf dem Bett, hörten laut Musik und tranken Asti Spumante aus Zahnputzgläsern. Die Nachtschwester schaltete die Musik aus, forderte die Frau auf, sofort das Zimmer zu verlassen und meinte, die Sache werde Folgen haben. Die Leitung des Altenheims traf die Entscheidung, dass mein Großvater und seine Freundin das Altenheim zu verlassen hätten. Weil aber meine Eltern seit vielen Jahren in der

Kirchengemeinde mitarbeiteten und mein Vater Kirchenvorstandsmitglied war, durfte mein Großvater bleiben. Die Frau wurde in einem anderen Heim untergebracht. Danach hörte mein Großvater keine Opernarien mehr. Er schenkte meiner Schwester, die eine Hanni & Nanni-Schallplattensammlung besaß, seinen Plattenspieler. Mein Großvater ging nur noch selten aus, trank keinen Wein mehr zum Essen und bald hatte man den Eindruck, Großvater ist jetzt ein alter Mann.

Dieses Ereignis trug sich vor 45 Jahren zu und wäre heute so wohl nicht mehr denkbar. Mein Großvater lebte noch weitere 25 Jahre in diesem Altenheim. Sein Zimmer verließ er kaum noch. Es schlief viel und sah aus dem Fenster. Mit 96 Jahren starb er.

M. BZ

*

Viele Menschen möchten ihr Alter in ihrer eigenen Wohnung verbringen. Das ist oft mit Unterstützung auch möglich. Es gibt Haushaltshilfen, die bei den Dienstleistungszentren der freien Träger angestellt sind. Die Helferinnen halten die Wohnung in Ordnung, kochen, machen das Bett, kaufen ein und unternehmen vielleicht einen Spaziergang mit den alten Menschen. Für das Duschen und Waschen, das Verabreichen von Tabletten und Spritzen ist der Pflegedienst mit ausgebildeten Krankenschwestern oder Altenpflegerinnen zuständig. Für Notfälle, wenn ein alter Mensch, der allein in seiner Wohnung lebt, gestürzt ist, gibt es Hausnotrufsysteme. Das Notrufgerät kann wie eine Armbanduhr am Handgelenk getragen werden. Per Knopfdruck wird eine Hilfsorganisation benachrichtigt. Ein Mitarbeiter wird den Hilfesuchenden innerhalb kurzer Zeit aufsuchen und die Situation klären. Manchmal wählen alte Menschen auch die Möglichkeit, eine Pflegerin bei sich wohnen zu lassen. So können auch pflegebedürftige Personen weiterhin in ihrem Haus leben. Die Pflegerinnen kommen häufig aus Polen und Rumänien und sind meist gut ausgebildet.

Als gute Möglichkeit selbstständig zu wohnen, aber bestimmte hauswirtschaftliche oder pflegerische Leistungen in Anspruch zu nehmen, bietet sich das sogenannte »Service-Wohnen« an. Dabei handelt es sich um Wohnungen, die meist zu einem Altenheimkomplex gehören. Das Altenheim bietet den Bewohnern verschiedene Serviceleistungen an, wie Putzhilfe, Fensterputzen, Wäschewaschen, Mahlzeiten, die im Altenheim eingenommen werden können. Und natürlich können die Bewohner in ihren Wohnungen gepflegt werden.

Lieselotte

Lieselotte war sehr unglücklich, als sie ihre Wohnung im Haus ihrer Tochter aufgeben musste. Die Wohnung war viel zu groß, zu teuer, die Heizkosten zu hoch, zudem fiel es ihr schwer, die Wohnung alleine sauber zu halten. Außerdem hätten die Räume dringend renoviert werden müssen. Sie wirkten schon etwas heruntergekommen, aber für eine Renovierung fehlte das Geld.

Seit zwei Jahren war Lieselotte in einem Seniorenhaus angemeldet, das zum Altenheim ihrer Kirchengemeinde gehört. Sie hatte mehrere Freundinnen, die bereits in diesem Haus lebten. Das tröstete sie etwas, aber als der Container vor der Haustür stand, in dem Hausrat, Wohnzimmerregale, Einkochgläser und Sofakissen verschwanden, um entsorgt zu werden, war ihr doch zum Weinen zumute.

Schon bald fühlte sich Lieselotte in der neuen Umgebung wohl. Sie hatte neue Möbel gekauft, Bilder aufgehängt, Topfpflanzen auf die Fensterbank gestellt: Ihr kleines Reich gefiel ihr sehr. Im oberen Stockwerk des Hauses gibt es einen Gruppenraum. Dort feierte Lieselotte ihren 80. Geburtstag mit Kindern, Schwiegerkindern, Enkeln, Urenkeln, Bruder und Schwägerin, Nichten und Neffen. Dort gibt es auch einmal in der Woche einen Spielenachmittag. Adventsingen, Ostereier bemalen oder Grillen auf der Terrasse finden hier statt. Die alten Damen ziehen sich für diesen Anlass schick an und sind ganz beschwingt.

Lieselotte teilt sich mit einer Mitbewohnerin die Tageszeitung. Frau Mayer liest die Zeitung zuerst und bringt sie danach zu Lieselotte. Das ist eine gute Gelegenheit, um zusammen eine Tasse Kaffee zu trinken und sich über viele Dinge aus der Zeitung zu empören. Zum Kaffeetrinken gibt es überhaupt viele Gelegenheiten: Geburtstage, Feiertage oder einfach, weil nachmittags um vier Uhr Kaffeezeit ist.

Lieselotte ist kontaktfreudig. Sie kennt jede Frau in ihrem Haus und weiß viele Geschichten zu erzählen. Als eine neue Nachbarin in die Wohnung neben ihr einzieht, wartet Lieselotte zunächst darauf, dass die Frau sich vorstellen würde. Aber nichts geschah. Endlich sah Lieselotte die Nachbarin auf dem Balkon. Eine gute Gelegenheit für ein unverfängliches Gespräch. »Guten Tag«, sagte Lieselotte, »ich bin Lieselotte Bussmann, ihre Nachbarin.« »Guten Tag«, antwortete die Frau. Hm, das war nicht viel. »Gefällt es ihnen hier im Haus?« »Ja«, sagte die Frau. Da war wohl nichts zu machen. Plötzlich hatte Lieselotte eine Idee. Fast alle Frauen im Haus sind verwitwet. »Wo liegt ihr Mann denn?«, fragte sie. »Anonym«, antwortete die Frau, stellte ihre Gießkanne ab und ging ins Haus.

»Das muss eine schlechte Ehe gewesen sein«, meinte Lieselotte, als sie am Abend mit ihrer Tochter telefonierte.

*

Nach einem Schlaganfall oder einem schweren Sturz ist oft auch das Wohnen in einer betreuten Einrichtung, einer Seniorenwohnung, nicht mehr möglich. Viele alte Menschen haben Angst vor dem Schritt, in ein Altenheim zu wechseln. Sie haben das Gefühl, den letzten Rest Selbstständigkeit aufgeben zu müssen, der ihnen geblieben ist. Sie ziehen aus ihrer Seniorenwohnung in ein kleines Zimmer und können nur die allernotwendigsten Dinge mitnehmen. So ist vielleicht Platz für den großen Fernsehsessel, aber nicht für das geerbte Buffet. Von vielen Büchern, in einem langen Leben angeschafft, muss man sich trennen, das gute Geschirr und die Tischdecken werden nicht mehr gebraucht. Um 8 Uhr gibt es Frühstück, um 12 Uhr Mittagessen und um 18 Uhr Abendbrot. Wäre es möglich, allein mit der Zeitung im Zimmer zu frühstücken, wenn man morgens noch keine Gesellschaft möchte? Muss man sich schon um 18.30 Uhr für die Nacht ausziehen lassen, auch wenn man nie vor 22 Uhr ins Bett gehen will? Eine alte Dame berichtet, dass sie zweimal in der Woche nachmittags um 16 Uhr geduscht wird, was ihr gar nicht recht ist. Ihr wurde aber erklärt, dass die Pflegerinnen für solche Aufgaben eher nachmittags Zeit haben. (Von anderen Beispielen berichten wir weiter unten.)

Doch ebenso haben sich die Wünsche älterer Menschen und die Kriterien, wonach sie sich ein Altenheim aussuchen, geändert. So sind zum Beispiel auch für alte Menschen neue technische Möglichkeiten wichtig.

WLAN für Horst

Horst ist fast 80 Jahre alt, seit dem Tod seiner Frau lebte er allein in seiner großen Wohnung. Nach einer missglückten Hüftoperation fiel ihm das Laufen schwer. Mühsam bewegte er sich mit seinem Rollator durch die Zimmer. Er ging nur noch selten aus, aber durch das Internet fühlte er sich mit der Welt verbunden. Einmal in der Woche skypte Horst mit seinem Enkel, der in Kanada studierte, unregelmäßig auch mit seinem Sohn, der seit vielen Jahren in Kapstadt lebte. Täglich schrieb er eine lange E-Mail an eine alte Freundin in Süddeutschland, die auch an jedem Tag beantwortet wurde. Manchmal sah Horst sich Filme im Internet an oder er las die Süddeutsche Zeitung online. Horst entschied sich nach einiger

Zeit, seine Wohnung aufzugeben und in ein Altenheim zu gehen. Wichtig war für ihn, weiterhin sein »Fenster zur Welt« zu haben. Und so erkundigte er sich bei Altenheimen in seiner Nähe auch als Erstes nach einem WLAN-Anschluss. Leider musste Horst feststellen, dass keines der angefragten Heime einen Anschluss für die Bewohner hatte. Horst fand nach längerem Suchen schließlich ein Altenheim mit WLAN auch für die Bewohner. Er ist der Meinung, dass WLAN heute eine Selbstverständlichkeit sein müsse.

*

Darf der Freund oder die Freundin heute im Zimmer des Altenheimbewohners übernachten? Ist das Trinken von Alkohol erlaubt? Bekommen die Heimbewohner einen Haustürschlüssel, sodass sie auch spät abends nach Hause kommen können? Richtet man diese Fragen an Mitarbeiter in Altenheimen, so erhält man oft die Antwort, dass der größte Teil der Bewohner in den Heimen dement wäre und schon deshalb weder einen Schlüssel bekäme noch Alkohol trinken dürfe. Der andere Teil der Bewohner wäre in der Regel sehr alt und krank und ginge abends nicht aus. Man bekommt nur einen Platz in einem Altenheim, wenn man eine Pflegestufe hat. Mit einer durchschnittlichen Rente ließe sich ein Heimplatz nicht mehr finanzieren.

Wohlhabende alte Personen bevorzugen Seniorenresidenzen

Die Heinrich-Heine-Buchhandlung und der Autor Hermann Pölking hatten zur Vorstellung seines neuesten Buches *Das Memelland: Wo Deutschland einst zu Ende war* (2012) eingeladen. Da mein Mann einige Fotos in diesem Buch veröffentlicht hatte, waren auch wir bei der Buchpräsentation in der Seniorenresidenz am Stadtpark dabei. Als wir das Haus betraten, wurden wir an der Tür von einem freundlichen jungen Mann in Uniform begrüßt, der uns in den Kinosaal führte. Dort hatten sich schon viele alte Damen eingefunden. Sie trugen adrette Blusen, die feinen, weißen Haare waren sorgfältig frisiert. Sie hatte ihre Handtasche dabei und unterhielten sich angeregt. An der Tür war ein Büchertisch aufgebaut und durch ein Fenster konnten wir in die Bibliothek des Hauses sehen. Dort spielten zwei alte Herren Schach, ein Glas Rotwein vor sich. Der Leiter der Einrichtung begrüßte Bewohner und Gäste und erklärte den Zuhörern, die ein Hörgerät trugen, wie sie es einstellen könnten, weil nun auch ein Film gezeigt würde. Es folgte ein spannender Abend. Hermann Pölking las aus seinem Buch vor und zeigte altes, seltenes Filmmaterial aus dem Memelland der 30er Jahre. Er bekam am Ende viel Applaus und die Damen gingen zum Büchertisch und kauften Bücher. Mehrere baten den Autor um eine Widmung für ein Enkelkind. Als wir uns gegen 21 Uhr an der Garderobe unsere Mäntel anzogen, hörten wir, wie eine alte Dame zu einer anderen sagte: »Ich habe heute Abend noch gar nichts gegessen. Ich werde mir jetzt ein Käsebrot und eine Flasche Bier aufs Zimmer bestellen.« Wir sind sicher, so ein Wunsch würde nur in wenigen Altenheimen erfüllt werden. Aber warum eigentlich? Ist das Eingehen auf persönliche Wünsche ausschließlich eine Frage des Geldes? Wer sich eine Seniorenresidenz leisten kann, wird nicht am Nachmittag geduscht und hat auch einen Haustürschlüssel. Dort gibt es kulturelle Veranstaltungen, wie Konzerte, Liederabende, Lesungen und Filmvorführungen. Einmal im Monat findet ein großes Frühstücksbuffet statt, zu dem Freunde und Verwandte eingeladen sind. Die Tochter, die aus einer anderen Stadt angereist ist, darf im Zimmer ihrer Mutter übernachten und natürlich können die beiden eine Flasche Wein leeren, wenn sie das möchten.

M. BZ.

Altenheime und Alten-WGs

Ruth lebt nicht in einer Seniorenresidenz, aber sie fühlt sich sehr wohl in einem Heim der Arbeiterwohlfahrt in Bremen. Sie ist 92 Jahre alt und wohnt seit zwei Jahren in diesem Haus. Sie war immer eine selbstständige Frau. Bis zum Alter von 63 Jahren arbeitete sie als Lohnbuchhalterin bei einer Baufirma. Dort hat sie gelernt, sich durchzusetzen. Verheiratet war Ruth nie. Ihr Freund blieb im Zweiten Weltkrieg in Russland vermisst. Lange wartete sie auf ihn. Eine neue Beziehung ging sie nicht ein. Vor zwei Jahren wurde Ruth sehr krank und musste operiert werden. Zu diesem Zeitpunkt entschloss sie sich, ihre Wohnung aufzugeben und ins Altenheim zu ziehen. Sie hat diesen Schritt nicht bereut. Sie hat ein schönes, helles Zimmer mit Balkon. Die Mahlzeiten im Haus sind recht flexibel. Frühstücken können die Bewohner von acht Uhr bis zehn Uhr. Das findet Ruth gut, denn sie ist keine Frühaufsteherin. Fast jeden Vormittag werden Aktivitäten angeboten: Gymnastik, Singen, Spielen. Außerdem nimmt sie am Literaturkreis teil, der aus einer Studentin, die Deutsch und Geschichte studiert, und drei alten Damen besteht. Ruth bedauert etwas das geringe Interesse der anderen Bewohner am Literaturkreis, räumt aber ein, dass die meisten dement wären und sich nicht mehr mit Literatur beschäftigen könnten. Zurzeit liest die kleine Gruppe

Andersens Märchen, was ihr sehr gefällt. Im letzten Jahr wurde sie von der Einrichtungsleiterin gefragt, ob sie nicht Bewohnervertreterin werden möchte. Dazu erklärte sich Ruth gerne bereit.

Der Bewohnerbeirat ist die Interessenvertretung der Heimbewohner gegenüber der Einrichtungsleitung und dem Träger der Einrichtung. In Ruths Altenheim besteht er aus drei Bewohnerinnen und zwei Angehörigen. Der Träger und die Einrichtungsleitung sind verpflichtet, den Beirat vor ihren Entscheidungen anzuhören, ein Mitbestimmungsrecht hat der Beirat nicht. Er kann Maßnahmen, die den Bewohnern dienen, beim Träger beantragen, er kann Anregungen und Beschwerden von Bewohnern entgegennehmen und an die Leitung weitergeben, und er sollte sich um ein gutes Einleben von neuen Bewohnern kümmern. Ruth nimmt an den Sitzungen des Heimbeirates teil, die zweimal im Jahr stattfinden. Noch nie wurden Bitten oder Verbesserungsvorschläge an sie herangetragen, die sie an die Heimleitung oder an den Träger hätte weitergeben können. Aber sie selbst hatte die Idee, die sie dann auch der Leitung vortrug, eine Kerze und ein kleines Blumengesteck an den Platz eines verstorbenen Heimbewohners bis zu seiner Beerdigung aufzustellen. Dieser Vorschlag wurde angenommen. Ruth selbst nimmt, in Begleitung eines Pflegers oder einer Pflegerin, an den Trauerfeiern verstorbener Heimbewohner teil. Sie empfindet das als ihre Aufgabe, die sie gerne erfüllt.

Im Altenheim fühlt sich Ruth nicht in ihrer Selbstständigkeit eingeschränkt. Jeden Nachmittag macht sie einen Spaziergang durch das Kleingartengebiet in der Nähe. Vor dem Spaziergang muss sie sich abmelden und wenn sie zurück ist, sagt sie auch Bescheid. Diese Maßnahme wäre zu ihrem eigenen Schutz, meint Ruth. Oft brechen Heimbewohner zu einem Spaziergang auf und verlaufen sich, weil sie sich nicht mehr orientieren können. Sie hat einen Zimmerschlüssel, aber keinen Schlüssel für die Haustür. Sonntags ist sie öfter bei ihrem Bruder und der Schwägerin zum Essen eingeladen. Dann kommt sie abends gegen 21 Uhr zurück und die Haustür ist verschlossen. Sie klingelt und die Nachtbereitschaft öffnet die Haustür. Auch das ist für Ruth kein Problem. Besuch kann sie jederzeit empfangen. Jeden Dienstag kommt ein befreundetes Ehepaar zu ihr. Man trinkt gemeinsam eine Flasche Sekt. Manchmal wird es dabei später, aber auch dann öffnet die Nachtbereitschaft gerne die Haustür.

Bewohnerbeirätin will Ruth gerne bleiben. Sie ist froh, Aufgaben übernehmen zu können. Es geht ihr gut in ihrem Heim, aber sie vermisst Gesprächspartner. »Hier finde ich fast niemanden, mit dem ich mich unterhalten kann«, sagt sie.

*

In einem Altenheim kann man sich seine Mitbewohner nicht aussuchen. Wenn man Glück hat, bekommt man nette Tischnachbarn oder man lernt jemanden kennen, mit dem man spazieren gehen, Karten spielen oder fernsehen kann. Vielen nicht dementen Heimbewohnern wird es wie Ruth gehen und sie werden in der Einrichtung keine Gesprächspartner finden. Ruth bedauert das, akzeptiert es und hat ihre Kontakte außerhalb des Altenheims. Es gibt aber auch ältere Menschen, die sich – oft frühzeitig – überlegen, zusammen mit andern Alten in einer Wohngemeinschaft zu leben. Das kann viele Vorteile haben. Man ist nie einsam, man kann sich die Kosten für die Unterkunft teilen, die Kosten für die Putzfrau, die Pflegerin, für Energie und Müllabfuhr. Nicht so einfach ist es, gut miteinander auszukommen. Gibt es in Studenten-WGs Streit, weil das Geschirr nicht abgewaschen, der Müll nicht rausgetragen wird, die Musik zu laut ist oder sich mal wieder zu viele Gäste einquartiert haben, finden sich im Alter ähnliche oder andere Streitpunkte.

In den letzten Jahren sind einige Filme erscheinen, die sich mit dem Thema Leben in einer Wohngemeinschaft im Alter beschäftigen. Sie sind sehr unterhaltend, aber nicht unbedingt realistisch. In dem französischen Film aus dem Jahr 2011 *Und wenn wir alle zusammenziehen?* wohnen zwei ältere Paare und ein Freund zusammen in einer alten Villa. Die Akteure sind schon lange miteinander befreundet und wohlhabend. Sie stellen einen deutschen Studenten ein, der sich um viele Alltagsdinge der Wohngemeinschaft kümmert. Der Film ist schön anzuschauen. Es wird oft und gut gegessen, Wein getrunken und alte Konflikte brechen auf. Von der Pflegeversicherung und finanziellen Sorgen ist nicht die Rede. Anders in dem deutschen Film *Wir sind die Neuen* aus dem Jahr 2014. Hier ziehen drei ältere Menschen, zwei Männer und eine Frau, zusammen in eine Wohnung. Sie haben wenig Geld und lebten schon einmal als Studenten zusammen. Sie möchten dort weitermachen, wo sie früher aufgehört haben, nachts am Küchentisch diskutieren, Musik von Bob Dylan und Joan Baez hören und Wein trinken. Doch das klappt nicht so recht. Junge Studenten im Haus, die für ihr Examen lernen, fühlen sich gestört. Auch hier treten die alten Konflikte wieder auf.

Die Zeit lässt sich nicht zurückdrehen und ein Leben in einer »Studentenwohngemeinschaft« ist für 70- oder 80-Jährige nicht unbedingt die wünschenswerte Wohn- und Lebensform. Das Zusammenleben in einer Hausgemeinschaft ist sicher für einen größeren Kreis älterer Menschen vorstellbar. Jeder hätte seinen Bereich, in den er sich zurückziehen kann, aber im Haus gäbe es vielleicht ein gemeinsames Wohnzimmer, einen Garten, ein Gästezimmer für den Besuch, sodass man immer dann Kontakt hat, wenn man es wünscht. Bleibt die Frage der Finanzierbarkeit. Inzwischen gibt es in vielen Städten »Mehrgenerationenhäuser«, die als Mietwohnungen von Baugesellschaften angeboten werden, sodass ein Projekt

»Zusammenziehen im Alter« nicht nur für Wohlhabende realistisch ist. Für demente alte Menschen kann das Leben in einer (betreuten) Wohngemeinschaft eine gute Wohnform sein, die auch für Angehörige akzeptabler und entlastender ist als die Unterbringung der alten Mutter oder des Vaters in einem Altenheim.

Als Pfleger im Altenheim

Peter arbeitet seit vielen Jahren als Krankenpfleger in einem Altenheim. »Eigentlich ist es ein Pflegeheim für schwerstkranke und sterbende Patienten«, sagt Peter. »Hier leben Menschen, die nichts mehr alleine können. Nicht essen, sich nicht waschen, oftmals verlassen sie ihr Bett nicht mehr. Ich habe täglich mit dem Tod zu tun. Manche Patienten schlafen einfach ein und wachen nie wieder auf. Viele wollen aber nicht sterben. Sie haben große Angst und fallen in Depressionen. Manchen alten Menschen hilft es, religiös zu sein, an Gott zu glauben. Aber grundsätzlich könnte ich das nicht sagen. Religiös zu sein allein verhindert nicht die Angst vor dem Tod. Oft fällt es den Menschen leichter, sich zu verabschieden, die eine Familie haben, die Besuch bekommen.«

Peters Arbeit ist belastend. Ständig muss er sich beeilen, Patienten waschen, wickeln, füttern, Medikamente verabreichen. Nur selten bleibt die Zeit, sich zu einem Sterbenden zu setzen, ihm die Hand zu halten. Was können Menschen in dieser Situation noch selbst bestimmen? »Nur ganz wenig«, meint Peter, »und manchmal passiert das Gegenteil von dem, was sie offensichtlich wünschen. Gerade versorge ich einen Mann mit einer schweren Krebserkrankung im Endstadium. Dieser Mann kann nicht schlucken und wird mit einer Magensonde, die durch die Nase geführt ist, ernährt. Da der Mann sich die Sonde immer wieder aus der Nase zieht, waren wir uns vom Pflegepersonal mit dem behandelnden Arzt einig, dieser schwerstkranke Mann, der seit Längerem nicht mehr bei Bewusstsein ist, zeigt uns, dass er nicht mehr leben will. Er sollte nicht weiter ernährt werden. Sein Bruder bestimmte aber, dass dem Patienten eine Sonde direkt in den Magen gelegt werden solle, die er nun nicht mehr selbst entfernen kann. Selbstbestimmung für sehr kranke, alte Patienten gibt es nur, wenn eine Patientenverfügung vorhanden ist.«

Josephines Mutter

Josephines Mutter driftete langsam ab in die Demenz. Sie war oft böse und aggressiv. Als ihr Leben in ihrer kleinen Seniorenwohnung zu gefährlich wurde, fanden Tochter und Schwiegersohn einen Platz für sie in einem Altenheim. Sie hofften, die Mutter könne sich bei guter Pflege und liebevollem Umsorgtsein erholen und wieder umgänglicher werden. Die Hoffnungen erfüllten sich leider nicht. Die Mutter baute zusehends ab, war verwirrt und traurig, wütend und aggressiv. Auch körperlich ging es ihr schnell schlechter. Das Laufen bereitete ihr Schmerzen, deshalb blieb sie meist in ihrem Zimmer. Wenn Josephine zu Besuch kam, weinte sie häufig. In den ersten Wochen des Heimaufenthaltes holten Josephine und ihr Mann die Mutter manchmal zum Essen oder zum Kaffeetrinken ab. Diese Ausflüge verunsicherten die Mutter aber immer mehr, sodass Josephine sie bald einstellte. Ihre häufigen Besuche setzte Josephine weiterhin fort. Dabei stellte sich heraus, dass niemand Zeit gehabt hatte, die Mutter zu waschen. Josephine duschte ihre Mutter, wusch ihr die Haare und nahm die Wäsche zum Waschen mit nach Hause, weil nach dem Waschen im Heim immer wieder Wäschestücke fehlten.

Josephine hatte erwartet, dass ihre beiden Brüder die Mutter regelmäßig besuchen würden. Die Mutter freute sich immer, ihre Söhne zu sehen und Josephine fühlte sich entlastet, wenn die Brüder einen Teil der Sorge übernahmen. Die Brüder besuchten aber bald die Mutter nicht mehr. Sie wussten nicht, wie sie mit ihr sprechen sollten, schon allein den Geruch im Altenheim fanden sie unerträglich. Josephine hatte das Gefühl, alle Last müsse sie allein tragen. Sie ärgerte sich über das Altenheim, in dem ihrer Meinung nach die Mutter immer schlechter versorgt würde, das aber für Unterkunft, Verpflegung und Betreuung monatlich 3.000 Euro erhielt. Mehrfach hatte sie in der Einrichtung um eine Kostenaufstellung gebeten, aber niemand konnte ihr sagen, wie das Geld verwendet wird.

Seit Kurzem kotete die Mutter ein. Dann verteilt sie den Kot am ganzen Körper und in den Haaren. Doch obwohl die Mutter geduscht wurde, befand sich, wie Josephine feststellen musste, unter ihren Fingernägeln immer noch Kot. Jetzt wurde im Heim eine Art »Schneeanzug« angeschafft, den die Mutter nicht allein öffnen konnte. Die Leiterin des Altenheimes meinte zu Josephine, der Anzug wäre eine große Erleichterung für die Mitarbeiterinnen. Josephine war böse über diese Mitteilung. Es gehe immer um die Mitarbeiter, nicht darum, ob die Mutter sich jetzt besser fühle. Außerdem solle Josephine aus eigener Tasche einen zweiten Anzug kaufen. Darüber war sie besonders ärgerlich. Sie fand, wenn der Anzug die Arbeit der Mitarbeiter erleichtere, müsse das Heim auch selbst einen zweiten Anzug anschaffen.

Josephine und ihr Mann wollten eine andere Unterkunft für die Mutter suchen. Sie sahen sich mehrere Wohngemeinschaften für demente Menschen in der Stadt an. Einige Einrichtungen gefielen ihnen sehr gut, aber es gab nur wenig Chancen, die Mutter dort unterzubringen. Glücklicherweise klappte es dann doch. Die Mutter konnte in eine Wohngemeinschaft umziehen, in der zehn demente Menschen zusammenleben. Jeder Bewohner hat ein individuell eingerichtetes Zimmer mit Bad in einem großen, alten Haus am Stadtrand. Es gibt einen Garten und gemeinsame Frühstückstermine mit den Angehörigen.

Hier ging es Josephines Mutter besser. Sie brauchte etwas Zeit, um sich in der neuen Umgebung zurecht zu finden, aber dann verhielt sie sich deutlich weniger aggressiv und weinte auch nicht mehr so oft. Manchmal war sie bereit, mit Josephines ein paar Schritte durch den Garten zu gehen. Sie freute sich über die mitgebrachten Blumen und nahm Kontakt zu Mitbewohnern auf. Josefine ist erleichtert, besonders darüber, dass die Brüder die Mutter ab und zu besuchen.

Im Alter weiterhin zu Hause wohnen

Im Frühjahr ist Almut 90 Jahre alt geworden. Sie lebt allein in ihrem Haus in der Nähe von Osnabrück. Hier hat sie ihre drei Kinder großgezogen, den weitläufigen Garten bewirtschaftet, vor vielen Jahren ihren Vater bis zu seinem Tod gepflegt und vor einiger Zeit auch ihren Mann. Almut fällt das Laufen schwer, sie braucht zwei Stöcke im Haus und draußen einen Rollator. Die Beine schmerzen, aber darüber möchte sie nicht sprechen. »Es gibt wichtigere Dinge«, sagt sie am Telefon. Dann reden wir über Bücher, die wir gerade lesen, über die Studiengänge meiner Kinder und ihrer Enkelkinder, über Reisen und spannende Radio- oder Fernsehreportagen.

Almut wuchs auf einem Gutshof in Westpreußen an der Weichsel auf. Sie und ihr Bruder Martin hatten einige Jahre eine Hauslehrerin, später wohnte sie in einem Pensionat in Graudenz und besuchte dort die Goetheschule. Das Gut, die Tiere, der große Wald, die Familie und die Landarbeiter, das alles vermisste Almut sehr in der Stadt. Noch heute schwärmt sie von der großen Freiheit, die sie und ihr Bruder als Kinder auf dem Land erlebten. In den Ferien kamen die Schulfreundinnen zu Besuch. Man ritt zusammen aus oder fuhr mit dem Rad zum Schwimmen an den nahegelegenen See. Das Leben auf dem elterlichen Gut bestand für Almut in den Ferien aber nicht nur aus Freizeit. Oft war ihre Hilfe eingeplant: bei der Obsternte oder beim Einkochen, beim Schlachten, bei der Viehfütterung und manchmal beim Melken.

Als Almut 1925 geboren wurde, war Westpreußen als Folge des Ersten Weltkrieges seit 1919 polnisch. Die Gutsbesitzer lebten als deutsche Minderheit im Land und schlossen sich eng zusammen. In dieser Zeit entstand ein starkes national-deutsches Bewusstsein. Den Beginn des Zweiten Weltkrieges erlebte Almut in Danzig. Zunächst war die Begeisterung groß. Westpreußen wurde wieder deutsch. Aber die Schrecken des Krieges blieben nicht lange aus. Almut sah die ersten toten Soldaten, hatte Angst um ihre Eltern auf dem Gut Milewo. Doch der Alltag auf dem Land normalisierte sich schnell. Wirtschaftlich ging es den Deutschen in Westpreußen besser als jemals zuvor.

1942 verließ Almut die Schule mit der mittleren Reife und begann bei ihrer Mutter eine landwirtschaftliche Lehre. 1943 trat sie den Arbeitsdienst in Schlesien an und arbeitete auf Bauernhöfen und bei kinderreichen Familien. Nach der Arbeitsdienstzeit wurde sie als Hilfslehrerin eingesetzt. Sie bekam monatlich 180 Mark und ein »Dienstfahrrad«. Almut brachte polnischen Kindern deutsch bei, schrieb und rechnete mit ihnen. Die Arbeit mit ihren Schülern mochte Almut sehr und sie war froh, dass sie zu Hause in Milewo wohnen und von dort aus in die Schule fahren konnte.

Es gab Zwangsarbeiter auf Milewo: zuerst russische Frauen, später italienische Kriegsgefangene. Im Sommer 1944 kamen die ersten Flüchtlinge aus dem Baltikum, die in Milewo versorgt wurden und dann weiter westwärts zogen. Zum ersten Mal dachten Almut und ihre Eltern an Flucht, denn jetzt waren sie sicher, dass der Krieg verloren war. Große Koffer und Kisten mit Hausrat und Wäsche wurden gepackt und zu Freunden in den Westen geschickt.

Im August 1944 besuchte Almuts Bruder Martin seine Familie. Es war sein letzter Besuch. Er fiel im Baltikum und ist in der Nähe von Riga begraben. Das war ein schwerer Schicksalsschlag für Almut, ihren Vater, aber besonders für die Mutter. Sie erholte sich nie mehr von dem Verlust ihres Sohnes. Ende Januar 1945 flüchtete Almut mit ihren Eltern aus Milewo. Mit dem Pferdewagen ging es bei eisiger Kälte Richtung Westen, weiter mit der Bahn und am Ende mit dem Schiff über die Ostsee nach Kiel. Bei Osnabrück konnte Almut mit ihrer Familie bei einem Freund des Vaters unterkommen und schon zum 1. April 1945 eine landwirtschaftliche Lehre beginnen. Bald pachtete der Vater einen Bauernhof. Almut gab schweren Herzens ihre Lehrstelle auf, um dem Vater zu helfen.

1951 heiratete Almut, bekam eine Tochter und später noch zwei Söhne. Die lungenkranke Mutter starb in einem Pflegeheim. Almut zog ihre Kinder groß, genoss die Zeit mit ihnen. Die Kinder spielten im großen Garten zusammen mit einer ganzen Schar Nachbarskinder und konnten sich frei entfalten. Almut kümmerte sich um die weitverzweigte Verwandtschaft, um Haus und Garten. Als der Vater starb, nachdem Almut ihn lange zu Hause gepflegt hatte, begann für sie ein neuer Lebensabschnitt. Sie fing eine dreijährige Ausbildung zur Hauswirtschaftsmeisterin für den städtischen und ländlichen Bereich an und unterrichtete später angehende Hauswirtschafterinnen. Almut liebte es, zu unterrichten. Sie fühlte sich anerkannt und geschätzt. Es war eine gute Zeit für sie.

Als die Kinder größer wurden und studierten, reiste Almut nach Afrika, mal mit ihrem Mann, mal allein. Sie hatte guten Kontakt zu afrikanischen Studienfreunden ihrer Söhne. Almut besuchte die alte Hauslehrerin ihrer Mutter in Chile und verbrachte viel Zeit mit ihrem Mann in ihrer Ferienwohnung in Spanien. Almut schrieb viel über das, was sie erlebte und was sie beschäftigte. 2008 starb ihr Mann nach einer langen, schweren Krankheit. Almut pflegte ihn und kam dabei oft an ihre Grenzen.

Heute blickt Almut auf ein reiches Leben zurück. Sie schreibt viele, lange Briefe, die der Briefträger freundlicherweise mitnimmt, wenn er die Post vorbei bringt. Im Sommer arbeitet sie ein wenig im Garten. Danach sitzt sie auf ihrer Veranda und genießt den Ausblick. Für den Winter stellt sie sich besondere Aufgaben. Vor zwei Jahren schrieb sie das fast 1.000 Seiten starke Tagebuch der Hauslehrerin ihrer Mutter ab, die nach Chile ausgewandert war. Beim letzten Weihnachtsfest bat sie Tochter und Schwiegersohn einen großen Karton mit Briefen ihres Bruders Martin aus dem oberen Stockwerk herunter zu holen. Almut hat alle Briefe gelesen und viel geweint. Dann schrieb sie die Briefe ab, kürzte sie und stellte sie neu zusammen.

Manchmal ist Almut müde. Dann wird ihr jede Bewegung zu viel und sie hat Angst – Angst zu stürzen, wenn sie sich schwindelig fühlt, Angst hilflos in ihrem Haus zu liegen und zu lange auf einen Mitarbeiter des Hausnotrufes zu warten, Angst vor der Einsamkeit, den Schmerzen, dem Tod. Almut ist sehr weitläufig mit mir verwandt, aber wir sind uns oft nah. Wir schreiben uns Briefe und telefonieren miteinander. Wir treffen uns eher selten, aber dann sind die Besuche ganz intensiv.

M. BZ.

Positive Erinnerungen – Imagination

Anne

Anne ist 87 Jahre alt. Seit einigen Jahren lebt sie in einer eigenen kleinen Wohnung in einer Seniorenwohnanlage. Das Haus liegt in dem Stadtteil, in dem Anne seit über 60 Jahren wohnt und gehört zu der Kirchengemeinde, in der sie viele Jahre mitarbeitete. Sie hat Freundinnen und Bekannte im Haus, ihr Sohn Georg und eine ihrer Töchter Tanja, leben in der gleichen Stadt. Oft bekommt sie Besuch von früheren Nachbarn.

Anne kann nicht mehr gut laufen. Auch bei kurzen Wegen nimmt sie ihren Rollator. Der Blutdruck ist zu hoch, sie hat Schmerzen im Rücken und in ihren Knien. Sie kauft sich gerne neue Kleider und leidet unter chronischer Geldknappheit.

Alle paar Wochen gerät Anne in Panik. Schon nachmittags bekommt sie heftige Kopfschmerzen, die sie mit starken Schmerzmitteln zu bekämpfen versucht. Jede halbe Stunde misst sie ihren Blutdruck, der dann auch tatsächlich stetig ansteigt. Gegen 21 Uhr ist Anne überzeugt, dass sie einen Schlaganfall bekommt. Dann ruft sie ein Taxi und fährt ins Krankenhaus. In allen vier Krankenhäusern ihrer Stadt ist sie gut bekannt. Hat ein Arzt Dienst, der nicht bereit ist, sie stationär aufzunehmen, fährt sie weiter ins nächste Krankenhaus. Sobald klar ist, dass sie bleiben kann, geht es ihr besser. Sie kommt an den Tropf, der Blutdruck wird gemessen, die Nachtschwester ist in der Nähe und Anne fühlt sich gut aufgehoben. Meist dauert der Krankenhausaufenthalt nur ein paar Tage und zwei, drei Wochen später wird Anne wieder ins Krankenhaus fahren.

Jetzt ist Anne alt. Über Tod und Sterben spricht sie nie und wehrt das Thema auch heftig ab. Sie hat große Angst vor dem Tod. Aber wenn sie abends ins Krankenhaus fährt, ist sie für dieses Mal gerettet.

Folgender Ablauf wiederholt sich immer wieder:

13. Februar
Anne geht es wieder schlecht. Sie war drei Tage im Krankenhaus. Morgens kam sie nach Hause, abends hatte sie so schlimme Kopfschmerzen, dass ihr Sohn sie wieder ins Krankenhaus fuhr. Aber dort wurde sie nicht aufgenommen. Sie bekam eine Spritze und wurde nach Hause geschickt. Anne hat das Gefühl, die Schmerzen nicht mehr aushalten zu können. Ihre Freundinnen aus der Wohnanlage fühlen sich hilflos und Anne tut ihnen leid, sie sind alt und die meisten von ihnen sind krank. Annes Tochter Tanja ist am Ende ihrer Kraft. Oft geht sie zwei Mal am Tag zu ihrer Mutter. Aber was kann sie tun, außer da zu sein? Anne spricht davon, dass sie ins Altenheim wechseln möchte, weil dort jederzeit Altenpflegerinnen im Haus sind, die den Notarzt rufen würden. Aber Anne hat nicht mal eine Pflegestufe. Wie würde sie sich dort fühlen? Fast alle Heimbewohner sind dement. Anne weint. Sie will ins Krankenhaus oder der Notarzt soll kommen. Tanja ist da, doch es geht Anne ganz schlecht.

18. Februar
Anne ist wieder im Krankenhaus. Irgendwie hat sie es nun doch geschafft. Gestern Morgen bekam sie eine Hausnotrufanlage und nachmittags drückte sie bereits den Knopf. Damit nun auch wirklich der Krankenwagen kam, erklärte sie, sie sei gefallen. Wie soll das weitergehen? Bestimmt wird sie bald entlassen und alles beginnt von vorn. Annes erwachsene Kinder telefonieren täglich miteinander. Sie fühlen sich hilflos.

20. Februar
Für eine Nacht war Anne im St.-Elisabeth-Krankenhaus, am Mittwochmorgen sollten ihr Sohn Georg und ihre Tochter Tanja sie abholen. Anne reagierte darauf extrem aggressiv und zeigte große Angst. Sie saß weinend und zitternd im Bett und sagte immer wieder: »Ich gehe nicht nach Hause, ich kann nicht allein bleiben.« Sie randalierte, stieß das Bett gegen die Wand. Das passt gar nicht mit dem Bild zusammen, das ihre Kinder von ihr haben. Sie wollte nie auffallen, es allen recht machen. Jetzt macht sie so ein Theater. Wie viel Angst muss sie haben?

Dann wurde Anne in der geriatrischen Abteilung eines Krankenhauses in Bielefeld untergebracht. Im Moment kann ihre Familie aufatmen.

21. Februar
Sonntagmorgen, 11 Uhr. Tanja und ihr Mann sitzen beim späten Frühstück, als Anne anruft. Tanja hat das Gefühl, Annes Stimme klingt anders als sonst, schlep-

pender. »Wie geht es Dir, Mutti?«, fragt sie. »Ach, gar nicht gut. Hier, in diesem Krankenhaus, hilft mir keiner, aber es ist ja auch Wochenende. Zum Glück kommen Georg und seine Frau heute Nachmittag. Gestern ward ihr ja hier und habt mir meine Sachen gebracht, aber sonst bin ich immer alleine. Ich mag auch nichts essen. Heute morgen habe ich nur ein halbes Milchbrötchen geschafft. Warte, ich lese Dir vor, was es zum Frühstück gab.« Es folgt eine Aufzählung vieler Dinge, die zu einem reichhaltigen Frühstück gehören. »Mir schmeckt einfach nichts. Schlafen kann ich auch nicht. Der Nachtschwester musste ich mehrmals klingeln. Sie hat mir Tropfen zum Schlafen gegeben, die nicht wirkten. Ich konnte keine Minute schlafen!«

Tanja versucht zu trösten: »Du musst Dich vielleicht erst an das Bett gewöhnen, hab etwas Geduld, morgen wird ein Arzt mit Dir sprechen.« Doch ihre Mutter entgegnet: »Ich glaube, ich kann nicht mehr allein bleiben. Ich muss wohl ins Altenheim. Da ist dann nachts jemand und ich bin nicht so allein.« Tanja will nicht mehr darüber sprechen, dass sie dort aber nur mit dementen alten Menschen zusammen wäre und die Nachtschwester nicht ständig an ihr Bett käme. Das ist alles schon besprochen. »Warum brauchst Du denn immer jemanden?«, fragt Tanja. »Ich weiß es doch auch nicht. Ich weiß nicht, warum ich so eine Angst habe.« Die Stimme klingt jetzt nach Tränen. Tanja lenkt ein. »Ich werde Dich bald wieder besuchen. Montagabend rufe ich dich an.« Tanja fühlt sich ratlos und traurig nach dem Gespräch.

23. Februar

Annes Stimme klingt jetzt ganz alt am Telefon. »Es geht mir nicht gut, obwohl ich die Therapie angefangen habe«, sagt sie. »Gerade war die Schwester hier zum Blutdruckmessen. Es ist wieder die schreckliche Angst. Ich habe die Schwester gefragt, ob sie sich etwas zu mir setzen könnte, aber sie hatte keine Zeit. Sonntag waren Georg und seine Frau hier, das war schön. Wir haben Kaffee getrunken, hier im Café.«

Am gleichen Tag

Tanja führt lange Telefonate, eines mit ihrem Onkel, dem Bruder der Mutter und eines mit Anne im Krankenhaus. Der Onkel meint, dass auch der Großvater unter schlimmen Kopfschmerzen gelitten habe. Anne gehe es zurzeit wohl noch schlechter als ihrem Vater früher. Die schreckliche Angst wäre, so vermutet er, Todesangst. Anne ist am Telefon sehr leidend. Sie könne in diesem Krankenhaus nicht schlafen und sie esse kaum etwas. Morgens vielleicht ein halbes Brötchen, das Mittagessen ließe sie zurückgehen. Nur die Besuche ihrer Kinder hielten sie aufrecht.

29. Februar
Tanja ruft abends ihre Mutter an. Anne fühlt sich ganz schlecht, hat den ganzen Tag gelegen. Wenn sie aufsteht, wird ihr schwindelig. Ihre Stimme ist schwach und klingt verwaschen.

1. März
Tanja hat immer mehr das Gefühl, dass ihre Mutter nicht mehr gesund wird und meint, es könne auch das Ende sein. Ins Altenheim müsse Anne aber bestimmt. Es wäre unvorstellbar, dass sie allein in ihrer Wohnung zurechtkäme.

2. März
Anne fühlt sich sehr schwach und hatte heute die zweite Magenspiegelung. Sie kann kaum sprechen. Das ist wohl die Nachwirkung der Narkose. Anne hat ein Magengeschwür, das entfernt werden muss. Was jetzt genau passiert, werden die Ärzte mit ihr besprechen.

4. März
Tanja telefoniert mit ihrer Mutter. Annes Stimme ist weiterhin sehr leise. Sie habe ihr Abendessen zurückgehen lassen, sagt sie vorwurfsvoll. Sie wäre ganz unzufrieden mit der Behandlung im Krankenhaus. Durch die Magenspiegelung wurde ein Magengeschwür klar diagnostiziert. Das Geschwür konnte »geöffnet« und dann »geklammert« werden, so haben es die Ärzte Anne erklärt. Die im Krankenhaus angestellte Sozialarbeiterin besucht Anne und teilt ihr mit, dass sie am 10. März aus dem Krankenhaus entlassen würde. Anne sagt, sie werde sich weigern, in ihre Wohnung zurückzugehen. Tanja spricht mit der Sozialarbeiterin über die Möglichkeit einer Kurzzeitpflege.

5. März
Georg besucht seine Mutter im Krankenhaus. Es geht ihr einfach schlecht. Sie liegt apathisch im Bett. Sie mag nicht essen und schon gar nicht aufstehen. In den Armen und Beinen hat sie keine Kraft. Aber sie hat auch nicht den Wunsch, es auszuprobieren. Ein trauriger Besuch.

7. März
Nachdem Georg am Samstag über Annes Gesundheitszustand erschrocken war, gab es heute eine Überraschung. Anne findet jetzt die Idee, mit Unterstützung des Pflegedienstes in ihre Wohnung zurückzugehen, annehmbar. Sie wirkt auch viel munterer am Telefon. Morgens rief Tanja daher die Sozialarbeiterin an. Die-

se erklärte, dass Anne bereits die Pflegestufe 1 habe und eine Kurzzeitpflege von 28 Tagen in Anspruch nehmen könne. Eine Erleichterung. Tanja wird sich jetzt im St. Josef-Altenheim nach einem Platz für die Kurzzeitpflege erkundigen und heute Nachmittag mit ihrer Mutter in Bielefeld darüber sprechen.

8. März

Annes jüngste Tochter Marie reist an. Sie besucht die Mutter im Krankenhaus in Bielefeld und bleibt für ein paar Tage in Annes Wohnung. Sie ist ganz erschüttert, wie alt und schwach ihre Mutter aussieht. Anne war heute auch nicht ansprechbar, weil sie morgens erneut eine Magenspiegelung hatte. Marie meint, dass im Krankenhaus niemand weiß, welchen Medikamentenmissbrauch Anne betrieben hätte. Sie würde dort wegen ihrer Kopfschmerzen behandelt und über ihre Angstzustände spräche niemand.

13. März

Seit Donnerstag, den 10. März, ist Anne zur Kurzzeitpflege im Altenheim. Es geht ihr deutlich besser. Sie isst wieder und schläft gut. Die Erfahrung ist wichtig, dass im Altenheim nicht, wie im Krankenhaus, jederzeit eine Schwester zur Verfügung steht. Das hatte sie sich eigentlich so vorgestellt. Anne hat jetzt ein Handy. So kann sie ihre Kinder jederzeit anrufen. Sie erzählt am Telefon stolz, dass sie reichlich gegessen habe, am Mittag und heute Abend gab es sogar eine Suppe. Außerdem hatte sie schon richtig viel Besuch.

5. Mai

Anne ist bereits seit vier Wochen zurück in ihrer Wohnung. Sie hat ein paar notwendige Dinge verändert. So bekommt sie jetzt jeden Mittag ihr Mittagessen aus dem Altenheim geliefert, die Putzfrau soll nun zweimal in der Woche zu ihr kommen und auch Hausarbeiten, wie ihr Bett überziehen, Wäsche aufhängen und bügeln, den Müll nach unten bringen, übernehmen. Die Schwiegertochter wird einkaufen. Über die Woche hinweg schreibt Anne auf, was sie braucht. Diese Liste gibt sie freitags telefonisch durch und die Schwiegertochter bringt alles mit. Tanja begleitet ihre Mutter zu den verschiedenen Ärzten, denn Anne kann nicht mehr allein mit dem Bus fahren. Tanja geht auch zur Sparkasse, besorgt Blumen für den Balkon und kümmert sich um Vaters Grab. So geht es im Moment.

Anne kann fast nicht mehr laufen. Sie verbringt den Tag im Fernsehsessel. Morgens wäscht sie sich allein, aber das klappt nicht besonders gut. Das größte Problem ist das Anziehen der Strümpfe. Die Arme reichen nicht bis zu den Zehenspitzen. Anne streift mit Strumpf und Fuß solange über den Fußboden, bis der Strumpf an der Hacke angekommen ist. Dann zieht sie ihn hoch. Das Aufstehen aus ihrem Sessel bereitet ihr große Mühe. Es fällt ihr auch schwer, ihr Frühstücksgeschirr zu spülen. Sie kann nur eine ganz kurze Zeit auf einer Stelle stehen. Anne hört sehr schlecht. Sie versteht nur etwas, wenn man laut und deutlich mit ihr redet. Manchen Telefonanruf verpasst sie, weil sie das Klingeln nicht gehört hat. Vieles interessiert Anne nicht mehr. So fragt sie nicht mehr nach ihren Enkelkindern. Allerdings ist wichtig, was sie in ihrem Haus von ihren Mitbewohnerinnen hört. Trotz allem: Anne hat sich erholt. Sie ist froh, in ihrer Wohnung zu sein, sich ein bisschen Selbstständigkeit erhalten zu haben. Ins Altenheim, mit den Erfahrungen der Kurzzeitpflege, um sieben Uhr abends Hilfe beim Ausziehen zu bekommen und von da ab im Nachthemd auf das Schlafengehen zu warten, und Pflegerinnen zu erleben, die keine Zeit haben, das will Anne nicht, solange sie irgendwie allein leben kann.

Aber nach nur wenigen Wochen wiederholt sich der beschriebene Ablauf.

Alte Menschen und Trauma

Viele, der heute (sehr) alten Menschen leiden unter traumatischen Erlebnissen ihrer Kindheit und Jugend. Der Zweite Weltkrieg hat Auswirkungen auf ihr gesamtes Leben. Sie haben die Bombenangriffe in den Städten miterlebt, viele Nächte im Bunker verbracht, ihren Vater, Bruder oder Onkel an der Front verloren. Sie kannten die Angst vor den Bombenflugzeugen, sie erlebten die Mutter, die um einen nahen Verwandten trauerte oder über die zerstörte Wohnung weinte. Manche Kinder mussten mit ihren Müttern aus Schlesien, Westpreußen, Pommern und Ostpreußen fliehen. Sie hatten Hunger, sie froren, fühlten die Angst und Verzweiflung ihrer Mütter. Sie sahen tote Menschen am Straßenrand, erfrorene Kinder. Und sie erlebten die Rache der russischen Soldaten. Die Jungen der Geburtsjahrgänge 1928 und 1929 wurden noch in den letzten Kriegsmonaten Soldaten. Die Schrecken, die diese, heute alten Männer, als letztes Aufgebot erlebten, ließen sie oft nach dem Krieg verstummen. Kriegserlebnisse wurden nicht bearbeitet, sondern verdrängt. Man wollte nach vorn sehen, sich ein neues Heim schaffen, wieder jemand sein. Es wurde gespart, geheiratet, Kinder wurden geboren. Man konnte sich wieder etwas leisten, ein Auto, ein Eigenheim, eine Urlaubsreise.

Heute haben die alten Menschen Zeit zum Nachdenken. Viele schreckliche, traumatische Erlebnisse wurden nach dem Krieg tief vergraben und kommen jetzt noch einmal mit voller Wucht zum Vorschein. So erleben die Menschen eine

Trauma-Reaktivierung. »Ein Trauma ist ein Erlebnis, das unser Leben erschüttert und uns in Schrecken versetzt. Es geht immer einher mit einer überwältigenden Angst und dem Gefühl von Hilflosigkeit«, sagt Cordula Gestrich, Traumatherapeutin. Ein Trauma wirke sich auf alle Körperfunktionen aus: auf die Atmung, das Herz, den Puls, den Magen-und-Darm-Trakt und die Muskulatur. Um eine solche extreme Stresssituation zu überleben, könne der Körper in der akuten Situation auf verschiedene Strategien zurückgreifen. Da wirke dann das Prinzip »Kämpfen, Flüchten, Erstarren«. Doch selbst wenn der Betroffene das Erlebte verdrängt, bleibt die traumatische Erfahrung im Gehirn gespeichert. Viele Betroffene leiden unter Schlafstörungen, Panikattacken und Alpträumen, sie sind extrem schreckhaft und leicht erregbar. In wiederkehrenden Rückblenden durchleben sie das traumatische Ereignis wieder und wieder.

*

Der Zweite Weltkrieg liegt über 70 Jahre zurück. Die Kinder von damals sind alt geworden. Sie leiden unter altersbedingten Krankheiten, sie können schlecht laufen, sehen nicht mehr so gut, schlafen schlecht, sie haben Schmerzen. Dazu kommt, dass sich viele alte Menschen einsam fühlen. Oft haben sie bereits Verwandte oder Freunde durch den Tod verloren, die Kinder wohnen weit entfernt und haben ihr eigenes Leben. Besuche sind selten, oft bleibt es beim wöchentlichen Telefonat. Alles das macht viele alte Menschen unglücklich und unzufrieden. Sie haben das Gefühl, vom Leben betrogen zu sein. Der Krieg und die ersten Jahre danach haben ihnen ihre Jugend genommen. Sie mussten schwer arbeiten und das Geld war knapp. Jetzt sind sie alt, krank, gebrechlich und einsam. Die Ärzte, bei denen sie Verständnis und Hilfe suchen, haben wenig Zeit, wissen kein Mittel gegen die anhaltenden Schmerzen. »Bedenken Sie Ihr Alter, Frau Z. …«, ist oft die etwas lapidare Aussage.

Imagination

In ihrem Buch *Imagination als heilsame Kraft im Alter* (2013) setzen sich Luise Reddemann, Lena-Sophie Kindermann und Verena Leve mit der Frage auseinander, »wie alte Menschen trotz zum Teil zunehmender Herausforderungen und Belastungen Zufriedenheit und Wohlbefinden für sich erlangen können« (Reddemann et al., 2013, S. 12). Als Voraussetzung ihrer Arbeit mit alten Menschen, die die Autorinnen »imaginative Übungen und begleitende Gespräche mit Elementen aus Verfahren der Biografiearbeit« bezeichnen, wird an erster Stelle darauf hingewiesen, dass, soll die Arbeit mit alten, zum Teil pflegebedürftigen Menschen gelingen, »die Zeit ein wesentlicher Faktor ist, um sich respektvoll zu nähern und ein Leben in Würde zu ermöglichen« (ebd., S. 13). Ebenso sei es wichtig, »sich geduldig auf die Beziehung zum alten Menschen einzulassen. Auch Vertrauen braucht Zeit.« Darüber hinaus führen sie den »Respekt vor der Autonomie des Gegenübers und achtungsvolle Wertschätzung« (ebd.) als heilende Aspekte an.

Die Imaginationsarbeit mit alten Menschen stellen Reddemann und Kolleginnen als Arbeit mit positiven Bildern vor. Sie wollen alten Menschen, »welche häufig unter altersbedingten Veränderungen, täglichen Sorgen und Ängsten, ihrer zunehmenden Pflegebedürftigkeit, den Schmerzen, Verlusterfahrungen und möglicherweise nicht verarbeitete Kriegserfahrungen und andere traumatische Erfahrungen leiden«, dabei helfen, »Gegenbilder zu ihren Schreckensbildern [zu] schaffen« (ebd., S. 18).

Sie beschreiben in ihrem Buch vier Imaginationsübungen, die hierbei eine Hilfe sein könnten:

1. *Innerer sicherer Ort:* Hier soll sich der alte Mensch einen Ort vorstellen, an dem er sich mit allen Sinnen wohlfühlt. Der Vorstellung sind dabei keine Grenzen gesetzt. Der Ort kann real sein, aber auch ausgedacht, in jedem Fall sollte es dort Unterstützer geben, die helfen können. Durch eine kleine Geste, die sich der alte Mensch merkt, kann er zu jeder Zeit an den sicheren Ort zurückkehren.
2. *Gepäck ablegen:* Bei dieser Übung kann sich der alte Mensch vorstellen, mit viel schwerem Gepäck auf eine Wanderschaft zu gehen. An einem schönen, hellen Platz kann das Gepäck für eine Weile abgelegt werden, man macht im warmen Licht eine Pause. Wenn die Ruhezeit zu Ende ist, entscheidet der alte Mensch, ob er das ganze Gepäck mitnehmen möchte oder ob er etwas davon zurücklassen kann.
3. *Tresorübung:* Alle Probleme und Sorgen können in einen größeren oder kleinen Tresor, verpackt in einem Briefumschlag oder aufgenommen auf eine CD, hinterlegt und weggeschlossen und bei Bedarf hervorgeholt werden.
4. *Achtsamkeitsübung:* Hier wird die ganze Achtsamkeit auf die Reaktionen des Körpers gelegt. Es wird eine Reise durch den Körper angeboten. Jedem einzelnen Körperteil wird Aufmerksamkeit geschenkt, jeder Reaktion, wie dem Atmen, dem Herzschlag und dem Heben und Senken der Bauchdecke. Durch die Konzentration auf bestimmte Körperfunktionen kann der alte Mensch Entspannung finden.

Annes Geschichte

Anne verlor ihre Mutter, als sie acht Jahre alt war. Die Mutter starb bei der Geburt des zweiten Kindes, eines Bruders. Mit dem Tod der Mutter änderte sich Annes Leben von Grund auf. Der Vater heiratete bereits drei Monate nach dem Tod seiner Frau wieder und Anne bekam eine »böse Stiefmutter«, wie sie diese aus Märchen kannte. Anne hatte keine »schützende Beziehung« mehr. Das Haus der geliebten Großmutter mütterlicherseits musste sie verlassen. Die Familie zog in eine andere Stadt. Über die verstorbene Mutter durfte nicht gesprochen werden. Manchmal fuhr der Vater heimlich mit Anne zum Grab der toten Mutter und beide machten einen Besuch bei der so sehr vermissten Großmutter. Der Bruder erfuhr erst viel später – da war er schon 15 Jahre alt –, dass seine leibliche Mutter nicht mehr lebte.

Ostern 1944 begann Anne eine Lehre als Rechtanwaltsgehilfin, nachdem sie ihr Pflichtjahr als Kindermädchen auf einem Gutshof in Ostwestfalen beendet hatte. In diesem ersten Lehrjahr waren Anne und ihre Kolleginnen stets bereit, bei Fliegeralarm ihre schweren Schreibmaschinen in den Luftschutzkeller zu tragen. Morgens kamen die jungen Frauen oft völlig übermüdet zur Arbeit, weil sie die Nächte in überfüllten Bunkern verbracht hatten.

Als Anne und ihre Stiefmutter nach einem schweren Bombenangriff, der die Stadt heimgesucht hatte, in ihre Straße einbogen, sahen sie, dass ihr Wohnhaus zerstört war. Nur Küchenschrank und Herd standen oben, im dritten Stock, an der Wand. Die fordere Front des Hauses war dem Erdboden gleich. Daraufhin machten Anne und ihre Stiefmutter sich auf den Weg zu den Verwandten ins Sauerland. Mehr als drei Tage waren sie unterwegs. Kaum noch ein Zug fuhr. Sie liefen große Strecken zu Fuß, hungrig, übermüdet und schmutzig, durch Wälder und über zerschossene Straßen bis zum nächsten Bahnhof. Kurz vor ihrem Ziel kamen sie an einem großen Bauernhof vorbei, über dem Scheunentor hing der Bauer. Er trug ein Schild um den Hals, auf dem »Menschenschinder« aufgemalt war. Als Anne und ihre Stiefmutter endlich das Haus der Tante erreicht hatten, weinte diese vor Erleichterung und Freude. Sie ließ Badewasser ein und wärmte eine Suppe auf. Danach schliefen Anne und ihre Stiefmutter 20 Stunden lang.

Die Jahre von 1945 bis 1948 waren von einem großen Mangel gekennzeichnet. Die Städte im Ruhrgebiet waren zerbombt, es gab wenig zu essen. Flüchtlinge aus dem Osten strömten in das Industriegebiet. Es fehlte an Heizmaterial, Elektrizität, funktionierenden Toiletten. Das Haus, in dem Anne bis 1944 mit ihren Eltern und dem Bruder gelebt hatte, war durch den Bombenangriff unbewohnbar geworden.

Diese Erlebnisse und Erfahrungen, die Anne tief vergraben hatte, sind jetzt in der Gegenwart lebendig. Alte Ängste sind wieder da und lassen sich von Anne nicht einordnen. Könnte ihr eine Imaginationsübung helfen, mit ihren Schmerzen besser umzugehen? Vielleicht wäre eine »gute Zeit« in ihrem Leben ein sicherer Ort. Sich dorthin zurückzubegeben wäre vielleicht eine Möglichkeit, ihre Schmerzen und Beeinträchtigungen besser ertragen zu können. Keiner ihrer Ärzte brachte Annes Medikamentenabhängigkeit, ihre Schmerzen und ihre Ängste mit ihrer Geschichte in Verbindung.

Positive Erinnerungen

Im Sommer 1945 war Anne mit ihrer Familie zurück in ihrer Heimatstadt. Die Schwester des Vaters räumte ihr Schlafzimmer für die Familie und Anne bekam ein winziges Mansardenzimmer. In dem zweiten Zimmerchen auf dem Dachboden schlief die zwei Jahre ältere Cousine Käthe.

Anne setzte ihre Ausbildung beim Rechtsanwalt fort. Sie mochte ihre Arbeit sehr und freundete sich auch mit den Kolleginnen an. In der Mittagspause saßen die jungen Frauen zusammen und unterhielten sich über Hamsterkäufe, erste Tanzabende im Haus der Kirchengemeinde und über den gutaussehenden Referendar. Man versuchte aber auch, selbst gut auszusehen. Die Tante nähte Anne ein Sommerkleid aus einem Bettbezug, die Stiefmutter verzierte den alten Pullover mit einem Spitzenkragen aus einem Schrankdeckchen. Anne und Käthe saßen abends zusammen und strickten Jacken und Pullover aus alten, aufgezogenen Kleidungsstücken. Am schönsten waren die Abende der Chorproben des Kirchenchores St. Laurentius, die Anne und Käthe zusammen besuchten. Dort traf man Schulfreundinnen und es gab oft lange Gespräche, sodass die Stiefmutter ausgesprochen böse war, wenn die jungen Frauen sehr spät nach Hause kamen.

Ihren späteren Mann lernte Anne über Käthe kennen. Die nahm sie an einem Sonntag mit zu einem Verwandtenbesuch ins Münsterland. Hier traf Anne Hans das erste Mal und beide verliebten sich ineinander. Viele Briefe, von Anne oft in der Mittagspause auf der Schreibmaschine geschrieben, gingen hin und her. Ihre schönsten Jahre begannen. Die Zeit bis zur Eheschließung 1950 war geprägt von einem Arbeitsplatz, der Anne sehr gefiel, Käthe und Freundinnen und einen Liebsten, auf dessen Briefe sie sehnlichst wartete. Von ihm konnte sie träumen. Vielleicht bestand diese Liebe überhaupt aus Träumen: verliebte Spaziergänge im Park, oft tägliche Briefe und ein gegenseitiger Besuch einmal im Monat. Später, mit der Heirat, dem Umzug in die fremde Stadt und dem endgültigen Abschied von den Freundinnen, war die schönste Zeit vorbei.

Für die Therapie mit traumatisierten Patienten empfiehlt Luise Reddemann imaginäre Übungen. Sie geht davon aus, dass viele alte Menschen unter nicht verarbeiteten traumatischen Erlebnissen leiden. Erläuternd fügt sie hinzu:

> »Sie sind zudem mit altersbedingten körperlichen und psychischen Veränderungen und Belastungen konfrontiert. Ebenso benötigen sie ggf. Hilfe dabei, mit multiplen Verlusten umgehen zu lernen. Ausgehend von dieser Problematik eignen sich nach unserer Auffassung solche imaginären Übungen besonders gut, die trotz der vielfältigen Veränderungen einen Zugang zu konstanten inneren Ressourcen ermöglichen und darüber hinaus die Identität stärken« (Reddemann et al., 2013, S. 51).

Anne leidet seit vielen Jahren unter Schmerzen. Sie nimmt Medikamente ein, die die Ärzte verschrieben haben, aber auch Tabletten, die in der Apotheke freiverkäuflich sind. Sie bekommt Spritzen gegen ihre Kopfschmerzen, Massagen und Fangopackungen. Nichts hat ihr bisher helfen können. Zu den Schmerzen gesellen sich Angstzustände, die sich zu Panikattacken steigern. Vielleicht wäre es möglich, Annes Zustand mit Hilfe von Imaginationsübungen zu verbessern. In Annes Leben gibt es Zeiten, in denen sie sich wohl gefühlt hat, vielleicht sogar glücklich war. Gerne erzählt sie von ihrer Zeit als Rechtsanwaltsgehilfin, der Zeit, in der sie fast täglich einen Brief an ihren Freund schrieb. Dann strahlen ihre Augen und sie spricht nicht über Kopfschmerzen. Gut ging es ihr auch, wenn sie ihre Schulferien bei Verwandten auf dem Bauernhof verbringen konnte und mit der Betreuung zweier kleiner Mädchen während ihres Pflichtjahres beauftragt war. Diese Zeiten könnten mit den »Sicheren-Ort-Übungen« festgehalten werden und es gäbe so die Möglichkeit immer wieder dorthin zurückzukehren. Leider hilft Anne niemand dabei, mit ihren Beschwerden anders umzugehen als mit der Einnahme von Medikamenten.

Täuschung und Ent-täuschung

Nicht nur die Opfer der Zeit des Nationalsozialismus haben schmerzhafte Verarbeitungsprozesse zu bewältigen, die oft während eines ganzen Lebens nicht abgeschlossen sind. Auch die Täter, die ihr Unrecht einsehen, werden manchmal ihres Lebens nicht mehr froh. Sie standen nur als Täter im Zentrum der Nachkriegsaufmerksamkeit, das heißt nur mit ihrer Schuld, nicht mit einer eventuell vorhandenen Reue, mit ihren Schuldgefühlen und den daraus resultierenden Leiden. Auch dieses Thema ist ein Thema für ein ganzes Buch. Im folgenden Absatz zeigen wir an zwei Beispielen, wie es ist, »unschuldig schuldig« geworden zu sein – als Mitläufer oder unreflektiert zustimmender Mensch.

Lara Fritsche führte für das *Süddeutsche Zeitung Magazin* vom 14. Oktober 2016 ein Gespräch mit Hilde Schramm, der Tochter des Kriegsverbrechers Alfred Speer. Frau Schramm wurde 1936 geboren. Sie war neun Jahre alt als der Zweite Weltkrieg vorbei war. Ihre ersten Lebensjahre verbrachte sie im Zentrum der Macht. Alfred Speers Familie lebte auf dem Obersalzberg, in der Nähe von Hitlers Berghof. Es war ein gutes, sorgenfreies Leben für Hilde Schramm und ihre Geschwister. Nach dem Krieg brach alles zusammen. Hilde Schramm erfuhr von den Verbrechen ihres Vaters. Trotzdem setzte sie sich später für seine Freilassung ein. »Es ist ein ambivalentes Verhältnis zu meinem Vater und es kann auch kein anderes sein«, sagt sie: »Ich muss gucken, dass ich nicht eine Tendenz habe, ihn zu entschuldigen. Das muss man bei sich selbst beobachten, gleichzeitig will ich meine Gefühle ihm gegenüber nicht abtöten.« Hilde Schramm entschied sich für ein politisches Leben, indem sie sich für Opfer des Holocaust und für Kriegsopfer einsetzte, für die Grünen im Berliner Abgeordnetenhaus saß und die Initiative »Respekt vor Griechenland« gründete. Diese Arbeit half ihr, die Vergangenheit zu bewältigen. Sie wählte den Weg der politischen Auseinandersetzung. Heute sagt sie: »Ich kann froh sein, dass die NS-Zeit rechtzeitig zu Ende war, denn ich hätte vermutlich funktioniert. Ich wäre zum BDM gekommen, wäre alsbald BDM-Führerin geworden, und da wäre höchstwahrscheinlich niemand gewesen, der mir die Augen geöffnet und mir geholfen hätte, Distanz zu entwickeln. Das ist ein tiefer Schrecken in mir, das nimmt mir jeden Hochmut.«

Gerda

Gerda ist Jahrgang 1927, in Kiel geboren und in der schleswig-holsteinischen Stadt Preetz aufgewachsen. Der Vater war Polizist, die Mutter Hausfrau. Zehn Jahre lang blieb Gerda mit ihren Eltern allein, dann wurde ihre Schwester geboren. Rückblickend urteilt sie: »Wir waren zwei Einzelkinder.« 1933 kam sie in die Schule, die von Anfang an nationalsozialistisch geprägt war. Gerda ging gerne in die Schule und sie mochte ihre Lehrerin, die morgens, vor dem Unterricht, mit den Kindern betete. Bald aber verschwand diese Lehrerin. Sie wurde durch eine Kollegin ersetzt. Nun riefen die Kinder zur Begrüßung »Heil Hitler« und streckten den rechten Arm in die Höhe. Gerdas Klasse war eine »Versuchsklasse«. Hier wurde »ganzheitlich« gearbeitet. So besprach man in der ersten Klasse die kleinste gesellschaftliche Einheit, die Familie. Die Kinder bauten, meist mit der Hilfe ihrer Väter, Häuser für Vater, Mutter, Kinder und vielleicht auch Großeltern, die damals oft mit ihren verheirateten Kindern zusammenlebten. In der zweiten Klasse kamen die Häuser der Nachbarschaft dazu. In der nächsten Klasse bauten die Kinder ein ganzes Dorf auf, mit Rathaus, Kirche, Geschäften und Werkstätten. Gerda erinnert sich, dass die Lehrerin sie mit einer Freundin zum Rathaus schickte, um dort zu fragen, wie viele Einwohner Preetz habe. »6.000«, antworteten die Mädchen stolz, als sie zur Schule zurückkamen. Die Lehrer der Grundschule waren nach 1938, wie fast alle Beamte, in der NSDAP. Einer ihrer Lehrer kam sogar mit SA-Uniform zum Unterricht. Nach der vierten Klasse wechselte Gerda zur Volksschule. Hier wurde die nationalsozialistische Weltanschauung besonders deutlich. Gerda verehrte den »geliebten Führer«, von dem sie täglich im Unterricht hörte. An der Richtigkeit der politischen Vorträge zweifelte sie keinen Moment.

In der Jugendorganisation der NSDAP, der »Hitlerjugend« (HJ), waren die Mädchen von 10 bis 18 Jahren im »Bund Deutscher Mädel« (BDM) organisiert. Die 10- bis 14-Jährigen waren die »Jungmädel«. Ab 1936 war die Mitgliedschaft für alle Mädchen verpflichtend. Gerda wurde 1937 ein Jungmädel und fühlte sich in der Organisation sehr wohl. Jetzt gab es Heimabende, bei denen Volkslieder gesungen (das liebte Gerda besonders) und Spiele gemacht wurden, Wanderungen mit Lagerfeuer wurden veranstaltet, Wochenendfahrten fanden statt. Gerda war begeistert. In ihrer kleinen Stadt gab es wenig Abwechslung, jetzt war endlich etwas los. Gerda las mit viel Interesse Lesehefte über die edlen Helden des Ersten Weltkriegs, wie zum Beispiel über Manfred von Richthofen. Diese Hefte wurden bei den Jungmädel-Veranstaltungen verteilt. In Preetz gab es eine kleine Bibliothek. Das Angebot an Büchern war überschaubar. Im Bestand gab es viele sogenannte »Blut- und Boden-Bücher«, die davon handelten, dass Raum für das deutsche Volk geschaffen werden müsse. Dazu gehörten auch Bücher, die über das Leben in den ehemaligen deutschen Kolonien berichteten. Diese Bücher fand Gerda so interessant, dass sie sich nach einer Ausbildung an der kolonialen Frauenschule in Rendsburg erkundigte.

Gerda hörte vom Beginn des Zweiten Weltkrieges im Radio und für sie war klar, dass die Polen den Krieg begonnen hatten. Der Satz: »Ab 5.45 wird zurückgeschossen«, hat sich tief in ihr Bewusstsein eingeprägt. Diese Überzeugung verstärkte sich nach dem »Blutsonntag von Bromberg«. Am 3. September 1939 ermordeten Polen angeblich mehrere hundert Volksdeutsche in der westpreußischen Stadt Bromberg.

Die Kleinstadt Preetz blieb vom Krieg weitgehend verschont. Man sah die Bombenangriffe auf Kiel von Weitem und manchmal auch, dass Bomben abgeworfen wurden, nur weil die Flieger sie nicht mehr mit zurücknehmen konnten. Dann traf es auch Preetz. Nach dem ersten Bombenangriff auf Kiel, im April 1940, sah Gerda ein zerstörtes Haus, bei dem nur noch die rückwärtige Wand stehen geblieben war. An der Wand hing ein gerahmtes Hitlerportrait. Das was für Gerda ein Zeichen, dass die Vorsehung den Führer immer vor Schicksalsschlägen bewahren würde.

Nach dem Ende der Schulzeit begann Gerda mit dem Pflichtjahr auf einem Bauernhof. Eigentlich sollte die 14-Jährige für die Betreuung zweier Kinder eingesetzt werden, aber weil die Bäuerin oft nicht da war, erledigte Gerda alle Hausarbeit, die anfiel, oft bis zur Erschöpfung. Sie versuchte, die große Bauernküche so sauber zu halten, wie sie es bei ihrer Mutter gesehen hatte. Als Gerda nach vier Wochen erkrankte und das erste Mal nach Hause fahren durfte, entschieden ihre Eltern, dass sie nicht mehr an ihren Arbeitsplatz zurückkehren solle. Der Vater holte am nächsten Tag ihre Sachen ab und damit war die Zeit auf dem Bauernhof beendet.

Gerda gelang es, einen Platz an der zweijährigen Handelsschule zu bekommen, obwohl das Schuljahr schon angefangen hatte. Auch diese Schule mochte Gerda sehr und sie erhielt nach Ablauf der Schulzeit ein besonders gutes Zeugnis. Zur Belohnung durfte sie einige Ferientage bei Verwandten in Hamburg verbringen. Stolz zeigte sie Onkel und Tante das gute Zeugnis. Sie spazierte durch die Stadtteile der Hansestadt, durch die Straßen mit den alten Fachwerkhäusern, die kurze Zeit später in Schutt und Asche gelegt wurden. Zurück in Schleswig-Holstein bekam Gerda einen Ausbildungsplatz an der Lehrerinnenbildungsanstalt Ahrensbök. Sie war jetzt eine ganz besonders überzeugte Nationalsozialistin. In der Tatsache, dass fast jede Familie, die sie kannte, den Sohn, Vater und Ehemann im Krieg verloren hatte, sah sie keineswegs die Schuld der Hitlerregierung. Dafür waren die Feinde Deutschlands, insbesondere die Russen, verantwortlich.

Ab Weihnachten 1944 wurde die Lehrerinnenbildungsanstalt Ahrensbök zu einem Lazarett umfunktioniert. In späteren Jahren hatte es den Anschein, als hätte es diese Schule nie gegeben. Beim Kultusministerium in Kiel versuchte Gerda nach dem Krieg eine Bescheinigung über ihren Schulbesuch zu erhalten. Dort wurde ihr mitgeteilt, es gäbe keine Unterlagen zu einer Lehrerinnenbildungsanstalt in Ahrensbök.

Im Winter 1944/45 kamen die ersten Flüchtlinge aus Ostpreußen nach Schleswig-Holstein. Gerda sah Frauen und Kinder mit zerrissener Kleidung und abgemagert auf kleinen Wagen, die von dürren Pferden gezogen wurden. Aber auch dieses Elend hatten nach ihrem Verständnis die Russen verschuldet. Viele Jahre hatte Gerda gelernt, dass die Juden Schädlinge für das deutsche Volk wären. Dass Schädlinge ausgerottet werden müssten, war für Gerda klar. Wie so eine Ausrottung passieren könnte, darüber machte sie sich wenig Gedanken. Erst später, nach dem Krieg, erinnerte sie sich daran, dass ein Onkel von Schrumpfköpfen und Lampenschirmen aus tätowierter Menschenhaut erzählte. Abends war die Mutter an ihr Bett gekommen und hatte gesagt: »Du weißt doch, der Onkel erzählt gerne Geschichten. Er war schließlich lange Seemann. Man kann nicht glauben, was er sagt.«

Später erinnerte sich Gerda an folgende Szene: Sie hatte in einen Kinderwagen gesehen, den eine etwas elend aussehende junge Frau schob und das Baby angelächelt. Als Gerda den Kopf hob, sah sie, dass die Frau einen Judenstern am Mantel trug. Angewidert ging sie weiter. Für dieses Gefühl schämte sie sich noch nach vielen Jahren.

In den ersten Wochen nach dem Krieg hasste Gerda die englischen Soldaten, die sie auf der Straße traf. Das waren Feinde und Besatzer. Gerda trug weiterhin ihre Jacke, auf der das Hakenkreuzabzeichen aufgenäht war. Die jungen Mädchen, die sich gleich mit den Engländern einließen, verachtete sie. Erst nach und nach wurden die Gräueltaten der Nationalsozialisten bekannt, auch für Gerda. Erschüttert las sie vom Prozess gegen KZ-Wärter des Konzentrationslager Bergen-Belsen und später über die Nürnberger Prozesse. Sie musste aufgeben, woran sie seit Beginn ihrer Schulzeit fest geglaubt hatte – ein schmerzhafter Prozess. Gerda wurde ein politisch und gesellschaftlich engagierter Mensch. Viele Jahre arbeitete sie als Sozialarbeitern in der Familienhilfe, später in der Jugendgerichtshilfe. Sie setzte sich gegen Krieg und Rassismus ein und gehörte schon früh der Friedensbewegung an. Bei der Hilfsorganisation Terre des Hommes machte sie sich für benachteiligte Kinder stark. Vor 30 Jahren – da war Gerda fast 60 Jahre alt –, begann sie ihre Arbeit für und mit Flüchtlingen, der sie auch heute noch nachgeht. Als Anerkennung für diese Arbeit wurde sie zum Neujahrsempfang des Bundespräsidenten nach Berlin eingeladen. Viele bosnische Kriegsflüchtlinge, die Gerda betreute, besuchte sie bis vor wenigen Jahren immer wieder in deren Heimat. Ihr Leben lang setzte sich Gerda mit der Schreckensherrschaft der Nationalsozialisten auseinander. »Nie wieder Krieg« wurde ihr Lebensmotto. Bald wird Gerda 90 Jahre alt. Zum Geburtstag wünscht sie sich von Freunden und Verwandten Geld für ihre »Schwarze Kasse«. Das möchte sie alten und einsamen bosnischen Menschen schenken.

Religiosität und Spiritualität

Als wir vor einigen Jahren durch Rumänien reisten, fuhren wir durch das Karpatenvorland auf die kleine Stadt Medias zu, die von Steilhängen und Weinbergen umgeben ist. Uns interessierte die Margaretenkirche mitten in der Stadt, deren Anfänge bereits im 13. Jahrhundert nachgewiesen sind. Uns länger hier aufzuhalten hatten wir nicht geplant. Wir parkten unser Auto an der Mauer, die den gesamten Kirchenkomplex umgibt und gingen durch das Tor in den Innenhof.

Die Margaretenkirche wurde als Wehrkirche gebaut, ausgestattet mit Wehrgängen, Türmen und Vorratsmöglichkeiten. Hier fand die Stadtbevölkerung Schutz vor feindlichen Überfällen. Wir sahen uns die beeindruckende Kirche an, die zum Teil eine spätgotische Hallenkirche und zum anderen eine Basilika ist. An der Nordwand des Seitenschiffs betrachteten wir Wandmalereien, die wohl aus dem 14. Jahrhundert stammen. Innerhalb der Kirchenmauern befinden sich auch eine Schule und das Pastorat mit kleineren Nebengebäuden. Ich weiß nicht mehr, wie wir auf die Idee kamen, im Kirchenbüro nachzufragen, ob es hier auch Übernachtungsmöglichkeiten gäbe. Es gab sie tatsächlich. Die Gemeindesekretärin zeigte uns eine Wohnung, oben im Wehrgang, die aus zwei winzigen Zimmern bestand. Stühle und einen Tisch stellten wir vor die Tür. Von hier aus konnten wir einen großen Teil des Kirchenkomplexes überblicken. Uns gegenüber lag der Pfarrgarten, in dem Sonnenblumen und Rosen blühten, die ersten Äpfel und die Brombeeren reif waren. Abends, als die Sonne hinter dem Kirchturm unterging, aßen wir Auberginen, Hackfleisch und Reis und tranken rumänischen Weißwein. Halbwilde Katzen warteten scheu auf der Treppe auf unsere Essensreste.

Später erhellte der Mond den 800 Jahre alten Kirchenbau mit dem Glockenturm. Das war der Moment, in dem ich mich im Einklang mit der Geschichte dieses Ortes und des Gotteshauses fühlte. Ich spürte eine Dimension, die an

Ewigkeit erinnert und mich demütig einen größeren Zusammenhang fühlen ließ. Ein Gefühl von innerer Ruhe stellte sich ein. Ein Gefühl, das viele Menschen in ihrem Alltag vermissen und das sie sich wünschen: »zu uns selbst kommen«, gelassen bleiben, einen tiefen Kontakt zu uns selbst finden. Wer bin ich eigentlich? Welchen Sinn macht mein Leben? Wir möchten im Leben etwas finden, dass uns in der Tiefe erfasst, uns beruhigt, ein Gefühl von Sicherheit und Sinn gibt. Ein Wunsch nach den Tiefen unserer Seele, ein Wunsch nach Spiritualität. Jede Kultur, jede Religion hat Vorstellungen, Riten und Feste, die den Inhalt haben, einen Kontakt herzustellen mit irgendetwas jenseits des Alltags. Spiritualität ist der Ausdruck für unsere Verbindung mit dem Geistigen, Unsichtbaren. Im religiösen Sinn sprechen wir dann vom Jenseitigen, von Gott, der Transzendenz oder vom Himmel. Dabei ist es nicht wichtig, woran wir glauben oder ob wir einer Religionsgemeinschaft angehören. Die Sehnsucht nach etwas Allumfassenden ist universell und ein Bestandteil der menschlichen Existenz.

Ich war viele Jahre lang katholisch. Als Kind liebte ich es, in die Kirche zu gehen. Ich mochte den Geruch von Weihrauch im Hochamt, ich war ergriffen von der lateinischen Liturgie der Heiligen Messen. Ein großes Ereignis war die Fronleichnamsprozession, für die ich mit meiner Großmutter und meiner Schwester auf der Straße Blütenteppiche vorbereitete und einen Altar vor unserer Haustür aufstellte. Ich freute mich auf die Adventzeit, in der ich besonders gern die Lieder »Oh Heiland reiß die Himmel auf« und »Es ist ein Ros' entsprungen« sang. Ich mochte die Maiandachten in der Kirche und den Maialtar in unserem Wohnzimmer, für den meine Schwester Rita und ich täglich neue Blumen pflückten. Abends, im Bett sprachen Rita und ich oft über unseren Großonkel, Pater Bruno, der als Missionar in Neuguinea arbeitete. Wir stellten uns vor, er würde uns einen Brief schreiben und uns bitten, ihm bei seiner schweren Arbeit zu helfen.

Am 2. November, am Allerseelentag, wurde den ganzen Tag für die verstorbenen Verwandten in der Kirche gebetet. An diesem Tag lernte ich sie kennen, die Eltern meiner Großmutter, ihre Geschwister, die Opfer zweier Weltkriege aus der Familie. Auf dem Weg zur Kirche erzählte meine Großmutter von ihnen und ich fand es beruhigend, dass sie nun alle bei Gott im Himmel waren. Abends vorher hatten wir viele kleine Lichter auf den mit frischem Tannengrün bedeckten Gräbern der Familie angezündet. Ich fand, der erleuchtete Friedhof sah wunderschön aus.

Mit 13 Jahren fand ich die Schwärmerei für alles Religiöse kindisch. Die nächsten Jahre ging ich sonntags nur noch in die Kirche, weil es sonst zu massiven Auseinandersetzungen mit meiner Mutter kam. Als ich von zu Hause ausgezogen war, besuchte ich keine Gottesdienste mehr. Noch ein paar Jahre später, mit meinem ersten Arbeitsvertrag, trat ich aus der Kirche aus. Ich war nicht bereit, mit meinen Steuergeldern die katholische Kirche zu unterstützen. Aber ich gehe weiterhin in Kirchen, wann immer es möglich ist. Ich mag die Stille der oft jahrhundertealten Räume. Ich fühle mich verbunden mit einer langen christlichen Tradition. Während ich schlanke, gotische Säulen, barocke Altäre und vergoldete Märtyrerdarstellungen betrachte, fühle ich Ruhe und Geborgenheit.

Ich bin verabredet mit meiner Freundin Hannelore. Vor vielen Jahren haben wir zusammen studiert, Lehrveranstaltungen zusammen besucht, ein Praktikum bei der gleichen Organisation absolviert und gemeinsam eine Abschlussarbeit geschrieben. Hannelore war damals Mitglied der Deutschen Kommunistischen Partei (DKP) und arbeitete beim Marxistischen Studentenbund Spartakus mit. Wir haben uns nie aus den Augen verloren. Heute treffen wir uns alle paar Wochen zu Kaffee und Kuchen. Hannelore hat sich einer Gruppe von Mitgliedern einer Kirchengemeinde angeschlossen, die bei ihren Treffen über spirituelle und religiöse Themen diskutieren. In der Woche vor Ostern war sie täglich eine halbe Stunde in der Kirche. Die Pastorin las aus der Bibel vor, es wurde gemeinsam geschwiegen und ein Taize-Lied gesungen. In der Mitte brannte eine Kerze. Hannelore war von diesen Treffen sehr begeistert. »Diese halbe Stunde hat mir Ruhe und Stille gebracht«, meint sie. Das Christentum, das sind unser Wurzeln, ist unsere Geschichte. Auch wenn wir vielleicht nicht mehr an Gott glauben, fühlen wir uns geborgen und sicher beim Lesen von Texten aus der Bibel und in der Stille uralter Kirchen. Da sind Hannelore und ich einer Meinung.

Werden wir mit zunehmendem Alter empfänglicher für Religion und Spiritualität? Vielleicht ist es möglich, im Älterwerden eine Chance für mehr Tiefe in unserem Leben zu sehen und den Sinn im eigenen Alter zu erkennen. Mehr Zeit für sich selbst haben, Achtsamkeit entwickeln, sich offen auf das Altern einlassen, bei sich zu sein. Dann bedeutet das Alter nicht Stillstand, sondern kann eine Auseinandersetzung mit dem eigenen Leben sein, Reife und Erfüllung bringen.

Der Rabbiner William Wolff ist 88 Jahre alt und stand bis vor Kurzem der jüdischen Gemeinde in Mecklenburg-Vorpommern vor. Wolff liebt seinen Beruf, aber er kann auch das Leben genießen. In Deutschland geboren, floh er mit seiner Familie vor der Schreckensherrschaft der Nationalsozialisten über Amsterdam nach England. Dort wurde er Journalist und berichtete viele Jahre aus dem Parlament. Erst mit über 50 Jahren entschied er sich, am Rabbinerseminar zu studieren. Als er gebeten wurde, die neue jüdische Gemeinde in Schwerin zu übernehmen, sagte er trotz aller Bedenken zu, in Deutschland zu arbeiten. Da war William Wolff 80 Jahre alt. Er begann Russisch zu lernen, denn fast alle Mitglieder seiner Gemeinde stammten aus der ehemaligen Sowjetunion. Alle drei Wochen reist Wolff nach England, um das Wochenende in seinem Haus in der Nähe von London zu verbringen. »Heimat ist für mich da, wo meine Bücher sind«, sagt er. Einmal im Jahr fährt der Rabbiner mit einer Freundin zum Pferderennen nach Ascot. Er liebt Yoga, Weihnachtslieder, seine orthodoxe Familie in Israel und Reisen. Schwimmen im Toten Meer und Wandern auf Rügen sind für ihn »wunderbar«. Einzig bedauert er im Rückblick auf sein Leben, keine Familie gegründet zu haben. Als Rabbiner sieht sich Wolff nicht als »religiöser Beamter, der Werbung für Gott macht. Das Schöne für mich als Rabbiner ist das Zeremonielle am religiösen Leben, vor allem der Gottesdienst, der mir viel Befriedigung gibt.« Weiter sagt Rabbiner Wolff:

> »Wenn ich im Urlaub bin oder am Wochenende nicht in einer Synagoge sein kann, gehe ich sonntags in die Kirche. Ich brauche einfach diese Beziehung zu Gott. Irgendetwas Seelisches nehme ich davon mit, obwohl ich viele Gebete nicht mitspreche, weil sie zum Judentum nicht passen. Es ist ja ein und derselbe Gott, zu dem wir beten« (zitiert nach Wauer, 2016, S. 76).

> »Ich habe kein Leitmotiv für mein Leben. Ich bin sehr gern auf Erden, und dieses Grundgefühl kommt tief aus meinem Inneren. Ich mache mir auch keine Gedanken darüber, was geschehen wird, wenn mein Leben zu Ende ist. Die jüdische Lehre sagt, dass die Seele weiterlebt, in einer anderen Dimension. Das Judentum nennt sie – Olam Haba –, die nächste Welt. Daran kann ich glauben, oder nicht, aber ich mache mir keine Sorgen darüber. Ich bin bereit, mich überraschen zu lassen. Wenn nichts weiter kommt, war ich eben so und so viele Jahre auf Erden und dann ist Schluss« (ebd., S. 106).

Das Leben ist endlich. Das wissen wir und trotzdem gelingt es uns kaum, uns unseren eigenen Tod vorzustellen. Können wir ihn annehmen, ihn akzeptieren, uns damit auseinandersetzen, kann das unser Leben bereichern.

M. BZ

*

Renate hat sich mit dem Tod und dem Sterben beschäftigt, als sie ihren schwerkranken Mann pflegte. Sie selbst stammt aus einer religiösen Familie. Ihr Vater war Pfarrer in Ostpreußen und fiel im Zweiten Weltkrieg. Sie wuchs in der DDR auf, machte eine Ausbildung zur Krankenschwester und wurde Diakonissin. Damit hatte sie es nicht immer leicht im Sozialismus. Mit knapp über 50 Jahren lernte sie Erich kennen und entschloss sich, ihn zu heiraten. Erich hatte erst vor Kurzem seine Frau verloren und seine Familie war zunächst von seiner Entscheidung, wieder zu heiraten, nicht begeistert. Aber mit Freundlichkeit und Warmherzigkeit gewann Renate seine Söhne und Schwiegertöchter bald für sich. Renate und Erich führten eine gute Ehe und waren beide dankbar, dass sie sich getroffen hatten. Vor drei Jahren erkrankte Erich und Renate pflegte ihn aufopfernd. Renate erzählt, dass Erich zwar der evangelischen Kirche nahestand, aber erst am Ende seines Lebens fromm wurde. Er betete, sprach mit »seinem großen Meister«, wie er sagte. »Oft kam ich in sein Zimmer, dann meinte er, er habe gerade Amen gesagt. Wenn ich gerufen werde, meinte er, sage ich, hier bin ich, ich komme gern. Dann werde ich danken, für mein Leben, für meine Familie und für meine beiden Frauen. Erich freute sich über jeden Vogel, den er hörte, über Blumen und Sonnenstrahlen. Er war mit sich im Reinen«, erzählt Renate.

Für Renate sind christliche Rituale wie »ein Geländer«. Als Erich gestorben war, ließ sie ihn aussegnen. Für sie war das die intensivste Möglichkeit, den Tod anzuerkennen. Gemeinsam mit der Pastorin ein »Vater unser« zu sprechen, den Psalm 23, »Der Herr ist mein Hirte«, zu hören, Blumen und Kerzen auf den Tisch zu stellen und ein Lied zu singen, war tröstlich für sie. Auch nach Erichs Beerdigung braucht Renate Rituale. Erichs Schlafzimmertür bleibt offen und auf seinem Nachttisch brennt eine Kerze. Es gibt eine Vase mit zwei Rosen und Erichs Ehering liegt davor. So hat Renate das Gefühl, in Kontakt mit ihrem Mann zu sein.

Renates Einstellung zur Religion hat sich im Alter nicht verändert, sie hat immer ein religiöses Leben geführt. Alles andere veränderte sich für sie: die Staatsform, die Grenzen, der Lebensstandard, der Wohnort. Nur Gott war für sie eine unveränderliche Größe. »Vielleicht«, sagt sie, »hat sich meine Art, mit dem Glauben umzugehen, verändert. In meiner Zeit im Diakonissenhaus war das religiöse Leben Routine, später eine Bekenntnisform und heute ist es ein Zufluchtsort.« Ob religiöse Menschen das Altwerden besser bewältigen, kann Renate nicht sagen. Ihre beste Freundin, eine Pfarrfrau, leidet oft unter einer tiefen Trauer und sie fragt sich: »Warum trägt mich mein Glaube nicht mehr?« Für Renate bedeuten Glaube und Religion viel und tragen zu ihrer positiven Lebenseinstellung bei.

Exkurs: Achtsamkeit und Meditation

»Das Geheimnis, wie wir mit einem Leben reich an Bewusstheit und Sensibilität beginnen können, liegt in unserer Bereitschaft, anwesend zu sein.«

Jack Kornfield

Wenn jemand fragt, was denn genau mit Achtsamkeit gemeint sei, bekommt er gewöhnlich folgende Geschichte zu hören:

Ein Meditationsschüler fragte seinen Lehrer: »Was ist der kürzeste Weg zur Erleuchtung?« Da diese Geschichte aus dem Buddhismus kommt, nennen wir den Lehrer einen Lama, denn so bezeichnet der Tibetische Buddhismus einen spirituellen Lehrer. Der Lama also antwortet: »Das ist ganz einfach. Wenn du gehst, dann gehst du, wenn du isst, dann isst du. Wenn du liest, dann liest du, wenn du Kartoffeln schälst, schälst du Kartoffeln.« Der Schüler war empört: »Aber das mache ich doch!« – »Nein«, entgegnete der Lama: »Wenn du spazieren gehst, denkst du an die Arbeit in deinem Garten, die noch zu tun ist, wenn du isst, überlegst du, was es wohl morgen zu essen geben könnte. Wenn du das Geschirr spülst, machst du dir Sorgen um das Elend der Welt.«

Diese Geschichte beschreibt gut einen unserer wesentlichen Stressfaktoren. Es geht nicht darum, dass das Kartoffelschälen so wichtig sein könnte, als dass es unserer ganzen Aufmerksamkeit bedürfte. Für einen Chirurgen ist diese Achtsamkeit sicher ein Gesetz. Im Alltag tun wir etwas und sind mit unseren Gedanken bei ganz anderen Dingen. So können wir uns leicht selbst alle Freude verderben. Auf einem Fest an das Kopfweh von morgen zu denken, schmälert das Vergnügen ebenso, wie bei einem Festmahl Kalorien zu zählen. Wir können bei wunderbaren Reisen in exotische Länder die Armut wahrnehmen. Wenn wir allerdings nichts anderes mehr wahrnehmen, ist sicher der Zweck der Reise verfehlt.

Bei dem zu sein, was wir gerade tun, beruhigt den Geist, senkt den Blutdruck und macht uns körperlich und seelisch stabiler. Das bedarf einer gewissen Übung, ist aber sehr wirkungsvoll. Da es nicht immer gelingt (das braucht einige Zeit der Übung), wollen wir unsere Leserinnen und Leser gern mit dem zweiten Teil der Geschichte erfreuen. Schließlich soll der Versuch, (manchmal) achtsam zu sein, nicht wieder zum Stress werden, den wir mit dieser Technik eigentlich verringern wollen.

Eines Tages betrat der Schüler zur Mittagszeit den Speisesaal und sah seinen Lehrer – ein Buch lesend und dabei essend. Er stürzte auf ihn zu: »Meister, ihr habt mir doch gesagt, wenn ich esse, dann soll ich nur essen. Und nun sehe ich, wie du isst und liest.« Der Lama sah ihn versonnen an und antwortete dann: »Ich habe vergessen zu sagen: Wenn ich esse und lese, dann esse und lese ich!«

Interessant ist vielleicht die Etymologie des Wortes. »Achtsamkeit« hat erstaunlich viele Bedeutungen. Wir kennen alle den Ausruf »Achtung!« Das bedeutet: »Vorsicht! Etwas kann nicht bewältigt werden, wenn du nicht mit deiner Aufmerksamkeit dabei bist.« Das Aussprechens des Wortes »Achtung« bewahrt uns also vor Gefahren, wir nehmen uns vor etwas »in Acht«. Das führt uns zur nächsten Wortbedeutung: Wir können auch etwas in Acht nehmen, auf etwas achten, das heißt, ihm Fürsorge angedeihen zu lassen. So verfahren wir mit Dingen und Menschen, die wir »achten«, also die uns wichtig sind, vor denen wir Respekt haben. Einen weiteren Sinn des Wortes finden wir in der Bedeutung »etwas für wahr/wichtig/richtig erachten«, etwas erwägen, darüber nachdenken, daran glauben. In dem Begriff der Achtsamkeit, um den es uns hier geht, sind alle diese Bedeutungen enthalten. Aufmerksam, fürsorglich und respektvoll gehen wir mit unserem Leben um und mit allem, was darin eine Rolle spielt, wenn wir achtsam sind.

Übrigens ist die kleine Nachsilbe »sam« im Wort »achtsam« von erheblicher Bedeutung. »Sam« heißt »eins, ein, zusammen», aber auch: »gleich, von gleicher Art oder Beschaffenheit«. Das Wort »Sammeln« hat diese Wurzel. Wir sammeln also unsere Aufmerk*sam*keit: Wir sind in der Gegenwart, nehmen Dinge, Menschen und Handlungen wahr, ohne sie zu beurteilen, und sind uns gleichzeitig unserer Gefühle bewusst. Wenn wir mit unserer Aufmerksamkeit bei der Tätigkeit sind, die wir gerade verrichten, bei dem Menschen, mit dem wir gerade in Kontakt sind, wenn wir also in der Gegenwart sind, sind wir »achtsam« im spirituellen Sinn. Wenn wir achtsam sind, haben wir wenig Gelegenheit, uns Sorgen zu machen. Also wird der Umgang mit uns nicht nur für unsere Umwelt angenehm und beruhigend (die Menschen fühlen sich »gesehen«), sondern auch wir selbst kommen langsam zur Ruhe.

Viele Menschen haben den Wunsch »irgendetwas« in ihrem Leben zu verändern, damit sie sich leichter, stressfreier, ruhiger, kurz: glücklicher fühlen. Dieses Ziel zu erreichen, soll keine Mühe machen, sondern eher Platz im Alltag schaffen und nicht noch zusätzliche Ansprüche stellen. Dazu ist Achtsamkeit genau die richtige Methode. Man macht einfach weiter, was auch immer man macht, doch nun *achtsam.* Über kurz oder lang wird sich eine Veränderung einstellen.

Eine besonders wirkungsvolle Achtsamkeitsübung ist es, auf Schönheiten zu achten. Schönheit zu sammeln ist etwas unglaublich Wichtiges für uns gestresste Zivilisationsmenschen. Wir können unsere Wahrnehmung schulen und stellen fest, wie unsere Kraft, den Alltag zu bewältigen, wächst. In der wahrgenommenen Schönheit steckt eine ungeheure Energie. Schönheit kann uns in unruhigen Zeiten trösten und beruhigen. Entdecken Sie, was für Sie schön ist! Es ist leicht, denn es gibt in jedem von uns ein nicht zu täuschendes Gefühl dafür.

Achtsamkeit kann auf zweierlei Arten geübt werden, nämlich ganz unformal, ohne technische Vorschriften oder streng formal, zum Beispiel in Form von Kontemplations- oder Meditationsübungen. Wie die erste Möglichkeit funktioniert, ist oben in der Geschichte dargestellt. Man kann allerdings auch mit dem Thema spielen – und sich selbst kleine Übungen ausdenken, wie zum Beispiel die *Schwellenübung*. Diese Übung bildet eine Kette winziger Inselchen, sie braucht überhaupt keine Zeit und bringt trotzdem sehr viel Beruhigung in jeden hektischen Alltag. Dabei tun Sie nichts anderes, als von einem Raum in den anderen zu gehen, wie Sie es jeden Tag viele Male tun. Der einzige Unterschied ist, dass Sie jetzt bewusst gehen. Wenn Sie über die Schwelle treten, sagen Sie sich: »Ich betrete jetzt das Bad« oder auch einfach nur »Bad«. Denken Sie nicht darüber nach, aus welchem Raum Sie kommen (im Sinne der Achtsamkeit liegt dieser schon in der Vergangenheit). Nehmen Sie einfach das wahr, was gerade ist. Achtsamkeit ist durchaus eine Form von Spiritualität, ganz und gar losgelöst von jeder Glaubensgemeinschaft. Sie kann langsam ein neues Gefühl in den Alltag bringen. Spiritualität wird zur Lebensform.

Eine intensive, formalisierte Form der Achtsamkeit ist die Meditation. Meditationen gibt es in den verschiedensten Techniken. Auch hierbei geht es darum, den Geist zu beruhigen. Körperlich werden dabei Atem- und Herzfrequenz herabgesetzt. Stresssymptome wie Bluthochdruck, Ängste und das Gefühl der Überforderung werden gemildert.

Das Wort Meditation ist vom lateinischen »mediatio« abgeleitet und bedeutet »Nachsinnen, Nachdenken«, als Genitiv auch »Vorbereitung« oder »Einübung«. Zwar gibt es in allen Religionen Meditationstraditionen, doch ist auch eine völlig unreligiöse Praxis möglich. Schließlich muss es nicht jedem Meditierenden um »die Erleuchtung« gehen – die oben beschriebenen positiven Ergebnisse sind Gründe genug, es mit einer Meditationstechnik zu versuchen. Wobei »versuchen« schon bedeutet, sich für eine gewisse Zeit darauf einzulassen. Es ist, als wenn man eine Fremdsprache lernt. Nach einer Stunde zu sagen: »Nun kann ich immer noch kein Griechisch«, wird wohl den Tatsachen entsprechen, schließt aber nicht aus, dass man nach 30 Stunden schon zu einer kleinen Konversation fähig ist. Bei der Meditation unterscheiden wir grundsätzlich zwei Formenkreise, nämlich die stillen und die aktiven Techniken. Für die stillen Techniken gelten als Voraussetzung nichts anderes als ein ruhiger Ort und eine bequeme aufrechte sitzende Körperhaltung. Im Gegensatz zu Entspannungsübungen sind Meditationen nicht im Liegen auszuführen, da sie der Konzentration bedürfen.

Die einfachste der stillen Techniken – und die Basis für alle anderen – ist die Beobachtung des Atmens. Das geschieht entweder am Naseneingang oder durch die Wahrnehmung der sich hebenden und senkenden Bauchdecke. Noch stärker wird der nimmermüde Geist zu Konzentration gebracht, wenn man gleichzeitig innerlich sagt: »Ich atme ein – ich atme aus …«

Als Übergang von den unformalisierten Achtsamkeitsübungen zur Meditation eignet sich die *Ein-Atemzug-Übung*. Sie spüren einfach, wie Sie atmen, ohne die Atmung irgendwie zu beeinflussen. Haben Sie einmal so geatmet und dabei an nichts anderes gedacht, war das eine wunderbar gelungene Meditation. Ein Atemzug reicht: Machen Sie diese Übung lieber öfter als länger, dann ist der Erfolg (nämlich sich auf dieses eine zu konzentrieren) sicherer.

Im nächsten Schritt nehmen Sie – auch das geht immer und überall – bewusst eine bestimmte Körperhaltung ein, unabhängig davon, ob Sie stehen oder sitzen. Sie stellen die Füße fest auf den Boden. Im Stehen sollten die Knie nicht allzu sehr durchgedrückt sein. Dann richten Sie sich auf, die Schultern hängen entspannt, leicht nach hinten gezogen, der Kopf ruht aufrecht auf der Wirbelsäule. Nun atmen Sie achtsam. Nachdem Sie ausgeatmet haben, beginnt die Übung. Sie zählen Ihre Atemzüge. Auf »eins« atmen Sie ein, dann atmen Sie behutsam wieder aus. Wenn Sie möchten, können Sie dabei »aus« denken. Nachdem Sie ausgeatmet haben, ruhen Sie sich einen winzigen Augenblick aus, bevor Sie mit »zwei« wieder einatmen – wenn Sie weitermachen wollen. Die Übung endet nämlich mit dem Moment der Ruhe nach der Ausatmung. Sie können die Ein-Atemzug-Übung so oft hintereinander machen, wie Sie wollen. Schnell werden Sie feststellen, dass nach drei bis vier Atemzügen Ihre Gedanken abschweifen. Ja und? Fangen Sie einfach von vorn an. Der Nutzen einer Übungskombination aus aufrechter Haltung und bewusster Atmung stellt sich im Alltag schnell ein. In jeder Stresssituation, bei jedem Streit, bei jeder Herausforderung können Sie sie machen und sich ein wenig damit beruhigen und »erden« – besonders, wenn Sie sie im Stehen machen. (Sagt man nicht: »Nun komm mal wieder auf den Boden«?)

Eine andere stille Meditationsform ist die Meditation mit einem Mantra – einem Wort oder Satz, der innerlich ununterbrochen wiederholt wird. Die bekannteste der aktiven Meditationsformen ist die Gehmeditation, in der nichts weiter getan werden muss, als achtsam zu gehen. Es braucht eine Weile, um den eigenen Rhythmus und die eigene Geschwindigkeit zu finden. Meditation ist immer auch Selbsterfahrung. Wir nehmen wahr, wie ablenkbar wir sind oder wohin unser Geist (Verstand) mit Vorliebe abschweift. Und wir stellen schnell fest, wie wir mit uns selbst umgehen, geduldig und verständnisvoll, etwa so: »Ich bin Anfängerin beim Meditieren und einfach leicht ablenkbar.« Oder streng und selbstentwertend, etwa wenn wir denken: »Nicht einmal eine Minute ruhig atmen kann ich, ohne dummes Zeug zu denken.« So ist Meditation gleichzeitig eine Hilfe dabei, zu einem liebevolleren Umgang mit sich selbst zu kommen. Meditationslehrer sagen: Beobachte deine Gedanken ohne dich wirklich auf sie einzulassen – und auch, ohne sie zu bewerten. Sobald du wahrnimmst, dass du denkst, schiebe die Gedanken mit leichter Hand beiseite und meditiere weiter. Ein anschauliches Bild dafür ist Folgendes: Wir stehen an einer Straße, die Autos fahren vorbei. Wir lassen sie fahren. Manchmal sind wir schon in eines eingestiegen, ohne es bemerkt zu haben. Dann lassen wir es anhalten und steigen wieder aus.

Archetypen des Alters

Theorie

Der Begriff des Archetypus hat unterschiedliche Bedeutungen. In der Philosophie ist er eine Metapher für eine Idee, wie zum Beispiel die Eule für die Weisheit. Im Begriff des Helden als Sinnbild für Mut und Handlungsfähigkeit überschneidet sich die Bedeutung mit derjenigen, um die es in diesem Abschnitt geht. Wir sprechen von dem Begriff Archetypus, wie er in der Psychologie gebraucht wird. Die ursprüngliche Theorie dazu entwickelte der Schweizer Psychiater und Urheber der analytischen Psychologie Carl Gustav Jung, dessen Modell der seelischen Entwicklung wir bereits im zweiten Kapitel vorgestellt haben. Schon in seiner Theorie ist der Begriff vielfältig und ständigen Wechseln unterzogen. Ursprünglich war er mit Jungs Theorie des »kollektiven Unbewussten« verknüpft und beschreibt dort Strukturen und Erfahrungen, die das Seelenleben aller Menschen gleichermaßen bestimmen, aber für den Einzelnen in ihrer Tiefe unerschöpflich und als solche unbegreiflich sind. So ist der oben schon genannte »Held« der überindividuelle Archetyp für die Persönlichkeitsentwicklung überhaupt, die sich in vielfältigen Krisen und deren Bewältigung darstellt. Die analytische Psychologie spricht jedoch auch wesentlich individueller von unbewussten Strukturen, die das Leben des einzelnen Menschen bestimmen. Sie müssen entweder positiv herausgebildet (verwirklicht) werden oder es sind Strukturen, die das Leben negativ beeinflussen oder Entwicklung verhindern, entsprechend überwunden werden müssen, wenn wir seelisch reifen und wachsen möchten. Im Gegensatz zu den Archetypen des kollektiven Unbewussten sind sie subjektiv erfahrbar, wobei manchmal eine Therapie notwendig ist, um sie bewusst zu machen. So ist das »Selbst«

das zentrale Strukturelement der Psyche – man könnte sagen: unsere seelische Ganzheit – und unterscheidet sich elementar vom »Ich«, unserem bewussten Seelenanteil. Wenn wir also »Ich« sagen, sprechen wir nur von dem bewussten Teil unserer Person, der keineswegs den gesamten inneren Raum unseres »Selbst« ausfüllt.

Neben der Persona spielt der »Schatten« eine besondere Rolle. Unter »Persona« (lat. für »Maske«) versteht Jung denjenigen Persönlichkeitsanteil, den wir unseren Mitmenschen (und auch uns selbst) zeigen, weil wir gelernt haben, dass es »gut« ist, sich so (und nicht anders) zu verhalten, dass es »gut« ist, so (und nicht anders) zu denken. Ausschließlich mit diesem Persönlichkeitsteil identifizieren wir uns in der Regel im Alltag. Der Schatten hingegen ist der (meist unbewusste) Anteil unseres Seelenlebens, den wir nicht mögen und oft sogar leugnen, ihn zu haben, wie zum Beispiel im Falle von Rachewünschen, Machtfantasien etc. Zu Krisen kommt es oft, wenn unsere Persona mit den zu bewältigenden Aufgaben überfordert ist. Das Altwerden ist ein Beispiel dafür. In solchen Krisen kann das Unbewusste archetypische Bilder und Strukturen zur Bewältigung derselben zur Verfügung stellen (vgl. Roesler, 2016, S. 29). Bewusst können wir solche Strukturen in dem erleben, was wir gemeinhin »Vorbild« nennen. Passend zum Problem, das gerade zu bewältigen ist, nützen uns verschiedene Vorbilder bzw. unterschiedliche Aspekte desselben. Die im Folgenden beschriebenen Archetypen und ihre Interpretationen beruhen auf den Theorien Jungs und ihre besondere Darstellungsweise durch Christian Roesler (2016; siehe besonders die Seiten 38f., 41ff.). Alles, was die Leserinnen und Leser in der genannten Quelle nicht finden, entstammt der interpretierenden Fantasie der Autorinnen.

Wir unterscheiden zwischen männlichen und weiblichen Archetypen. Diese Unterscheidung ist nicht völlig korrekt. Jung unterscheidet »Animus«- und »Anima«-Seelenanteile, wobei beide Geschlechter sowohl über konventionell als »weiblich« als auch über konventionell als »männlich« beschriebene Eigenschaften verfügen. Leserinnen dürfen also ebenso gern einen Blick auf die männlichen Typen werfen wie Leser auf die weiblichen. Außerdem sind natürlich Ähnlichkeiten schon in der Darstellung der einzelnen Archetypen festzustellen. Diese Beschreibungen stellen gleichzeitig einen Stand der Persönlichkeitsentwicklung dar und die damit verbundenen Entwicklungsaufgaben.

Weibliche Archetypen

Die Verführerin – die Prinzessin

Die Verführerin hat viele Gesichter. Sie ist zart, charmant, manchmal auch subtil fordernd bis manipulativ. Sie ist sympathisch, wenn auch eher den Männern, die sich von ihrer Hilflosigkeit angezogen fühlen. Diese Hilflosigkeit ist manchmal echt und manchmal (eventuell unbewusst) gespielt. Die Prinzessin hat Freundinnen, weil sie an vielen Dingen interessiert ist, und ist sehr präsent im Kontakt, auch großzügig und unterstützend. Die Verführerin kann eine femme fatale sein – aber auch eine Muse, inspirierend und gleichzeitig kühl-distanziert. In ihrer Prinzessinnen-Variante ist sie verspielt und ein wenig unsicher, wartet bis ins hohe Alter auf den Prinzen, der sie wachküsst, unabhängig davon, wie viel reale Liebesbeziehungen sie gelebt hat. Äußerlich erkennt man diese Prinzessin manchmal an ihrer Kleidung. Sie ist dann wahrlich prinzessinnenhaft, zum Beispiel topmodisch mit einer weißen oder rosa Tunika über einer hautengen Hose gekleidet (natürlich verfügt die Prinzessin über eine mädchenhafte Figur).

Beide Seiten der unserer Meinung nach ähnlichen Archetypen scheinen sich in ihrer extremen Ausbildung auszuschließen. Unterscheiden sie sich auch deutlich in ihrem Habitus, so sind sie sich in ihrer Sicht auf die Welt sehr ähnlich: Sie haben Ansprüche, die erfüllt werden müssen, sonst sind sie gekränkt. Sie haben keinerlei Hemmungen, diese Ansprüche kundzutun – ebenso wenig wie ihre Kränkung. Bedürfnisse anderer nehmen die Prinzessinnen nur wahr, wenn sie mit ihren eigenen Bedürfnissen identisch sind oder im Austausch mit diesen stehen.

Diese Beschreibung klingt vielleicht negativ. Vergessen wir aber nicht: Verführerinnen und Prinzessinnen machen die Welt bunt, weil sie lebhaft und fantasievoll sind. Sie spalten manchmal Beziehungen, manchmal sogar Freundeskreise. Das bedeutet, dass sie dazu herausfordern, über eigene Schattenseiten nachzudenken. Welche Frau möchten nicht Verführerin oder Prinzessin (am besten beides) sein und erlaubt sich kaum, diesen Anteil zu leben? Dieser Konflikt zeigt sich, wenn man dabei zuhört, wie über die verführerische Prinzessin gesprochen wird. Diese selbst lässt sich vom Getuschel über sie kaum beeinflussen.

Für die Verführerin/Prinzessin selbst gilt als Entwicklungsaufgabe, ihre Eigenschaften zu pflegen, ohne sie manipulativ zu nutzen. Außerdem stärkt es sie, wenn sie Anteile der im Folgenden beschriebenen weiblichen Archetypen in sich entdeckt und fördert, vielleicht besonders den der Weisen Frau.

Die Große Mutter

Die Große Mutter ist ein kollektiver Archetypus, sein Erscheinen ist vielfältig. Wir finden ihn in Fruchtbarkeitsgöttinnen, als Priesterin, als Lehrende in der Universität (Alma Mater) oder, wenn auch gebrochen, als Mutter Maria in den christlichen Kirchen. Was hat aber dieser Archetyp mit lebenden modernen Frauen zu tun? In der Jung'schen Psychologie beschreibt er einen wichtigen Bestandteil weiblicher Reife. Mütterlichkeit im weitesten Sinne bedeutet, zuerst an andere zu denken, lieben zu können, ohne wiedergeliebt werden zu müssen, zu geben, ohne Dankbarkeit zu erwarten. Diese mütterlichen Eigenschaften spielen nicht nur zwischen Müttern und Kindern eine große Rolle, sondern auch zwischen Partnern und in Freundschaften. Und genau dabei wird deutlich, dass dieser Archetyp keineswegs ein rein weiblicher sein kann. Auch ein Vater, ein Ehemann, ein Vorgesetzter, ein Lehrer braucht diese Eigenschaften. Die Fähigkeit der Großen Mutter zur Hingabe ist positiv und kraftvoll. Sie ist kein Opfer, keine Dienerin (im Sinne der Untergebenen), sondern eine, die klar und selbstbestimmt handelt. Sie sagt »Ja«, wenn sie es meint und beklagt sich später nicht über die Mühe, die sie sich gemacht hat oder den fehlenden Dank.

Bei manchen modernen Frauen, die sich gern als Große Mütter sehen, liegt die Sache anders. Sie leiden darunter, viel zu geben (nennen es »zu viel«) und wenig dafür zurückzubekommen. Ihre Mütterlichkeit ist eine Form der altruistischen Abtretung. Das bedeutet, sie tun etwas für andere (sorgen und pflegen, schenken Nähe und Aufmerksamkeit), das sie selbst gern bekommen würden. Manchmal halten sie mit ihrer Mütterlichkeit auch andere Menschen in Abhängigkeit. Zum Beispiel sagen sie: »Meine Tochter könnte nicht arbeiten, wenn ich mich nicht um ihre Kinder kümmern würde.« Dabei würde sich die Tochter vielleicht gern eine Tagesmutter nehmen, um den Kontakt zu ihrer Mutter freiwilliger gestalten zu können.

Eine andere Form der Großen Mutter zeigt sich in der Frau, die ihr ganzes Erwachsenenleben ihren Kindern beziehungsweise ihrer Familie gewidmet hat. Ist sie wirklich identifiziert gewesen mit dieser Wahl, erntet sie jetzt Freude. Aus ihren Kindern ist »etwas geworden«, der Kontakt ist respektvoll und geprägt von gemeinsamen Interessen und Interesse aneinander. Hat die älter werdende Mutter aber das Gefühl, ihr ganzes Leben ihren Kindern »geopfert« zu haben, wird sie jetzt zu einer schwierigen Person. Manchmal verbittert, klagt sie über das, was das Leben ihr schuldig geblieben ist. Sie ist anspruchsvoll ihren Kindern gegenüber und verlangt geradezu nach Dankbarkeit und Wiedergutmachung. Selten macht sie sich klar, dass es *ihre* Entscheidung gewesen ist, Kinder zu bekommen.

Die Eigenschaften der Großen Mutter sind wichtig für diese Welt (das meinen wir nicht ironisch!). Ihre Entwicklungsaufgabe besteht darin, zu einer guten Selbstfürsorge zu finden, sich konstruktiv abzugrenzen und sich einige Eigenschaften der Prinzessin wieder ins Leben zu holen. Und danach – aber wirklich erst danach – darf es auch noch ein Stück von der Weisen Frau sein.

Die Weise Frau

Im besten Fall vereinigen sich diese beiden Archetypen (Große Mutter und Weise Frau) in einer reifen Persönlichkeit – mit kleinen Anleihen bei der Verführerin und der Prinzessin, damit das Leben bunt bleibt. Die Weise Frau weiß um ihre Fähigkeiten. Sie hat viele Erfahrungen in ihrem Leben gemacht und sie positiv verarbeitet. Sie weiß um alle Gefühle, kennt sich aus mit Ängsten, Zorn, Einsamkeit – und Liebe. Niemals leugnet sie das Unglück, das sie erlebt hat, allerdings ohne ein Opfer des Lebens zu sein, was in allen anderen Archetypen immer wieder eine Rolle spielt. Die Weise Frau ist dankbar dafür, alles Unglück überlebt zu haben und sie ist zufrieden mit dem, was gerade ist. Ihre Weisheit gibt sie weiter eher als Vorbild, denn als Ratgeberin. Ratschläge gibt sie nur, wenn sie danach gefragt wird, auch dann versucht sie eher, den Fragenden darin zu unterstützen, seine eigenen Antworten zu finden. Das macht sie besonders geeignet zu Initiation junger Mädchen, die nicht selten ein besonders inniges Verhältnis zu ihren Großmüttern oder den Freundinnen ihrer Mütter haben. Ihre Hilfe ist selten materieller Art. Sie lässt sich nicht ausnutzen und ist nur schwer zu manipulieren. Aus letzterem Grund kann sie eine gute Freundin für die Verführerin und die Prinzessin sein.

Eine Gefahr für die Weise Frau ist es, sich in narzisstischer Form ihrer Weisheit bewusst zu sein, also sich darüber zu definieren. Dann wirkt sie auf andere überheblich und urteilend. Um dieser Gefahr zu entgehen, gehört es zu ihren Entwicklungsaufgaben, ihre »Schatten« zu entdecken, zu akzeptieren und zu integrieren, besonders die negativen Anteile, die sie mit der Starken Alten gemeinsam haben mag.

Die Starke Alte

Dieser Archetyp scheint einer zu sein, der eine Renaissance erlebt. Er kommt in Märchen vor – von Frau Holle bis zu Frau Gotel aus *Rapunzel.* Frau Gotel wird nur kurz als »böse Zauberin« bezeichnet, sie lässt sich schnell von den Wünschen einer Schwangeren besänftigen. Dem Kind ist sie eine wichtige Unterstützung bei seiner Individuation. Hier zeigt sie einen Aspekt der Weisen Frau, die um Liebe, Beziehung und Eros weiß und die junge Frau darin einführt. Anders als die Weise Frau lässt Frau Gotel Rapunzel sehr harte Erfahrungen machen, ohne sie darauf vorzubereiten oder sie zu schützen.

Eine bestimmte Form der Starken Alten, die sich sehr verändert hat, ist die Witwe. Die Veränderung dieses Archetyps begann nach dem Zweiten Weltkrieg. Da war es den Frauen nicht mehr möglich, schwarze Kleider zu tragen und sich ansonsten aus dem Leben weitgehend zurückzuziehen. Vorher wurde gerade dieses Verhalten von Frauen erwartet, die ihren Mann verloren hatten. Wenn sie sich nicht nach solchen gesellschaftlichen Normen richteten, gerieten sie in große Schwierigkeiten. Die schon erwähnte Erzählung Brechts von der *Unwürdigen Greisin* ist ein Beispiel dafür. Die Starke Alte, von der hier die Rede ist, zeigt einen besonderen Habitus. Sie strahlt aus, dass sie niemanden braucht. Dabei muss sie gar nicht unbedingt alt sein. Wir kennen diesen Frauentypus, wahrscheinlich ist er ein Ergebnis des neuen Feminismus. Ina Deter beschrieb ihn Ende der 70er Jahre in ihrem Lied *Beschreibung eines weiblichen Einpersonenstückes.* Es beginnt mit den Zeilen:

> »Sie wandern oft an Sonnentagen allein an stillen Seen
> und aufrecht ist ihr Gang, wenn sie nach Hause gehen.«

Beendet wird das Lied mit den Zeilen:

> »Sie tun es so aus Überzeugung und lächeln schrill dabei,
> und jeden Sonntag brechen sie wieder neu entzwei.«

Hierin spiegelt sich das ganze Leid der Starken Frau/Alten.

Das ist ein treffendes Bild für die Starke Frau, die mittlerweile eine »starke Alte« geworden ist. Sie wandert immer noch allein, geschmackvoll gekleidet kann sie allein das Theater besuchen oder eine große Reise machen. Bei diesen Aktivitäten trifft sie oft Gleichgesinnte. Sie ist keineswegs allein, gehört einem Lesekreis an, besucht Vorlesungen für alte Menschen an der Universität und nimmt an mancherlei Projekten teil. Sie übernimmt gern freiwillige Aufgaben, wie die Betreuung unbegleiteter jugendlicher Flüchtlinge. Hier lebt sie einen Teil ihrer Sehnsucht aus, nämlich die Sehnsucht danach, jemand zu bemuttern und zu beschützen. Es zeigt sich eine der schwierigen Seiten der Starken Alten: Sie besteht darauf, dass sich die Dinge (und die Menschen) nach ihren Vorstellungen entwickeln, sie hat ein starkes Bedürfnis danach, die Kontrolle über alle Situationen zu behalten. Die Starke Frau ist mit ihren positiven Eigenschaften bestens dafür gerüstet, die Aufgaben des Älterwerdens zu bewältigen – so lange, bis es ohne Hilfe nicht mehr geht. Dann kann sie sehr unglücklich sein, was sie hinter der für sie typischen Härte gut verbergen kann.

Die Individuationsaufgabe der Starken Alten ist es, ihre weichen, sehnsuchtsvollen Gefühle wahrzunehmen. Sie könnte lernen, dabei um Hilfe zu bitten. Sie braucht die Entwicklung von Freundschaften neben ihren oft zahlreichen Interessensgemeinschaften und ein wenig von allen Stärken der oben beschriebenen Archetypen.

Die männlichen Archetypen

Der Ewige Jüngling – der Kämpfer

Der Ewige Jüngling, auch »Puer aeternus« genannt, ist eine so vielfältige und schillernde Figur, dass die Jung-Schülerin Marie-Louise von Franz ihr eine ganze Monografie gewidmet hat (vgl. Franz, 1992). Christian Roesler schreibt dazu:

> »Dieser Archetyp befindet sich im Leben von Menschen, die beispielsweise als ewige Studenten leben, erwachsener Verantwortung und Bindungen aus dem Weg gehen und Schwierigkeiten haben, ihren Platz im Leben zu finden. Ein Beispiel für diesen Archetyp in einem kulturellen Narrativ ist die Geschichte von Peter Pan« (Roesler, 2016, S. 51).

In (leicht) veränderter Form finden wir den Ewigen Jüngling auch bei den Alten. Es handelt sich zum Beispiel um jene Männer, die sich immer wieder jüngere Frauen nehmen, also zum Beispiel mit 30 Jahren eine 20-jährige, mit 50 eine 30-jährige und mit 70 eine 40-jährige Frau. Sie schaffen es nicht, sich einer der wesentlichen Aufgaben, die das Älterwerden mit sich bringt, zu stellen. Wir sprechen hier von der Akzeptanz des sich verändernden Körperbildes und der Integration desselben in das Körperselbstbild. In den jungen Frauen spiegeln sich diese Männer und finden ihre eigene Jugend (wieder).

Auffällig beim Ewigen Jüngling ist auch die intensive Mutterbindung. Oft lebt er überdurchschnittlich lange zu Hause. Bei Auseinandersetzungen zwischen der Mutter und seiner Partnerin stellt er sich häufig mit einer verständnisvollen Geste hinter seine Mutter. Diese gehört häufig zu den besonders schwierigen Schwiegermüttern, da ihr für »ihren Jungen« keine Frau gut genug ist.

Eine andere Form Peter Pans ist die des Sportlers. Der Ewige Jüngling trainiert regelmäßig, meist Laufen oder Radfahren, er ist stets bereit zu Rekorden. Er achtet sehr auf seinen Körper, nicht nur im Sport, er ernährt sich auch gesund, raucht nicht und trinkt wenig Alkohol. Wenn dieses Interesse am eigenen Körper nicht in eine narzisstische Fixierung übergeht, ist sie geradezu vorbildhaft. Ganz nebenbei entspricht diese Haltung auch dem Teil des Ashramadharmas (dem Vanaprasthya), das umschrieben ist mit »Rückzug in den Wald mit eigenem Herdfeuer« (siehe unser Kapitel über »Entwicklung«). Auch in der indischen Psychologie ist in diesem Alter die Sorge für den Körper als wichtige Aufgabe beschrieben. Außerdem kann der Puer Aeternus eine schier unversiegbare Quelle der Inspiration sein, manchmal ist er geradezu genial, eben wie Peter Pan. Bei Frauen kommt er gut an, er aktiviert ihre mütterlichen Gefühle, ist aber als dauerhafter Lebensgefährte selten zu haben.

Eine Variante des Ewigen Jünglings ist der (alte) Kämpfer. Viele der Männer, die in der Zeit der 68er aktiv gewesen sind, haben sich dieses Kämpfertum bewahrt. Immer noch können sie scharf diskutieren, analysieren und bewerten, zum Beispiel die heutige Jugend, die angeblich »so unpolitisch« ist. Diesen Kämpfern täte ein bisschen Altersmilde gut, gleichzeitig haben sie sich häufig viele erfreuliche Seiten des Liebhabers bewahrt.

Wichtig für den Ewigen Jüngling ist es, sich um sein soziales Umfeld zu kümmern, vielleicht etwas von seinen persönlichen und beruflichen Erfahrungen weiterzugeben. Genauso wichtig – und das ist die Entwicklungsaufgabe, sich dem Alter und den Veränderungen, die es mit sich bringt, zu stellen. Das bedeutet auch, bestimmte Gefühle wie etwa Ängste und Einsamkeit nicht zu leugnen. Dazu muss der Ewige Jüngling seine Zugehörigkeit zu und sein Angewiesen sein auf andere Menschen zulassen. Einige Aspekte des Heilers könnten bei seiner Persönlichkeitsentwicklung hilfreich sein.

Der Heiler – der Weise Alte

Diese beiden Typen sind weitgehend deckungsgleich, sodass wir sie hier zusammenfassen und im Weiteren einfach den Heiler nennen. Dieser Archetyp ist die gereifte Form des Vaters (siehe unten). Er gerät nicht in Konkurrenz mit den Jungen, sondern freut sich an deren Entwicklung. Er hat Mitgefühl mit ihnen, die sich in der schwierigen Welt der Erwachsenen zurechtfinden müssen. Genau darin unterscheidet er sich deutlich von dem Kämpfer. Der Heiler vertraut darauf, dass die jungen Menschen ihren eigenen Weg finden und dass er eines Tages vertrauensvoll diese Welt in ihre Hände legen kann. Dabei unterstützt er sie wohlwollend mit seinen Werten. Diese Werte könnte man als humanistisch-spirituelle bezeichnen. Gleichzeitig hat der Heiler viele Fähigkeiten, die diesen Titel rechtfertigen. Er kennt sich mit seelischen Problemen aus, zum Beispiel denen, die junge Menschen bei der Ablösung von ihren Eltern haben. In diesem Fall tritt er häufig in der Person als Lehrer, Trainer oder Sozialpädagoge auf. Manchmal ist er auch Psychotherapeut, dem es immer auch um die geistigen Probleme seiner Klienten geht, nicht nur um ihre Neurosen. Wir finden den Heiler auch in tatsächlichen Heilberufen, als Arzt, Physiotherapeut oder Heilpraktiker. Er weiß um die Grenzen unserer wissenschaftlichen Medizin und ist gut informiert über alternative Behandlungsmöglichkeiten.

Was den Heiler von der Weisen Frau unterscheidet, ist deren tiefes Wissen um Eros, Geburt und Tod. Den Zugang hierzu findet er dann, wenn er sich mit seinen Anima-Anteilen, also seiner weiblichen Seite, verbinden kann. Außerdem ist er, noch stärker als die Weise Frau, gefährdet, sich über seine Stärken zu definieren. Dabei verliert er einen Teil seines Einfühlungsvermögens, seiner Fähigkeit, urteilsfrei zu sein und humorvolle kreative Präsens zu zeigen. Gleichzeitig verbirgt sich noch eine weitere große Gefahr bei demjenigen Heiler, der seinen narzisstischen Schatten übersieht: Er kann zu einem Verführer, einem Guru werden, oft von Scharen weiblicher Anhänger umgeben, die in ihrem Wunsch nach Heilung oder Befreiung von einem Problem nicht in der Lage sind, die Grenzen ihres Auserwählten wahrzunehmen. Zu den Gurus in der politischen Landschaft und den Gefahren, die von ihnen ausgehen können, hier ein Zitat:

> »Hier wird auch deutlich, welche ungeheure Macht und welchen Einfluss diese Figuren […] auf die Persönlichkeit ausüben können; im ungünstigsten Fall werden Menschen dabei in hohem Maße verführbar, wie man z.B. am fundamentalistischen Terrorismus deutlich sehen kann, bei dem junge Menschen […] bereit sind, sogar ihr Leben zu opfern; im günstigen Falle können Menschen durch die Projektion dieser Figuren auf einen unterstützenden Lehrer und geistlichen Führer zu tiefen religiösen Erfahrungen und Selbsterkenntnis gelangen« (Roesler, 2016, S. 42).

Zur Entwicklungsaufgabe des Heilers oder des Weisen Alten gehört es, die Aspekte des Ewigen Jünglings zu integrieren. Auf dem Hintergrund des sehr starken Archetypus des Heilers können diese Anteile ihn zu einer schöpferischen und gleichzeitig alltagsnahen Person werden lassen, die es ihren Mitmenschen leicht gestattet, einen Kontakt aufzunehmen. Wenn es notwendig ist, entwickelt sich hier eine heilsame Beziehung.

Der Vater

Der Vater ist ein Archetyp, der eine wichtige soziale Rolle spielt. Unabhängig von aller Emanzipation sieht er sich als das Oberhaupt einer Gruppe, sei es einer Familie, einer Schulklasse, einer Kindergruppe, einer Gruppe im Sportverein oder auch seines Teams im Beruf. Er »bemuttert« seine Familie, der Begriff des »Bevaterns« hat sich leider in der Sprache nicht behauptet. Dabei unterscheiden sich die beiden Arten der Versorgung deutlich voneinander. Das Bevatern ist sachlicher, geprägt von unaufgeregter Selbstverständlichkeit und erwartet seltener Dankbarkeit. So fällt es dem Vater leicht, das Leben entsprechend kindlicher Bedürfnisse zu gestalten, zum Beispiel bei der Wahl des Urlaubsortes.

Zu den Aufgaben des Vaters gehört es, seine Familie vor Gefahren von außen zu schützen, also auch seine sozialen Gruppen vor Konkurrenz und anderen Angriffen. Im letzteren Fall entwickelt der Vater Aspekte des Kriegers (s. u.). So ist er beispielsweise umweltpolitisch aktiv, damit seine Kinder/Enkel in einer gesunden Welt leben können, wobei ihn Staats- und Parteienpolitik nur am Rande interessieren.

Lange weiß der Vater mehr als seine Kinder, er ist aber ihren Argumenten und Wünschen gegenüber aufgeschlossen. Ist sein Puer Aeternus-Archetyp stark, begibt er sich manchmal auf die gleiche Ebene und streitet mit seinen Kindern ums »Rechthaben«. Meist aber kann man mit dem Vater diskutieren und sein Mehrwissen macht ihn nicht überheblich. Er ist wohlwollend und verständnisvoll. Zu seinen Aufgaben gehört es, seinen Kindern in väterlicher Weise Dinge beizubringen, die sie im späteren Leben gebrauchen können, unter anderem handwerkliche Fähigkeiten, aber auch den Umgang mit gefährlichen Situationen und unfreundlichen Nachbarn.

Für den Vater-Archetypus gibt es zwei wesentliche Gefahren. Die erste ist die Konkurrenz mit anderen Vätern oder Müttern im gleichen System. Seinen Kindern gegenüber kann der Vater sehr autoritär werden, wenn sie nicht der gleichen Meinung sind wie er, was ihre Lebensgestaltung (z. B. Wahl der Sportart, der Freunde, des Berufes) angeht. Dies geschieht in der Überzeugung, besser zu wissen, was gut für die Kinder ist. Es kann sich auch eine Auseinandersetzung auf kindlicher Ebene entwickeln, in der es dann zu heftigen Streits kommen kann. Ist der Archetyp des Vaters in dem betreffenden Mann nicht gesichert, ist hier die Gefahr auch der körperlichen Gewalt gegeben.

Die zweite Bedrohung für den Vater tritt dann ein, wenn das Kind (der jüngere Kollege, ein Schüler) ihn »überholt«. Ein gefestigter Vater ist stolz darauf, wenn ihn sein Kind im Sport besiegt oder ein Studium beginnt, während er selbst »nur« Handwerker ist. Manchmal, wenn der Vater nicht mehr versteht, was das »Kind« da eigentlich macht, wird ihm der Kontakt schwerer und Neid und/oder Verlustängste quälen ihn.

Das führt zur Individuationsaufgabe des Vaters: Er kann sich ein Stück vom Puer Aeternus zurückholen, um Spaß mit seinen Kindern zu haben. Letztlich führt ihn der nächste Entwicklungsschritt zum Weisen Alten.

Der Krieger

Der Krieger hat durchaus Ähnlichkeiten mit dem Vater, er ist in allen Aspekten deutlich radikaler und weniger kompromissbereit. Auch er will seine Familie (im weitesten Sinne) beschützen, dazu ist er bereit zu kämpfen. Er ist misstrauisch und sehr auf Abwehr eingestellt, wittert überall – vor allem im Fremden, Unbekannten – Gefahren und rüstet zum Kampf. Dazu sucht er sich gern Mitstreiter in unterschiedlichen Verbänden. Innerhalb dieser Gruppen herrschen dann strenge Regeln. Der Krieger ist ein Machertyp, er weiß (fast) alles besser und tritt damit sehr selbstbewusst auf. Er packt alle Probleme (alleine) an, manchmal zu schnell, ohne nachzudenken, wünscht sich dafür Anerkennung und Bewunderung. Dabei machen ihn diese Alleingänge manchmal eher einsam, da er selten tiefe Freundschaften pflegt. Er ist nicht sehr fähig zu konstruktiven Auseinandersetzungen, sein Motto ist eher: »Wer nicht für mich ist, der ist gegen mich.« So stellt er sich auch nach außen dar und sei es durch die Größe seines Autos.

Der Krieger ist sportlich, bevorzugt eher die kämpferischen Sportarten und er will gewinnen – für sein Selbstwertgefühl *muss* er gewinnen. Und hier liegt auch die starke, für die Gemeinschaft nutzbringende Seite die Krieger: Er gibt nicht auf, wenn ihm etwas wichtig ist, auf ihn kann man sich unbedingt verlassen. In schwierigen Zeiten einen Krieger an seiner Seite zu haben, ist sehr hilfreich, wenn man sicher ist, dass man den gleichen Kampf kämpft wie er. Dem Krieger fällt es schwer, eigenes Unrecht einzusehen und sich – oder wenigstens seine Meinung – zu verändern. Überhaupt zeigt er wenig Erfahrungsbereitschaft und ist im positiven wie im negativen Sinn ausgesprochen konservativ.

Wenn die Kräfte nachlassen und ihm Dinge nicht mehr so einfach gelingen, kann der Krieger sich zurückziehen. Das kann sich auch in starkem Alkoholabusus zeigen und sogar bis zum Selbstmord führen. Jungianer vermuten, dass sich hinter diesem Rückzug eine männliche (archetypische) Urangst verberge, nämlich die Angst des Stammesfürsten vor den nachwachsenden, starken jungen Männern. Er verlässt die Gruppe, um nicht getötet zu werden. Mancher Kämpfer schafft es aber bis ans Ende seines Lebens, ein Krieger zu bleiben, sogar noch im Rollstuhl. Niemals will er alt und schwach sein.

Und genau darin liegt die Entwicklungsaufgabe dieses Archetypen: die Veränderungen, die das Älterwerden mit sich bringt, zu akzeptieren und mit Würde zu integrieren. Er kann sich dazu seine bisher abgespaltenen Anteile bewusst machen und dadurch Erleichterung erfahren: Ein bisschen Puer Aeternus und ein bisschen Weisheit machen das Leben leichter für ihn und am Ende sollen doch auch die Jüngeren das kämpfen lernen, oder?

Was ist der Sinn?

Natürlich sind hier nicht alle denkbaren Archetypen beschrieben – und die dargestellten sicher nicht erschöpfend geschildert. So können wir uns noch folgende Aspekte vorstellen: den König, den Liebhaber und den Wilden Mann, als weibliche Figuren: die Königin, die Hexe (Hebamme) und die Amazone. Vielleicht spüren die Leserin und der Leser noch Persönlichkeitsanteile in sich, die bisher keine Erwähnung gefunden haben. Für alle diese Anteile gilt dasselbe: Sie stellen Zustände dar und fordern zu Entwicklung auf.

Der Leserin und dem Leser stellt sich vielleicht genau diese Frage: »Was ist der Sinn davon, was soll ich damit tun?« Der Sinn ist folgender: Jeder Schritt der »Individuation« (wie Jung die Entwicklung der Person nennt) bringt uns dem eigentlichen Archetypen näher, unserem »Selbst«: »Die letzte Station des Individuationsprozesses und gleichzeitig auch dessen Endpunkt in der Vollendung der Selbstwerdung ist der Archetyp des Selbst, das als Zentrum der Psyche und zugleich seine Totalität definiert ist« (Roesler, 2016, S. 44). Unser Selbst ist also der Kern unserer Person und unserer Einzigartigkeit: »Die Tatsache, dass jeder Mensch diesen Archetyp in sich trägt, begründet die allgemein menschliche Sehnsucht nach Religion bzw. religiöser Erkenntnis und Gottessuche«, so Roesler (ebd.). Jung betont, dass die Individuation die Welt nicht ausschließt. Je nach gerade wirksamen Archetypen gestalten wir unseren Umgang mit Menschen und Dingen.

Lebensende

»Das schauerlichste Übel also, der Tod, geht uns nichts an, denn solange wir existieren, ist der Tod nicht da, und wenn der Tod da ist, existieren wir nicht mehr.«

Epikur (ca. 340–270 v. Chr.)

Alter, Sterben und Tod

Der Philosoph Cato (95–46 v. Chr.) beschreibt vier Gründe, warum das Alter »beklagenswert erscheint« (alle Zitate von Cato haben wir dem Buch *Über das Alter* von Heinz Dürr entnommen):

- »weil es uns von der Ausübung einer Tätigkeit abhält
- weil es unseren Körper schwächt
- weil es uns fast sämtlicher Genüsse beraubt und
- weil es dem Tode nahe ist.«

Dieser Liste kann man nur teilweise widersprechen – soweit es möglich ist, wollen wir dies in den folgenden Abschnitten tun, dabei jedoch keineswegs übersehen, worin Cato Recht behält. Natürlich können manche Menschen bis ins hohe Alter hinein alle Tätigkeiten weiter verrichten, vom Marathonlauf bis zum Kinderkriegen. Das weltweite Netz weiß zu berichten, dass die damals älteste Mutter der Welt mit 70 Jahren Zwillinge zur Welt brachte. Heute ist die Inderin 76 Jahre alt, eines ihrer Kinder ist gestorben und mit der Erziehung des anderen fühlt sie sich überfordert, der Altersunterschied sei zu groß – quelle surprise! Dabei gibt es genug zu tun für älterwerdende und alte Menschen, wie in den obigen Absätzen beschrieben wurde. Es gibt natürlich noch viel mehr als das Erlangen der Weisheit und die Aussöhnung mit dem gelebten Leben und den erlebten Kränkungen. Es gibt die Freude an der Natur, für die im Alter viel mehr Zeit bleibt, um nur ein Beispiel zu nennen. Viele Möglichkeiten des lebenslangen Lernens (dazu gibt es einen kurzen Text im Anhang) und sozialer oder kultureller Beschäftigungen sind im Angebot. Gefragt ist hier auch die individuelle Fantasie, die Wiederentdeckung der kindlichen Neugier und Freude. Wollten Sie nicht immer schon einmal sehen, wohin die neue Straßenbahnlinie führt? Ist es nicht interessant zu beobachten, ob und wie alle dreizehn Entenküken an dem kleinen See aufwachsen, kindliche Genüsse wiederentdecken zu können und zu dürfen? Achtung, Zensur! Vergessen Sie nicht: Übermut tut immer gut! Und wenn jemand Sie albern nennt, betrachten Sie es als Kompliment. Wenn Sie auf dem Jahrmarkt die Achterbahn nicht mehr reizt, macht vielleicht das Kettenkarussell noch Spaß und das Fischbrötchen schmeckt sicher auch noch. Kleine Freuden verdoppeln und verdreifachen sich in guter Gesellschaft von Freunden und Enkelkindern.

Den Beschäftigungen sind im Alter keine Grenzen gesetzt, es gilt allerdings, die passenden zu finden, Pläne zu machen, die Umsetzung zu organisieren. Das bedeutet, die körperlichen Einschränkungen, die das Alter tatsächlich auferlegt, geschickt zu kompensieren. Wenn wir also einen prachtvollen Garten anlegen wollen, entwerfen wir einen und überlassen die Ausführung dem Gärtner oder – gegen ein kleines Taschengeld, den Enkeln oder Nachbarskindern. Wir können unsere Memoiren schreiben oder sie diktieren oder einfach jemandem erzählen. Wir können Reisen machen, wahrscheinlich nicht mehr als »backpacker« (früher hieß das »Rucksackreisende«) und nicht mehr mit dem Zelt. Aber ein bisschen Komfort haben wir uns ja wohl verdient. Und das bedeutet: die Zipperlein des Alltags zu kompensieren, wo es möglich ist, und sich nicht von ihnen beherrschen zu lassen. Natürlich kann der körperliche Zustand zum Lebensinhalt werden, muss er aber nicht. Und was gar nicht mehr geht, geht eben nicht. Dafür kann sich etwas anderes finden …

In den Urlaub fahren

Unseren letzten Urlaub verbrachten mein Mann und ich in Estland. Ich freute mich auf diese Reise, hatte schon Monate vorher Romane und Berichte über das Baltikum gelesen, mir Fotos und Reiseführer angesehen. Das Land ist wunderschön. Riesige Wälder, lange Ostseestrände, Schlösser und Gutshöfe aus der Zeit vor dem Ersten Weltkrieg, alte Städte und Dörfer, das Kurhaus und der Bahnhof in Haapsalu und die Einsamkeit am Peipussee, der Estland von Russland trennt.

Wir hatten, wie so oft auf unseren Reisen, keine Unterkunft vorgebucht. Und es gestaltete sich im dünn besiedelten Estland äußerst schwierig, passende Zimmer zu finden. Wir hatten uns vorgestellt, am Peipussee auf einem Campingplatz ein Holzhäuschen mit Terrasse zu mieten, wie wir sie aus Litauen kennen und abends am offenen Feuer Fisch zu grillen, während die Sonne untergeht und der

Wein in den Gläsern funkelt. Aber anders, als in den Reiseführern beschrieben, gab es am Peipussee keinen Campingplatz mehr und erst recht keine Holzhäuschen. So verbrachen wir zwei Nächte in einem Hostel am See, in einem schmalen Zimmer mit Toilette und Dusche im Gang. Morgens bildete sich eine Schlange vor der Toilettentür und die Dusche wirkte sehr ungeputzt. So möchte ich nicht mehr verreisen! Ich bin am Ende meiner Berufstätigkeit angekommen, meine Kinder sind erwachsen und ich habe jede Form von Urlaub erlebt. Reisen zu viert im VW-Käfer oder R4 an die französische Atlantikküste, übernachten in einem engen Zelt im Nylonschlafsack, in dem ich nachts fror und in dem es morgens ab fünf Uhr unerträglich heiß wurde. Damals war ich Anfang 20, studierte und hatte kein Geld. Aber ich kenne auch Reisen mit zwei kleinen Söhnen, mit Spielzeugkisten im Kofferraum und Frikadellen, die bereits auf dem ersten Rastplatz gegessen werden mussten, Nachtwanderungen im Wolfsgehege und Schlossbesichtigungen mit Filzpantoffeln. Oft habe ich Koffer für vier Personen gepackt, immer wieder überprüft, ob wir alle wichtigen Dinge dabei hatten: Taucherbrille, Rafik Schamis Geschichten, Batman und Robin und Fieberzäpfchen.

Später hatten die Teenagersöhne keine Lust mehr, mit uns die, wie sie sagten, »312. Kirche« anzusehen, zu orthodoxen Klöstern auf die Berge von Zypern zu klettern oder verfallene Burgen in Portugal zu besichtigen. Wir verreisten wieder alleine, erfüllten uns Träume von Zielen im südlichen Afrika oder in Osteuropa. Manchmal waren die Unterkünfte abenteuerlich, manchmal sehr angenehm. In den nächsten Jahren, das habe ich mir vorgenommen, soll jede Herberge bequem sein, altersentsprechend, denke ich.

M. BZ.

*

Catos zweiter Grund für das Beklagenswerte des Alters ist das Schwacherwerden des Körpers. Zum Teil haben wir den Punkt schon oben behandelt. Wir können einiges kompensieren, ein Elektrofahrrad fahren oder (später vielleicht einmal) einen Rollator benutzen, das Luxusmodell natürlich! Und natürlich ist Jammern manchmal erlaubt. Wie schwer ist es, Übergewicht abzubauen, wie schnell schlägt das Herz, wenn wir 40 Stufen heraufgehen müssen, wie schmerzen die Knie beim gleichen Weg nach unten!

Es gibt jedoch tatsächlich auch körperliche Vorteile beim Älterwerden. Zum Beispiel wird die Stimme interessanter. Das ist kein Trost für Sopranistinnen, gilt aber für alle Lieblingspopsänger und -sängerinnen unserer Jugend, soweit sie noch leben, zum Beispiel Leonard Cohen, Yussuf (ehemals Cat Stevens) oder Joan Baez. Und Singen ist so besonders gut für Leib und Seele, dass wir versucht sind, einen Exkurs darüber zu schreiben. Es macht auch Spaß, sie heute noch live singen zu hören, ein bisschen Nostalgie zu leben am besten zusammen mit der Freundin, die schon damals unseren Musikgeschmack teilte. Die Stars sind auch alt geworden. Vor ein paar Jahren – ist das tatsächlich schon 18 Jahre her? – standen noch Evelyn Künneke (1921–2001), Brigitte Mira (1910–2005) und Helen Vita (1928–2001) zusammen auf der Bühne. Selbstironisch nannten sie sich »Die drei alten Schachteln«. Die drei waren zusammen 230 Jahre alt, körperlich durchaus nicht mehr fit, woraus sie keinen Hehl machten. Sie brachten ein kluges und unterhaltsames Programm auf die Bühne und es war nur ganz selten peinlich. Den Auftritt kann man heute noch bei Youtube ansehen. Dass das möglich ist, ist eine Errungenschaft der Nachkriegszeit. Die so lange aktive Generation wollte einfach nicht mit 50 Jahren von der Bühne verschwinden. Warum auch? Nur, weil die Knie wehtun und der Blutdruck ein wenig hoch ist?

Gespräch mit Monika

Monika ist gerade 83 Jahre alt geworden. Sie ist ledig und hat keine Kinder. Bis zu ihrem 63. Lebensjahr arbeitete sie als Krankenschwester im städtischen Krankenhaus. Sie lebt allein in einer gepflegten Doppelhaushälfte mit Garten.

Wie war das Ende Deiner Berufstätigkeit?
»Ich bin gelernte Krankenschwester und habe immer sehr gerne in meinem Beruf gearbeitet, auch am Ende meiner Berufstätigkeit noch. In der letzten Zeit fielen mir allerdings Nacht- und Bereitschaftsdienste zunehmend schwerer.

Ich habe eine große Familie. Wir waren vier Kinder zu Hause. Meine Geschwister haben Kinder und auch seit einigen Jahren Enkelkinder. Mit allen habe ich guten Kontakt. Ich habe viele Freunde, ehemalige Kolleginnen aus dem Krankenhaus, aus meinem Sportverein, der Wandergruppe und auch noch einige Schulfreunde in meinem Heimatdorf. Ich habe gerne Gäste, die ich bekoche. Dafür habe ich vielmehr Zeit, seit ich in Rente bin. Mir ist der Übergang von der Berufstätigkeit im Krankenhaus ins Rentenalter leichtgefallen.«

Wie gestaltest Du Deine Kontakte?
»Ich besuche oft meine Geschwister, die in der Nähe wohnen. Wir unterstützen uns gegenseitig. So begleite ich meine Schwester, die seit einiger Zeit krank

ist, bei Arztbesuchen. Mein jüngerer Bruder erledigt Reparaturen am Haus und kümmert sich um mein Auto. Gerade erst hat er es durch den TÜV gebracht. Meine Nichten und Neffen wohnen mit ihren Kindern über das ganze Land verstreut. Manchmal besuche ich einen Neffen in Berlin. Dann fahre ich nicht mehr mit dem Auto, sondern mit der Bahn. Mit allen Verwandten telefoniere ich oft. Ich habe eine gute Freundin, mit der ich seit vielen Jahren in Urlaub fahre. Das waren schöne Reisen, nach Frankreich, Italien oder Österreich. Heute bleiben wir eher in der Nähe. Wir fahren in den Harz oder in die Lüneburger Heide. Ich nehme an den Treffen des Heimatvereins teil, gestalte den Weihnachtsbasar des Krankenhauses mit und bin oft mit ehemaligen Kolleginnen zusammen.«

Gab es Wünsche, die Du Dir für Dein Rentenalter »aufgespart« hattest?
»Ja, als ich noch arbeitete, habe ich mir vorgestellt, ich kaufe mir einen Wohnwagen, den ich auf einem festen Stellplatz auf Norderney unterbringe. Das habe ich dann auch gemacht. Ich konnte es genießen, im Sommer draußen, vor dem Wohnwagen zu sitzen und aufs Meer zu sehen. Vor fünf oder sechs Jahren übergab ich den Wohnwagen meinem Neffen und seiner Familie. Mir wurden die Fahrten auf die Insel mit der Zeit zu anstrengend und mein Neffe hat drei kleine Kinder, die am Strand glücklich sind.«

Wie sind deine Eltern alt geworden?
»Meine Mutter starb leider schon mit 64 Jahren. Sie lag morgens tot im Bett. Ich war sehr traurig. Später dachte ich oft darüber nach, dass sie vom Hausarzt wohl nicht richtig behandelt worden ist. Sie war herzkrank. Der Arzt verschrieb meiner Mutter über viele Jahre Medikamente, ohne sie zu untersuchen. Das Rezept wurde telefonisch bestellt und dann in der Praxis abgeholt. Mein Vater hatte sein Baugeschäft kurz vorher meinem älteren Bruder übergeben. Meine Eltern hatten sich sehr auf die gemeinsame Zeit gefreut.

Mein Vater wurde 84 Jahr alt. Er blieb in unserem Elternhaus wohnen. Frühstück und Abendessen machte er sich allein, mittags aß er bei meinem Bruder und der Schwägerin. Als er gebrechlicher wurde, putzten meine Schwester und ich die Wohnung und wuschen seine Wäsche. Mein älterer Bruder kaufte das Elternhaus und zahlte uns Geschwister den Erbteil aus. Mein Vater hatte lebenslanges Wohnrecht. Das wollte er so.«

Gab es Konflikte unter Euch Geschwistern, als dein Vater alt wurde?
»Nein. Gut war, dass unser Vater alles geregelt hatte. Es wurde so gemacht, wie mein Vater es wünschte. Er verteilte sein Erbe gerecht und hatte das Geld für seine

Beerdigung zurückgelegt. Niemand fühlte sich übervorteilt. Wir hatten immer ein gutes Verhältnis zueinander.«

Hast Du Vorkehrungen für die Zeit getroffen, in der du keine Entscheidungen mehr treffen kannst?
»Das will ich unbedingt in den nächsten Tagen machen. Ich weiß nicht, warum ich das so lange vor mir hergeschoben habe. Mein jüngerer Bruder brachte mir schon vor Längerem die Formulare vorbei. Ich weiß, dass ich keine lebensverlängernden Maßnahmen möchte, wenn ich unheilbar krank werde. Ich weiß, wem ich was vererben will und wo ich begraben werden möchte. Ja, das werde ich jetzt erledigen!«

*

Damit sind wir bei Catos drittem Argument, das Alter nähme uns alle Genüsse. Hier muss ganz energisch widersprochen werden. Obige Ausführungen enthalten schon viele Gegenargumente. Eigentlich sollten wir uns mit diesem Argument gar nicht weiter beschäftigen. War Cato etwa nicht so weise, wie er selbst von sich dachte, war er vielleicht im Sinne Eriksons sogar überhaupt nicht weise, das heißt nicht reif, sondern eher lebensüberdrüssig? Wie wir gelassen auf das Alter reagieren und auf das Ende zugehen können, zeigt die Geschichte von Henny.

Übermorgen können wir über das Sterben reden

Als Alfred 1949 aus russischer Gefangenschaft nach Hause kam, wohnte Henny in seinem Zimmer. Ihre und Alfreds Eltern kannten sich schon lange vor dem Krieg aus der Arbeit bei den Falken. Hennys Familie war ausgebombt. Sie wohnte nun zum Teil vor der Stadt in einer kleinen »Bude«, die sie später ein bisschen schönfärberisch »Wochenendhaus« nannte. Hennys Vater hatte sie 1936 auf einem Stück Ackerland gebaut.

Alfred und Henny verliebten sich ineinander. Alfred hatte offensichtlich jemanden in Russland zurückgelassen. Er hatte dort als Klempner bessere Bedingungen gehabt, als die meisten seiner Mitgefangenen. Und auch Henny war schon einmal verlobt gewesen. Den Ring hat sie noch, die Verlobung wurde gelöst, weil der Mann ihr Angst gemacht hatte (er litt offensichtlich unter einem Kriegstrauma).

Alfred und Henny verlobten sich, nach zwei Jahren heirateten sie. Noch einmal vier Jahre später kam der erste Sohn zur Welt. Die Jahre vor der Geburt des Jungen waren schön, aufregend und auch beängstigend für Henny. Mit Alfred nahm sie wieder an Zeltlagern der Falken teil. Alfred schätzte das Abenteuer. Er fuhr mit Henny im Kanu auf der Elbe, aber das machte ihr wenig Freude, da sie nicht schwimmen konnte. Also kaufte Alfred ein Motorrad, sie fuhr im Sozius mit. Bald gab sie auch ihre Stelle als technische Zeichnerin auf. Die tüchtigen Nachkriegsfrauen räumten ihre Arbeitsplätze den heimkehrenden und den heranwachsenden Männern. Kurz nach der Geburt des ersten Sohnes bekam die Familie eine eigene Wohnung, dann wurde das zweite Kind geboren. Das war nun Hennys Welt: die Wohnung, die Kinder und das Wochenendhaus, wo auch manchmal Freunde vorbeikamen. Inzwischen gab es auch ein Auto, und Alfred gab das Motorradfahren auf, arbeitete viel und die Familie machte manche kleine Reise, oft nach Dänemark, wo Alfred – Henny weiß nicht woher – Gitte kannte.

Henny war meist zufrieden, manchmal fühlte sie sich ein bisschen einsam, manchmal überfordert, besonders von Alfred und seiner fordernden, polternden Art. Glücklich war sie in ihrer Ehe nicht. Das änderte sich auch nicht, als die Söhne erwachsen und längst aus dem Haus waren. Die Streite wurden seltener. Sie hatten darin bestanden, dass Alfred massiv wurde und Henny sich zurückzog.

Als Henny fast 70 Jahre alt geworden war, starb Alfred. Er war in die Garage gegangen, um etwas am Auto nachzusehen. Als er nach zwei Stunden nicht zurück war, ging Henny, um nach ihm zu sehen. Da lag er tot, halb unter dem Auto. Henny richtete sich schnell in ihrem Leben allein ein. Sie kaufte ein und kochte für sich, telefonierte täglich mit einer Freundin, hatte einige Kontakte, zu Nichten, ihren Söhnen, einigen wiedergefundenen Freundinnen aus der Schulzeit. Es ging ihr gut so, niemand forderte etwas von ihr. Sie war gern allein. Als sie 82 Jahre alt war, beschloss sie, aus der Wohnung, in der sie über 50 Jahre gelebt hatte, auszuziehen. Das Treppensteigen wurde ein wenig mühsam und alle alten Nachbarn waren inzwischen gestorben oder umgezogen. Sie zog in eine Wohnungsanlage der AWO, wo sie seit 20 Jahren auf einer Warteliste stand. Noch gemeinsam mit Alfred hatte sie sich hier vormerken lassen. Der Wechsel aus ihrer Drei-Zimmer-Wohnung in das Altenapartment fiel Henny leicht. Ohne Probleme gab sie mehr als die Hälfte aller ihrer Sachen ab. Nun begann eine schöne Zeit für sie – vielleicht ihre schönste. Zum ersten Mal in ihrem Leben richtete sie sich ein eigenes Zuhause ein. Sie kam sich reich vor, leistete sich einen Teppichboden, neue Vorhänge, einen bequemen Stuhl für den winzigen Balkon, einen Sonnenschirm. Sie liebt diese Wohnung und war in der ersten Zeit ganz euphorisch. Mit ihrer Rente kommt sie gut aus, außerdem gibt es Rücklagen. Hier tauchen dann auch freundliche Gedanken an Alfred auf: »Alfred hat gut für mich gesorgt«, sagt sie manchmal.

Mit dem Älterwerden hatte sie lange Zeit keine Probleme, ihre Gesundheit war stabil. Überhaupt: Alt sind immer die anderen. Beim Mittagessen – eine Gelegenheit für soziale Kontakte, ein bisschen Geplauder und manchmal eine Verabredung –, gibt es zwei oder drei »Alte«. Die sind über 100 Jahre alt. Auch, wenn die ein oder andere Freundin oder Bekannte starb, suchte sie niemand Neues. Manchmal nahm sie an Gruppenangeboten teil, zum Beispiel am Stuhlturnen. Einige Zeit lang ging sie auch zum Rommé-Spielen. Dort sagte eine der alten Frauen: »Wenn wir schon zusammen Karten spielen, können wir uns auch duzen.« Henny erzählte das ihrem Sohn mit dem Kommentar: »Hab ich mir gedacht, dass so was mal passieren könnte!« Sie nahm es aber hin und kurze Zeit später starb die duzfreudige Dame – es war eine von den 100-Jährigen gewesen.

Enger Kontakt ist Henny nicht wichtig, Körperkontakt mag sie gar nicht. Alle Menschen, auch die, die ihr am nächsten stehen, begrüßt sie mit einem kurzen Händedruck. Als ihre Schwiegertochter einmal versuchte, sie nach über 20-jähriger Bekanntschaft zum Abschied zu umarmen, zuckte sie zurück und erklärte sich mit den Worten: »Das bin ich ja nicht gewohnt.«

Nach Alfreds Tod hat sich Henny verändert. Sie wird weicher, zeigt sich mehr, erzählt gern aus ihrer Geschichte (nicht aber aus ihrer Ehe). Sehr freundliche Sätze hat sie für die kleinen Fehler anderer Menschen. Wenn man ihr etwas ungeordnet erzählt, sagt sie: »Das macht nichts, ich sortier mir das schon.« Fährt man an einer Ampel nicht schnell genug los, sagt Henny nicht: »Grüner wird's nicht«, sie sagt: »Es ist schön grün.«

Langsam setzt ihr das Alter allerdings doch zu. Eine altersbedingte Makula-Degeneration macht es ihr unmöglich zu lesen, was bis dahin eine ihrer kleinen Freuden war (und ein Buch war immer ein gutes Geburtstagsgeschenk), auch beim Fernsehen erkennt sie nicht mehr viel. Außerdem hört sie schwer. Dann hatte sie einen Zusammenbruch, sie hatte offensichtlich über längere Zeit viel zu wenig getrunken, war völlig dehydriert und litt an einem extremen Natriummangel. Sie kam ins Krankenhaus, wo sie in den ersten Tagen ziemlich verwirrt war und unter anderem Elefanten in ihrem Zimmer sah. Nach zehn Tagen wurde sie in eine Kurzzeitpflege entlassen. Ihr Glück war es, dass die Pflegestation zur gleichen Anlage gehört, wie ihre Wohnung. Henny lag in einem Doppelzimmer. Schon bald konnte sie wieder laufen – mit einem heimeigenen Rollator. Ihr erster Gang führte sie zurück in ihre Wohnung. Sie wollte alles tun, notfalls auch viel trinken, um nicht auf der Pflegestation bleiben zu müssen. Am meisten vermisste sie ihr eigenes Bad.

Nach vier Wochen ging sie zurück in ihre Wohnung. Es geht ihr wieder gut. Sie macht sich immer noch Frühstück und Abendbrot selbst, dafür erledigt sie auch ihre Einkäufe – inzwischen mit einem eigenen Rollator, manchmal auch nur mit einem Stock. Zum Mittagessen geht sie ins hauseigene Restaurant. Tagsüber ist sie manchmal müde, aber sie kann auch nachts gut schlafen. Mit ihren neuen Einschränkungen hat sie sich schnell abgefunden und diskutiert jetzt mit ihren Söhnen die Anschaffung eines größeren Fernsehapparates und einer starken Lesehilfe. Außerdem hat sie jetzt eine Putzfrau. Das bedeutet, dass sie dienstags immer gründlich saubermacht, weil mittwochs die Putzfrau kommt. Die macht dann dort sauber, wo Henny »nicht hinkommt« oder eben den Schmutz nicht sehen kann. Besuch bekommt sie von ihren Söhnen und zwei Nichten, sie selbst besucht niemanden mehr. Einmal täglich telefoniert sie mit ihrer Freundin Gisela, die sie schon seit mehreren Jahren nicht gesehen hat.

Es geht ihr gut. Sie hat sich ein weiteres Stück aus dem Leben zurückgezogen, aber ans Sterben denkt sie nicht, es ist ja schließlich nicht übermorgen. Jetzt interessiert sie sich mehr für ein Superlesegerät und hat endlich – auf Wunsch ihrer Söhne – ihre Patientenverfügung und eine Vorsorgevollmacht unterschrieben. Ob sie manchmal an ihren Tod dächte oder ob sie auch über hundert Jahre alt werden wolle, wurde sie gefragt. Hennys Antwort: »Heute will ich nicht sterben, morgen auch nicht. Aber übermorgen können wir mal wieder drüber reden.«

Henny hält es offensichtlich mit dem Satz Epikurs, der diesen Abschnitt einleitete – dass es keinen Sinn macht, sich Gedanken über den Tod zu machen, solange man lebt.

*

Trotzdem ist der vierte Satz der Klagen Catos nicht zu widerlegen. Man rückt dem Tod näher. Natürlich sterben auch junge Menschen, aber je älter man wird, umso sicherer ist das Sterben. Natürlich können wir es nicht vermeiden, manchmal daran zu denken. Doch auch, wenn wir genau wissen, dass der Tod näherkommt, weil Erfahrung es unseren Verstand gelehrt hat, entrückt uns manchmal dieses Wissen. Vielleicht sterben ja doch nur die anderen und nicht ich?

Alle Menschen sind sterblich – außer mir

Ich bin gerade 64 Jahre alt geworden, ein unvorstellbar hohes Alter – für 20-Jährige. Nie habe ich mir vorstellen können, so alt zu sein und so recht kann ich es immer noch nicht. Zugegeben, wenn ich in den Spiegel sehe, bekommt diese Zahl eine gewisse visuelle Wahrscheinlichkeit. Die ist aber labil und verschwindet schnell wieder, wenn ich die Augen schließe. Obwohl das ein oder andere Zipperlein in Knie oder Hüfte mich auch manchmal daran erinnert. Als Psychotherapeutin habe ich in einer Fortbildung zur »Psychotherapie mit älter werdenden Menschen« gelernt, es sei die wichtigste Aufgabe des Älterwerdens, sein verändertes Körperselbstbild zu integrieren. Beispiele für das Misslingen dieses Integrationsversuches sind Männer (und zunehmend auch Frauen), die ihre Partner oder Partnerinnen im Rhythmus ihres Älterwerdens wechseln. Über dieses Thema haben wir oben schon geschrieben. Gründe dafür gibt es – aus psychologischer Sicht – einige, zum Beispiel einen nicht bearbeiteten Narzissmus, auch einen unaufgelösten Konflikt mit dem eigenen Vater (oder – bei Frauen – der Mutter). Mit der jungen Frau wehrt der unaufhaltsam älter werdende Mann die Angst ab, so wie »der Alte« zu werden. Der tiefste Grund aber scheint mir der zu sein: Das Unbewusste kennt weder Alter noch Tod. Diese Theorie entwickelte schon Sigmund Freud in seinem Text »Zeitgemäßes über Krieg und Tod«. Freud schrieb diesen Text 1915, erschüttert über den Ausbruch des Krieges. Und er beschreibt seine Verwirrung darüber, wie erbittert die Feinde bekämpft werden, wie Wissenschaft und Kultur unwichtig werden und vor allem, dass der Krieg ein anderes Verhältnis zum Tod zeigt, als das bisher angenommene:

> »Wenn man uns anhörte, so waren wir natürlich bereit zu vertreten, daß der Tod der notwendige Ausgang alles Lebens sei, daß jeder von uns der Natur einen Tod schulde und vorbereitet sein müsse, die Schuld zu bezahlen, kurz, daß der Tod natürlich sei, unableugbar und unvermeidlich« (Freud, 1982 [1915], S. 49).

In Wirklichkeit, so Freud weiter, leben wir jedoch, als gäbe es keinen Tod. Der eigene Tod sei unvorstellbar. Wenn wir ihn uns vorstellten, seien wir schließlich immer noch Zeugen des Vorgestellten – also lebendig. Sonst könnten all die jungen Menschen nicht so bereitwillig in den Krieg ziehen. Sie wollen dem Gegner den Tod bringen, aber niemals selber sterben. Freud fährt fort: »So konnte in der psychoanalytischen Schule der Ausspruch gewagt werden: Im Grunde glaube niemand an seinen eigenen Tod oder, was dasselbe ist: Im Unbewußten sei jeder von uns von seiner Unsterblichkeit überzeugt« (ebd., S. 49).

Wie wahr diese These ist, spüren wir alle, wenn wir ehrlich sind. Das Wissen um unser Älterwerden und um unsere Sterblichkeit ist ein rein rationales. Wir können uns unseren Tod einfach nicht wirklich vorstellen, denn wenn wir ihn uns vorstellen, steht ein Teil von uns immer noch als Zeuge daneben, »sieht«

uns tot. Dieser beobachtende, sehende Teil ist höchst lebendig und damit ist der Beweis erbracht: Dass wir uns vorstellen können, sterblich zu sein, ist geradezu ein Beweis für unsere Unsterblichkeit.

Oft hört man die Klage, in dieser Gesellschaft werde der Tod verdrängt. Das ist gar nicht nötig, wenn es den Tod gar nicht gibt! Und wenn Freud recht hat, dann gibt es ihn in keiner Gesellschaft. Natürlich gibt es Kollektive, die mit Kranken, Alten, Sterbenden und Toten anders umgehen als wir im »Westen«. Das heißt aber nicht, dass dort das Unbewusste der Individuen anders funktioniert: Wenn wir genauer hinsehen, handelt es sich überwiegend um Rituale, die auf das Weiterleben (nach dem Tod der jetzigen, alt gewordenen Körperhülle) gerichtet sind, also die Unsterblichkeit verkünden.

Nur manchmal wankt die Sicherheit, unsterblich zu sein. Das geschieht, wenn Menschen, die wir lange kennen, die also ein Teil unseres Lebens (und damit des ewigen Lebens) sind, wirklich sterben, einfach nicht mehr da sind. Und in unserer Trauer um diesen Verlust liegt auch die Erschütterung darüber, dass der Tod tatsächlich existiert. Trotzdem wird jede Trauer begleitet von dem Gefühl einer Unwirklichkeit. Ist der Mensch, der so selbstverständlich in meinem Leben war, für immer tot? Eine Patientin erzählte von ihrem verstorbenen Mann und sagte abschließend: »Ich finde, jetzt ist er lange genug tot.« Noch heute, 40 Jahre nach dem Tod meines Bruders, stelle ich mir manchmal vor, er stünde plötzlich vor mir und sagte: »Ich bin Werner, erkennst du mich nicht?« Natürlich hätte ich ihn nicht erkannt, weil er in meiner Fantasie ja immer der junge Mann geblieben ist. Aber darüber, dass er noch lebt, wunderte ich mich nicht. Und irgendwann nach dem Tod eines Menschen, der uns so sehr nahegestanden hat, dass unsere Sicherheit für eine kurze Zeit ins Wanken geraten sind, kommt zuverlässig eben diese Sicherheit zurück: »Alle Menschen sind sterblich – außer mir.« Dabei geht es nicht um Verdrängung. Warum sollten wir etwas verdrängen müssen, dass es gar nicht gibt, nie gab? Ebenso wie die Entwicklung des Individuums ist in der Menschheitsgeschichte der Glaube an die Unsterblichkeit verbreitet. Dabei kann es sich sowohl um eine buddhistische oder hinduistische Wiedergeburtslehre handeln als auch um die Auferstehungsidee der christlichen Kirchen. In vielen anderen Kulturen zeugen Grabbeigaben vom Wissen um die Unendlichkeit des individuellen Lebens. Es wurden dem Toten nicht nur Nahrungsmittel mitgegeben, sondern auch Waffen, um sich zu verteidigen, Spielgefährten gegen die Einsamkeit in der Grabkammer oder (lebende!) Sklaven, damit der Tote nicht alle noch anfallenden Arbeiten allein bewältigen musste.

Natürlich kann man alle diese Bräuche auch als Abwehrmaßnahmen gegen die Todesangst deuten. Nebenbei bemerkt scheint es uns wichtig, zwischen der

Angst vor dem Sterben und der Angst vor dem Tod zu unterscheiden. Die Angst vor dem Sterben ist die Angst vor Schmerz, Leiden, Hilflosigkeit und Kontrollverlust. Die Angst vor dem Tod beinhaltet etwas ganz anderes, nämlich die Angst vor dem Verschwundensein, dem Vergessenwerden und in manchen Fällen auch die Angst vor einer unendlichen Leere und Einsamkeit. Letzteres weist wieder darauf hin, dass wir im Tod vielleicht doch nicht ganz tot sind. Sonst könnten wir uns »einfach« an den Rat des Philosophen Epikur halten, der da meint, der Tod sei kein relevantes Problem. Solange wir an ihn denken können, leben wir ja noch. Und wenn wir nicht mehr leben, können wir auch nicht mehr an ihn denken und müssen uns keine Sorgen mehr machen.

Wie wahr die These vom Unbewussten, das keinen Tod kennt, ist, zeigt sich auch darin, auf welche Weise viele Menschen sterben. Diese Art zu sterben ist diejenige, die sich die meisten Menschen wünschen, nämlich so zu sterben, als gäbe es den Tod nicht, und wenn er dann kommt, ihn gar nicht zu merken.

A. R.

Sanfte Tode

Lena und Robert

In dem Kapitel »Alle Menschen sind sterblich – außer mir« haben wir Freuds Theorie betrachtet, das Unbewusste kenne keinen Tod. Wir haben dabei nur die Seite des »Ichs« betrachtet und das scheint ein wenig kurzsichtig. Die Imagination der Unsterblichkeit bezieht sich auf alle Menschen, nicht nur auf uns, und schließt besonders die mit ein, die uns nahestehen, die wir lieben. Alles Wissen um die Existenz des Todes bleibt rein intellektuelles Wissen. Von Menschen, die die Wahrheit der Sterblichkeit unbedingt ins gesellschaftliche Bewusstsein rücken wollen, hören wir häufig das Postulat: »Wir müssen den Tod als Teil des Lebens akzeptieren.« Mit diesem Oxymoron sagen sie genau das: Es gibt ihn »nicht wirklich«. Vielleicht haben sie recht! Menschen, die einen geliebten Anderen verloren haben, fühlen sich noch nach seinem Tod mit ihm verbunden. Es gibt die Liebe oder Freundschaft über den Tod hinaus. Das kann ein wunderbares, stärkendes Gefühl sein, wenn es Raum für ein eigenes Leben danach ist. Die Qualität, die eine Beziehung gehabt hat, kann fortwirken und uns beim Neuanfang ohne den Anderen unterstützen. Diese Idee wurde uns anschaulich vermittelt in Lenas Geschichte.

Vor fünf Jahren wurde Robert richtig krank, das war im April. Im Mai wurde er operiert, Ende Dezember starb er. Im Oktober zeigte eine Untersuchung, dass der Krebs nicht weiter aktiv war, und so reisten Lena und Robert Ende November nach Südafrika, wo eine seiner Schwestern lebt. Es waren zwei Monate Aufenthalt geplant, Lena und Robert wollten sich dort bei Sonne, Wärme, Meer erholen. Beide waren noch voller Hoffnung. Sie sprachen nicht über Tod und Sterben. Gleich nach der Operation im Mai hatten die Ärzte zu Lena gesagt, dass Sterben durchaus eine wahrscheinliche Entwicklung sei. Lena selbst sagt dazu: »Damals dachte ich, Robert wolle nichts davon wissen. Jetzt denke ich, ich selbst wollte es auch nicht wahrhaben. Ich habe mich darüber gewundert, dass wir nicht über das Sterben gesprochen haben. Keiner von uns beiden hat es initiiert: Vielleicht hat er sich gefürchtet? Robert war tief religiös. ›Furcht‹ trifft es nicht. Es ging darum, den Kampf aufzunehmen und dem Tod ein Schnippchen schlagen zu wollen. Ich schwieg vielleicht aus Rücksicht, aus Respekt vor seinen Wünschen? Ich kann es genau nicht sagen. Heute, nach fast fünf Jahren, glaube ich: Wir haben einfach um Roberts Leben gekämpft und das Wissen ums Sterben außen vor gelassen.«

Robert kam zwei Mal ambulant in eine Klinik in Muizenberg in Südafrika. Beim dritten und letzten Mal war er schwach, unterernährt und dehydriert. Der Arzt sagte: »Rehydrieren allein reicht nicht, er muss künstlich ernährt werden.« Das war zehn Tage, bevor Robert starb. Der Augenblick des Todes bedeutete für Lena vieles: das Ende des Kämpfens, Bedauern, gleichzeitig auch Zärtlichkeit für Robert und innige Zuwendung.

Vor und nach Roberts Tod erlebte Lena eine wunderbare Unterstützung durch ihre und Roberts Familie. Ihr Bruder und seine Frau kamen zu Besuch aus Italien, ihre Schwester aus Deutschland kam regelmäßig, auch ganz zuletzt nach Südafrika, und besonders zwei Freunde aus York standen ihr täglich bei, nach der Operation und sehr intensiv auch nach Roberts Tod. Ebenso wichtig waren Roberts Schwestern, Nichten und Neffen. In ihrem Schmerz fühlte sich Lena getragen.

Das intensive Erleben der Natur im Botanischen Garten in Kirstenbosch am Tag nach Roberts Tod in großer Familienrunde empfand Lena als sehr trostreich. Ähnliche Erlebnisse von Trost hatte sie mit ihrer und Roberts Schwestern bei Ausflügen entlang der südafrikanischen Küste und bei der kleinen Trauerfeier in Muizenberg. In York, wo sie lange gemeinsam gelebt hatten, gab es eine große Trauerfeier. Dort spürte Lena wohltuend, wie viele Menschen an ihrem und Roberts Leben – und an Roberts Tod – teilnahmen.

Dennoch: »Es tat mir weh, dass Robert so früh mit 64 Jahren gegangen ist. Wir hatten uns sehr auf einen gemeinsamen Lebensabend gefreut. ›Es ist wie es ist, sagt die Liebe‹ (Erich Fried), beschreibt ganz gut, wie ich mich bei aller Trauer fühlte.«

Wie konnte Lena weiterleben, was gab ihr Kraft? Sie hat einen Beruf, den sie bald nach Roberts Tod weiter ausübte. Die Arbeit als Lehrerin des Alexander-Technik-Verbandes erfüllte und belebte sie. Sie entschied sich, in ihrem Leben vorerst keine großen Veränderungen vorzunehmen, um sich, gemäß dem alten Brauch eines Trauerjahres, Zeit zum Verarbeiten und Trauern zu geben. Die Kontakte zu ihren Geschwistern wurden enger und wichtiger, die zu Roberts Familie fühlten sich wie Beheimatetsein an. Besonders wichtig war der Kontakt zu Roberts Mutter. Die beiden Frauen konnten zum Beispiel bei einer Mahlzeit von Fish und Chips klagen, dass Robert nicht mehr dabei sei. Roberts Kinder und Enkelkinder sind ebenfalls eine Quelle des Trostes. Lena kann die Enkel weiterhin aufwachsen sehen und bleibt im lebendigen Kontakt mit der seiner ganzen Familie.

Ganz praktische Veränderungen, mit denen sie nach Roberts Tod begann, haben ihr geholfen, ihr Leben neu in die Hand zu nehmen. So ersetzte sie ihren Gaskamin durch einen Holzkohleofen und schuf sich damit ein »Zentrum von lebendiger Wärme«. Sie strich während des ersten Sommers die Zimmer in ganz anderen Farben neu und genoss dabei, keine Kompromisse machen zu müssen. Auch die Sitzmöbel ließ sie neu beziehen. Im Laufe der Jahre verkaufte und verschenkte sie einige Möbel und ließ sich ein neues Bad einbauen. Trotzdem fühlte sich das Haus weiterhin vertraut an. Sie ist gerne dort. »Meine innere Frage, ob ich Robert aus dem Haus ›rausgeschmissen‹ habe, habe ich verneint: Ich habe vermieden, es in ein unlebendiges Museum zu machen.« So sehr eingebunden in Arbeit, Familie und Haus, wie sie ist, war es Lena von Anfang an klar, dass sie nicht nach Deutschland zurückgehen wollte.

Etwas ganz Neues, Drastisches, hat sich nicht ereignet und schien auch nicht nötig. Die Liebe zur Natur, die sie mit Robert geteilt hatte, lebte sie weiter und ging auf denselben Wanderwegen. Manchmal vermied sie es auch, das zu tun, was sie mit Robert gemeinsam getan hatte. In Irland zum Beispiel bereiste sie den Teil, den sie nicht zusammen erlebt hatten. »Das erste Mal an einen Ort zu kommen, an dem wir zusammen waren, war meistens eine kleine Hürde für mich, mit Trauer verbunden, fast physisch schmerzhaft.«

Es gab allerdings auch große Veränderungen, die Lenas inneren Prozess anzeigen. Vier Jahre nach Roberts Tod hat sie alle Bilder von ihm, aber auch alle Familienbilder, abgehängt. Es ist ihr jetzt ein Bedürfnis, keinen Menschen auf ein Bild festzulegen.

Gern geht sie etwa alle vier bis sechs Wochen zu der Stelle wo Roberts Asche begraben ist. Von dort hat man einen wunderschönen, weiten Blick über das

Meer. Mit Roberts Augen betrachtet sie seine Lieblingslandschaft. Er ist ihr weiterhin sehr lieb, manchmal näher, manchmal ferner. »Ich spreche nicht mit ihm, aber er kommt mir in den Sinn, besonders, wenn ich die Musik höre, die wir gemeinsam gehört haben, vor allem Beethoven und Bach.« Sie geht weiterhin sehr gerne und regelmäßig zu den Konzerten des Chors, in dem Robert gesungen hat: »Und da suche ich nicht seine Stimme oder seine Gegenwart, und doch ist er mir dort vertraut.«

Lena ist jetzt 68 Jahre alt. Ihre eigene Gesellschaft ist ihr sehr lieb, die anderer Menschen auch. Seit etwa einem Jahr wünscht sie sich, jemand Vertrauten um sich zu haben »und nicht nur zum Rummikub spielen«. Im Internet hat sie nach einem solchen Kontakt gesucht, aber bisher nicht viel erreicht. Eine lebendige Begegnung wäre ihr lieber ...

Marions Mutter starb im Mai

Marions Mutter Ilse war 75 Jahre alt. Sie hatte ein ausgefülltes Leben und feste Gewohnheiten. Jeden Mittag, nach einer kleinen Pause, kochte sie sich eine Tasse Kaffee, zog sich ins Wohnzimmer zurück und telefonierte etwa eine halbe Stunde mit ihrem langjährigen Freund Rudolph, mit dem sie sehr viel Interesse für geistige Themen teilte und einen intensiven Austausch pflegte, der mit ihrem Mann nicht möglich war. Nach dem Telefonat betete sie und meditierte über ein Thema, das Gegenstand ihres Gespräches mit Rudolph gewesen war. Dazu saß sie mit geschlossenen Augen und gefalteten Händen in einem bequemen Sessel. So saß sie eines Tages im Mai, bis ihr Mann sie fand, tot und mit einem sehr entspannten Gesichtsausdruck. Aus allen bisher reifen Erdbeeren hatte sie noch Marmelade gekocht, die in hübsch beschrifteten Gläsern auf der Anrichte in der Küche standen.

Ebenso wie alle anderen Geschichten, die wir bereits erzählt haben, ist auch diese Geschichte tatsächlich nicht ausgedacht. Wir haben viele Beispiele für solche sanften Tode gefunden, die mitten im Leben eintrafen – so auch bei Ursulas Schwiegermutter.

Ursulas Schwiegermutter

Am 11. September 2011 wurde in Niedersachsen ein neuer Landtag gewählt. Mittags rief mein Mann seine Mutter in Ostfriesland an und fragte: »Hast Du auch richtig gewählt, Mama?« »Natürlich«, sagte sie, »SPD, wie immer!« Weiter erzählte sie, dass es heute zu Mittag grüne Bohnen und Schnitzel gäbe und dass sie zum Nachmittagstee, zusammen mit ihrem Freund und Nachbarn Johann bei Frau Gerdes in der Straße weiter unten eingeladen wäre.

Der Tag war sonnig und warm und wir machten einen langen Spaziergang. Abends sahen wir uns den üblichen Tatort im Fernsehen an, als das Telefon klingelte. Mein Mann nahm den Hörer ab. »Nein«, rief er »nein, nein, nein.« Als er auflegte, hatte er Tränen in den Augen. »Meine Mutter ist tot«, sagte er. Sie habe mit Johann eine kleine Radtour nach dem Abendessen gemacht. Weil es windig gewesen sei, hatte Johann erzählt, sei sie nach einer Weile vom Rad abgestiegen. »Das ist mir zu anstrengend«, soll sie gesagt haben. Dann fiel sie um und war tot. Meine Schwiegermutter wurde 90 Jahre alt.

M. BZ.

*

Wir haben bereits darauf hingewiesen, dass es sich bei der Todesangst wohl eher um die Angst vor dem Sterben handelt. Wir können im Sterben das letzte große Abenteuer des Lebens sehen. Es ist normal, vor großen Abenteuern Angst zu haben. Aus diesem Grund machen manche Menschen ihr Sterben zu einem Projekt. Ängstlich legen sie fest, wie sie sterben wollen, was sie nicht wollen, was ihnen das Sterben leichter machen soll (Stichwort: »Patientenverfügung«, siehe auch Anhang).

Elisabeth

Dass Sterben auch unproblematisch – das heißt ohne Angst – sein kann, zeigt die Begegnung mit Elisabeth. Sie war über 90 Jahre alt, als wir uns das erste Mal trafen, beim zweiten Mal war sie 93 und litt an Leukämie. Aber sie wolle sich nicht behandeln lassen, der Arzt habe ihr erklärt, wie das Sterben vor sich ginge: »Du kannst noch eine Weile so leben, dann wirst du schwächer und musst dich zwischendurch immer wieder hinlegen, in den letzten Tagen wirst du gar nicht mehr aufstehen können und dann wachst du einfach nicht mehr auf.« Bei unserer letzten Begegnung war Elisabeth 99 Jahre alt, die Leukämie war verschwunden. Die Aussagen des Arztes ließen sich also nicht verifizieren, entsprechen aber durchaus unseren Erfahrungen mit dem Sterben von Krebspatienten. Deren größtes Leid ist oft die medizinische Behandlung, die das Leben verlängert.

Es gibt tatsächlich viele Sterbesituationen, wo der Tod als der oft beschworene Erlöser kommt.

Ich bin unendlich müde

Als mein Freund Hermann einen Schlaganfall bekam, war er 94 Jahre alt. Ein gutes Jahr vorher hatte er seine Frau verloren, mit der er 65 Jahre verheiratet war. Beide hatten sich sehr nahegestanden, viel Zeit miteinander verbracht und ich fürchtete, der Tod seiner Frau würde Hermann aus der Bahn werfen. Das passierte nicht. Hermann trauerte, vermisste seine Frau, aber er nahm sein Leben noch einmal in die Hand. Weil ihm das Treppensteigen zu seinem Arbeitszimmer schwerfiel, kaufte er sich einen neuen Schreibtisch, um unten im Wohnzimmer am PC arbeiten zu können. Hermann und seine Frau hatten immer viele Freunde und es gab nette Nachbarn, die oft zu Besuch kamen. Es war Hermann wichtig, sich weiterhin mit ihnen zu treffen, sich zum Essengehen zu verabreden, mit politischen Freunden zu diskutieren. Besonders freute sich Hermann über den Besuch seines Urenkelkindes, der zweijährigen Marie. Die Kleine kam regelmäßig mit einem Bilderbuch zu ihm und forderte: »Vorlesen, Opa Hermann!« »Wie schön, dass ich das erleben darf«, meinte Hermann: »Für meine Kinder und auch für meine beiden Enkel hatte ich immer zu wenig Zeit. Jetzt macht mir mein Urenkelkind viel Freude!«

Hermann plante im vergangenen Sommer mit einer Freundin ein paar Tage nach Langeoog zu reisen. Als ich ihn anrief, klang seine Stimme etwas schleppend und viel leiser als sonst. »Ich werde nicht fahren«, sagte er, »ich hatte einen Schlaganfall.« Ich besuchte Hermann. Er hatte Kaffee gekocht und den Tisch mit dem Blümchengeschirr gedeckt, wie immer. Seine Bewegungen aber waren deutlich langsamer. »Ich sterbe«, sagte Hermann und in seiner Stimme lag kein Bedauern. »Es gibt einen Krebs in meiner Lunge, der wächst nur sehr langsam, aber ich bekomme manchmal sehr schlecht Luft. Ich brauche jetzt auch einen Blasenkatheter und muss einen Urinbeutel tragen. Aber das geht schon. Mich ärgert ein bisschen, dass ich versprochen habe, eine Rede zur 125 Jahrfeier meiner Schule im nächsten Jahr zu halten. Das schaffe ich nicht mehr.« »Hast Du Schmerzen?« fragte ich ihn. »Nein, eigentlich nicht«, meinte er, »und ich werde gut versorgt. Ich habe eine nette Putzfrau und meine Nachbarin Helga hilft mir viel. Zweimal die Woche kocht meine Tochter für mich und zweimal Helga. Den Rest schaffe ich.«

Damit war für Hermann das Thema beendet. Er beklagte, dass die AfD immer stärker würde und erzählte von einer Diskussion, die er im Fernsehen verfolgt hatte. Danach ließ sich Hermann Neuigkeiten von meiner Familie erzählen. Bei meinem nächsten Besuch, den ich telefonisch angekündigt hatte, stellte ich fest, dass Hermann deutlich abgenommen hatte. Ich kam morgens, etwas früher als geplant zu ihm. Er saß vor dem Waschbecken im Badezimmer und rasierte sich. »Entschuldige«, sagte er, »ich brauche für alles viel Zeit. Ich bin so oft müde. Nach dem Frühstück schlafe ich jetzt immer noch eine Stunde. Deshalb rasiere ich mich auch so spät. Machst du dir selbst einen Kaffee? Ich fühle mich so schlapp.« Als ich Hermann nach einer halben Stunde verließ, wirkte er erschöpft und sehr alt.

Wir telefonierten ein oder zweimal in der Woche. Oft waren die Gespräche nur kurz und ich stellte fest, dass Hermann kaum noch über Politik sprach, die ihn immer so sehr interessiert hatte. Es ging um die kleinen Dinge des Alltags. Hermann erzählte mir von Besuchen, von Briefen und E-Mails, die er bekam. Bei meinem nächsten Besuch sprach Hermann zum ersten Mal über Schmerzen. Er nähme jetzt regelmäßig starke Schmerzmittel, meinte er: »Es geht zu Ende.« »Hast du Angst vor dem Sterben, Hermann?«, fragte ich ihn. Er überlegte einen Moment, dann antwortete er: »Ich glaube nicht. Ich hatte ein langes, reiches Leben, eine Frau, die ich geliebt habe. Wir haben viele Reisen gemacht, und wir hatten immer ein offenes Haus. In der letzten Zeit denke ich oft an meine Eltern. Sie haben mir immer gezeigt, wie wichtig ich für sie bin. Immer haben sie mich unterstützt, mir geholfen, meine Ziele zu erreichen. Als ich aus der sowjetischen Kriegsgefangenschaft zurückkam, waren sie überglücklich. Das hat mir Kraft für mein ganzes Leben gegeben. Ich werde bald nicht mehr leben – das ist ein seltsamer Gedanke. Ich bin einfach nicht mehr da.«

Ich besuchte Hermann an einem der ersten schönen Frühlingstage. Im Wohnzimmer stand nun ein Krankenbett. Hermann lag, von vielen Kissen gestützt im Fernsehsessel, neben ihm ein Sauerstoffgerät. Das Atmen fiel ihm sehr schwer. Hermann sah ganz klein und alt aus. Als ich ihn umarmte, fühlte ich seine Knochen durch den dicken Strickpullover. »Ich sterbe«, sagt er, »aber ich mag auch nicht mehr. Ich bin unendlich müde. Vielleicht ist Sterben so: Immer mehr und mehr schlafen und irgendwann nicht mehr aufwachen.« Wir tranken Tee zusammen Hermann erzählte, dass er am Abend vorher eine Dokumentation über eine Grönlandreise im Fernsehen gesehen habe. Reiseberichte, die sähe er jetzt am liebsten. Ich verabschiedete mich, als ich das Gefühl hatte, mein Besuch strenge Hermann zu sehr an. »Ich komme nächste Woche wieder«, sagte ich. »Ich glaube nicht«, antwortet Hermann, »es ist wohl heute das letzte Mal.« Er behielt Recht. Am Sonntag nach meinem Besuch ist Hermann gestorben.

M. BZ.

Der Welleneffekt

Was kann noch ein gutes Gefühl machen, wenn das Ende des Lebens näher rückt, wenn sich die Frage stellt: Was bleibt denn von mir übrig? Jeder Mensch, der schon einmal den Haushalt eines anderen Menschen aufgelöst hat, fühlt am Ende erschüttert: Das ist alles? Da Menschen selten mit ihren Eltern in einem Haushalt leben und auch nicht in deren Häuser einziehen, da sie längst ein eigenes Leben woanders haben, wird das, was nach dem Tod übrigbleibt, oft zur Last. Es muss verkauft, verschenkt oder sogar auf den Sperrmüll gebracht werden. Ein paar Erinnerungstücke bleiben vielleicht: das gute Geschirr, ein paar Bilder, die Feldpostbriefe des Vaters … So wird es nach dem eigenen Tod wahrscheinlich auch sein. Was bleibt von mir?

Vielleicht tröstet uns ja tatsächlich das, was Irvin D. Yalom (*1931) den »Welleneffekt« nennt: Wir geben etwas weiter, bleiben lebendig in der (möglichst positiven) Erinnerung anderer Menschen, Freunde, Nachbarn, Kollegen. Wir geben dankbar weiter, was wir Gutes erhalten haben und die Beschenkten geben es auch weiter. Dankbarkeit und Großzügigkeit machen wunderbare Wellen. Wie viele Alte sprechen heute noch über ihre wunderbaren Erlebnisse mit ihren Großeltern – und wenn ihre Enkel diese Geschichten weitererzählen, haben wir eine sehr lange Zeit des Gedenkens. Gleichzeitig gibt es einige Menschen, die in unserem Leben wichtig waren, ohne dass wir in einem persönlichen Kontakt zu ihnen standen. Dazu gehören zum Beispiel Künstler, Philosophen und Politiker. Sie üben ihren Welleneffekt schon zu Lebzeiten aus – und über den Tod hinaus.

Ein Nachruf

Gerade an meinem Geburtstag – den ich lieber mit dem Martinsfest als mit dem Beginn des Karnevals assoziiere (in meinem Herzen bin ich katholisch geblieben), erreichte mich die Nachricht vom Tod Leonard Cohens. Ich habe mich gewundert, wie sehr mich das getroffen hat. Ich habe mir nie vorstellen können, dass dieser Mann sterben kann. – Freud sagt ja, das Unbewusste kennt keinen

Tod. – Cohen war in unterschiedlicher Wichtigkeit, seit fast 50 Jahren ein Wegbegleiter für mich. Ich sah ihn zum ersten Mal 1976 in Münster live. Da kannte ich seine Musik schon seit 1969 *(Songs from a room)*. Die Musik war wichtig, gerade in dieser Nachkriegszeit, in der es in Deutschland (noch) nicht wieder möglich war, (Volks-)Lieder zu singen. Hier vermittelten er und andere, wie Bob Dylan und Joan Baez, die Lust am Singen. Von ihnen lernten wir, Musik positiv zu nutzen, sie war Lebensgefühl und Lebensausdruck und auch Ausdruck unserer politischen Position.

2010 besuchte ich noch einmal ein Konzert von Cohen. Da war er 76 Jahre alt, er sang souverän und bemerkenswert uneitel. Er hatte ein erstaunlich respektvolles Verhalten seiner Band und auch dem Publikum gegenüber. Der Mann war einfach glaubwürdig und integer. Auf diese Weise alt zu werden, nach all den Wirren, Erfolgen und Leiden eines langen Lebens – das hat mich sehr beeindruckt. Überhaupt hat mich Cohen in meinem Leben, natürlich mit langen Pausen, intensiv begleitet. Wie viel Kummer wurde gelindert mit Rotwein und seinen Liedern. Und wie viele schöne Momente gab es mit »Suzanne«, »Joan of Arc« oder »Green Sleeves« am Lagerfeuer. Einer spielte Gitarre und alle anderen kannten die Texte, mindestens von »Bird on a Wire« und »Suzanne«.

So wie Cohen gab es auch andere Künstler, sogar Politiker oder Songschreiber, die wichtig für die Bildung der Identität unserer Generation waren. Manche sind früh gestorben, manche waren nur Begleiter in gewissen Phasen. Da wären die Rolling Stones und die Sänger des legendären Woodstock-Festivals – wer kann sich nicht an Janis Joplin und ihr »Me and Bobby McGee« erinnern, vielleicht noch an Jimmy Hendriks? Es gab wichtige politische Sänger wie Franz-Josef Degenhardt oder Hannes Wader. Daneben spielten auch politische aktive Personen wie Che Guevara, den die US-Zeitschrift Time 1999 zu den 100 einflussreichsten Menschen des 20. Jahrhunderts zählte, und Mahatma Gandhi eine große Rolle. Zu ihren Lebzeiten wirkten Menschen wie John F. Kennedy und Martin Luther King identitätsstiftend. Wir waren noch jung, als sie starben und ihr Tod war uns ebenso fern wie erschütternd. Cohens Tod, dass erkennt man anhand der Präsenz in den öffentlichen Medien, geht vielen Menschen nah.

A. R.

*

Ein anderes Beispiel des Welleneffekts zeigt folgende – sehr persönliche – Geschichte.

Du fehlst mir

Bei unserem Besuch auf dem Waldfriedhof liegt Frühling in der Luft. Es ist ein Sonntag im April und das erste zaghafte Grün beginnt sich an den Bäumen zu zeigen. Nur der Wind ist noch kalt. Der Friedhof ist sehr groß. Wir laufen vorbei an Gräberreihen von Zwangsarbeitern und Kriegsgefallenen, an Kanälen, die mit Entengrütze bedeckt sind, an künstlichen Seen und am islamischen Teil des Friedhofs, vorbei an Grabsteinen aus Marmor mit Minarettnachbildungen, an Gräbern, bedeckt mit Kieselsteinen und Kunstblumen, bis wir an dem Platz stehen, an dem Petras Urne vor drei Monaten begraben wurde.

Es gibt nur einen Stein auf einer Stehle mit Petras Namen. Die Urne ist an einer anderen Stelle beigesetzt. Ein Grab hat Petra nicht. Die leise, ruhige Frau ist ganz still aus dieser Welt gegangen.

Petra war meine Kollegin, aber eigentlich viel mehr als das. Sie nahm an meinem Leben teil und erlaubte mir kleine Einblicke in ihres. Sie legte mir Zeitungsausschnitte über Georgien ins Fach, als mein jüngerer Sohn seinen Freiwilligendienst in Tiblissi antrat, sie schenkte mir das Buch *Hadschi Murat* von Leo Tolstoi, als wir unseren Sohn besuchten.

Petra wäre gerne selbst nach Georgien gereist. Sie hatte vor Jahren in Moskau und St. Petersburg Russisch gelernt und in einer Frauenberatungsstelle gearbeitet. Immer wieder besuchte sie Freunde in Russland oder lud sie zu sich ein. Die ehemaligen Sowjetstaaten interessierten sie sehr, aber sie konnte sich Reisen dorthin nicht leisten. Petra liebt es, Menschen zu beschenken. Sie fuhr zu einer ehemaligen Kollegin, um ihr ein Babyjäckchen und ein Buch zur Geburt ihres Kindes zu bringen und kaufte einen Bildband für eine andere Kollegin, deren Stelle eingespart wurde. Sie besuchte alte Menschen in der jüdischen Gemeinde, die aus der Ukraine eingewandert waren, um mit ihnen zu sprechen und kleine Besorgungen für sie zu machen. Ihr selbst fiel es allerdings schwer, etwas anzunehmen. Sie wollte die Theaterkarte, die ich für sie besorgt hatte, unbedingt bezahlen und hatte dem Kellner in einem unbeobachteten Moment das Geld für Kaffee und Kuchen bereits zugesteckt, sodass ich die Rechnung nicht mehr übernehmen konnte. Petra interessierte sich für Menschen. Sie hörte konzentriert zu, wenn man mit ihr sprach, fragte nach und gab niemals Ratschläge, um die man nicht gebeten hatte. Viele Jahre arbeiteten wir mittwochs zusammen im Spätdienst.

Fast immer nahmen wir uns die Zeit, um zusammen einen Tee zu trinken und über Filme, Theater und Bücher zu sprechen. Petra fragte nach dem Studium meiner Söhne und erzählte von ihrer »Ersatzfamilie« in Irland. Petras Schulfreundin Gisela hatte vor vielen Jahren nach Irland geheiratet und lebte mit Mann und vier Kindern in der Nähe von Dublin. Petra war ein Teil der Familie. Sie schrieb Giselas Töchtern lange Briefe und sprach mit ihnen über Probleme beim Studium, tröstete sie, wenn sie Liebeskummer hatten und freute sich mit ihnen über jede bestandene Prüfung. Giselas jüngster Sohn war Petras Patenkind. Ihm schickte sie deutsche Bücher und Hörspiel-CDs, damit er sich mit der Sprache seiner Mutter beschäftige. Petra flog regelmäßig nach Irland, um die Hochzeiten der Töchter mitzufeiern oder um allein mit der Freundin zu wandern.

Doch Petra konnte auch hartnäckig sein. Wenn sie etwas nicht wollte, ließ sie sich von ihrer Meinung nicht abbringen. Für ihre Arbeit war dies ein großer Gewinn: Sie setzte sich kompromisslos für unsere Klientinnen ein und wurde von ihnen dafür geliebt.

Petra ist gestorben, wie sie gelebt hat. Vier, fünf Wochen war sie krank, es ging ihr immer schlechter. Dann starb sie im Krankenhaus. Es gab keine Trauerfeier und keine Beerdigung. Niemand sprach auf dem Friedhof, als die Urne in den Boden gesenkt wurde. Petra war ein paar Jahre jünger als ich. Manchmal sagte sie, dass es schade wäre, dass sie noch arbeiten müsse, wenn ich bereits in Rente wäre. Sie würde sich dann allein fühlen. Jetzt fühle ich mich allein, besonders an Mittwochnachmittagen.

Petra, Du fehlst mir – Du fehlst mir sehr.

M. BZ.

*

Petra hat, ganz anders als in ihrem Leben und sicher anders, als sie selbst es vermutet hätte, große Wellen gemacht. Sie hatte kein eigenes Haus, hatte keine Kinder, hat kein Buch geschrieben. Und trotzdem werden sie einige Menschen liebevoll in Erinnerung behalten. Wie sagte Bertolt Brecht doch: »Der Mensch ist erst wirklich tot, wenn niemand mehr an ihn denkt.«

Statt eines Nachwortes: Ein neuer Blick auf ein Märchen

Wir stellen Ihnen dieses kurze Märchen noch einmal vor – alle Leserinnen und Leser werden sich sicher daran erinnern:

Es war einmal ein alter Mann, der konnte kaum gehen, seine Knie zitterten, er hörte und sah nicht viel und hatte auch keine Zähne mehr. Wenn er nun bei Tisch saß und den Löffel kaum halten konnte, schüttete er Suppe auf das Tischtuch, einige Flüssigkeit floss ihm auch wieder aus dem Mund. Sein Sohn und dessen Frau ekelten sich davor und deswegen musste sich der alte Großvater endlich hinter den Ofen in die Ecke setzen. Und sie gaben ihm sein Essen in ein irdenes Schüsselchen und noch dazu nicht einmal voll, da sah er betrübt nach dem Tisch und die Augen wurden ihm nass. Einmal auch konnten seine zitterigen Hände das Schüsselchen nicht festhalten, es fiel zur Erde und zerbrach. Die junge Frau schalt, er aber sagte nichts und seufzte nur. Da kauften sie ihm ein hölzernes Schüsselchen für ein paar Heller, daraus musste er nun essen: Wie sie nun da so sitzen, so trägt der kleine Enkel von vier Jahren auf der Erde kleine Brettlein zusammen. »Was machst du da?«, fragt der Vater. »Ei«, antwortete das Kind, »ich mach ein Tröglein, daraus sollen Vater und Mutter essen, wenn ich groß bin.« Da sahen sich Mann und Frau eine Weile an, fangen endlich an zu weinen, holten alsofort den alten Großvater an den Tisch und ließen ihn von nun an immer mit essen, sagten auch nichts, wenn er ein wenig verschüttete.

Wiedererkannt? Bekannt ist auch der moralische Zeigefinger dieses Märchens: Behandle deine Eltern gut, auf dass du gut von deinen Kindern behandelt werden mögest. Der Ursprung dieses Märchens ist vermutlich ein Mahngedicht von Johann Michael Moscheroschs aus dem *Kinderspiegel* von 1643 (weiß wikipedia.org zu berichten).

Eine ganz andere Interpretation lieferte der Psychologe Günter Heisterkamp. Er nennt die Geschichte ein »Märchen zur Wirklichkeit des Altwerdens« (Heisterkamp, 2009, S. 399). Um es vorwegzunehmen: Heisterkamp glaubt nicht, dass ein vierjähriges Kind in der Lage wäre, vor seinen Eltern als moralische Instanz aufzutreten. Es kann noch nicht von seinen Eltern sagen, dass sie Fehler machen, den Großvater nicht beschämen sollen und daran zu denken haben, dass sie auch einmal alt werden. Deshalb geht Heisterkamps Deutung, die kindliche Psyche realisierend, in eine ganz andere Richtung.

Der alte Großvater lebt also in dem Haus, das sicher ehemals sein eigenes gewesen ist. Das Alter macht ihn zittrig und er »verliert zunehmend seine kultivierten Lebensformen« (ebd., S. 340), sodass er Sohn und Schwiegertochter lästig wird. Sie ekeln sich sogar vor ihm und bringen ihn zwar nicht »ins Heim«, aber doch an einer Stelle unter, wo ihnen die Mahnung des Altwerdens nicht vor Augen steht, also hinter den Ofen. Sie geben ihm außerdem ein Essgeschirr, das er nicht zerbrechen kann, dass aber sicher ästhetische Mängel aufweist.

Der vierjährige Sohn sieht das. Und er liebt sowohl den Großvater als auch seine Eltern. Da er sich nicht vorstellen kann, dass die Eltern den Großvater nicht ebenfalls lieben, sieht er in ihrem Verhalten auch diese Liebe. Worin sich die beiden Interpretationen einig sind, ist, dass das Kind das Verhalten der Eltern als Vorbild sieht. Es macht sich also gleich daran, diesem Vorbild nachzueifern. Das ist gar nicht anders denkbar, weil der Sohn sich in einem Alter befindet, in dem er noch gar nicht anders kann als seine Eltern zu idealisieren. Und genau das, schreibt Heisterkamp, bringt die Eltern zu ihrem Sinneswandel. Sie nehmen die Liebe des Kindes wahr:

> »In diesem Moment sind sie [die Eltern] durch das Erleben ihres Kindes in ihrer eigenen primären Liebe zu ihren Bezugspersonen berührt worden. Dabei erweitert sich ihr Bewusstsein: Sie können sich besser in die seelische Wirklichkeit des Kindes als auch in die des Großvaters einfühlen. […] Die Eltern lassen sich von dem liebevollen Verhalten ihres Kindes berühren und sie merken, was sie hier zur eigenen Selbststabilisierung mit ihrem Vater bzw. Schwiegervater gemacht haben« (ebd., S. 342).

Eine Ahnung von der heilsamen, versöhnlichen Liebe der Kinder konnten wir schon in der Geschichte vom kleinen dicken Vater erleben. Oft sehen Eltern auch den liebevollen Umgang der Großeltern mit ihren Enkelkindern und sie können ein wenig von ihrer eigenen Traurigkeit über die Mängel ihrer Kindheit loslassen. Diese Versöhnung über die Grenzen der Generationen hinaus ist einfach eins der vielen kleinen Geschenke, die uns im Alter gemacht werden.

Anhang: Was dieses Buch offenlässt

Patientenverfügung

In einer Patientenverfügung legt man fest, welche medizinischen Behandlungen vorgenommen oder unterlassen werden sollen, wenn man nicht mehr in der Lage ist, seine Wünsche zu erklären. Die Patientenverfügung richtet sich in erster Linie an den behandelnden Arzt und sagt ihm, welche Maßnahmen er vornehmen kann und welche nicht. So kann zum Beispiel festgelegt werden, dass man nicht künstlich beatmet werden möchte, das Antibiotika nicht mit dem ausschließlichen Ziel der Lebensverlängerung verabreicht werden, dass es keine künstliche Ernährung gibt und dass auch alle anderweitigen Versuche zur Lebensverlängerung unterlassen werden sollen. In der Regel wird in einer Patientenverfügung auch festgelegt, wer bevollmächtigt ist, den Willen des Kranken oder Sterbenden durchzusetzen. An diese Person wird der Arzt sich wenden. Das können der Ehepartner, der Sohn oder die Tochter sein, aber auch eine Person, die nicht zur Familie gehört. Eine Patientenverfügung muss schriftlich abgefasst sein und kann jederzeit geändert oder widerrufen werden.

Betreuungsverfügung

Eine kranke oder behinderte erwachsene Person erhält eine rechtliche Betreuung, wenn sie selbst nicht in der Lage ist, ihre Angelegenheiten zu regeln. In der Betreuungsverfügung wird festgelegt, ob ein vom Gericht bestellter Betreuer, ein Verwandter oder ein Freund im späteren Krankheitsfall, etwa bei Demenz, die Betreuung übernehmen soll.

Testament

Es gibt zwei Möglichkeiten, ein Testament zu erstellen. Man kann einen Notar aufsuchen und mit ihm gemeinsam ein Testament verfassen. Dieses Schriftstück wird in der Kanzlei hinterlegt und im Todesfall in Gegenwart der Erben geöffnet und gelesen. Gültig ist aber auch ein handschriftliches Testament. Dabei ist es wichtig, dass der Text vollständig mit der Hand geschrieben ist. Ortsangabe, Datum und Unterschrift dürfen nicht fehlen. Das Testament kann jederzeit verändert werden. In diesem Fall ist das neuere Testament gültig. Alle Angaben, wie die Namen der Erben oder die Bezeichnungen der Dinge, die vererbt werden sollen, müssen möglichst konkret formuliert sein. Das Testament sollte an einem sicheren Ort aufbewahrt werden, aber auch so, dass es schnell gefunden werden kann. Eine andere Möglichkeit ist es, das Testament beim Amtsgericht zu hinterlegen. Dort wird es im zentralen Testamentsregister verzeichnet.

Vorsorge für die Bestattung

Jeder Mensch kann bereits zu Lebzeiten Kontakt zu einem Beerdigungsunternehmen herstellen und einen Vertrag abschließen, in dem alle Angelegenheiten der eigenen Bestattung aufgeschrieben werden. So wird im Vertrag festgelegt, ob eine Erd- oder Feuerbestattung gewünscht wird. Ein Sarg kann ausgesucht, ein Friedhof kann bestimmt werden. Auch die Art der Trauerfeier, zum Beispiel religiös gestaltet oder mit der Ansprache eines freien Redners, kann festgelegt werden. Es können sogar schon die Bestattungskosten verrichtet werden.

Demenz

Die Demenz zählt zu den häufigsten Gesundheitsproblemen im höheren Lebensalter. Erinnerungsvermögen und Orientierungsfähigkeit lassen nach, soziales Verhalten kann sich verändern. Der Begriff »Demenz« beschreibt – anders als der Begriff »Alzheimer« – keine Krankheit, sondern ein Bündel an Symptomen.

Die Häufigkeit von Demenzerkrankungen nimmt mit dem Lebensalter zu. Sind in der Altersgruppe von 70 bis 74 Jahre noch unter 4 % betroffen, so sind es bei den 80 bis 84-Jährigen bereits mehr als 15 %, bei den über 90-Jährigen mit 41 % sogar rund zwei Fünftel. In Einzelfällen können aber auch unter 65-Jährige an einer Demenz erkranken (sie machen einen Anteil von 0,1 % aus).

Es gibt eine Menge Ratschläge, was zu Verhinderung – oder zum Aufschub einer solchen Erkrankung zu tun möglich ist. Das Buch *Alzheimer ist heilbar* (Nehls, 2015) bietet eine Menge solcher Hinweise. Im Augenblick (Ende September 2016) machen vielversprechende medizinische Entdeckungen neue Hoffnungen. Wichtig ist, sich im Fall einer Diagnose ausführlich über den Umgang mit der neuen Situation zu informieren, ganz gleich, ob die Diagnose einen selbst, Angehörige oder Freunde betrifft. Interessanterweise scheint das Risiko, an Alzheimer zu erkranken, in Indien deutlich geringer zu sein.

Pflegebedürftigkeit

Eine kleine Statistik aus der Zeitschrift *Stern* vom 2. Juni 2016 ist sehr beruhigend. Bis zu einem Alter von 79 Jahren sind weniger als 10 % aller Männer und Frauen pflegebedürftig. Danach steigt die Quote bei Frauen stärker als bei Männern:

80–84 Jahre:	Männer ca. 17 %, Frauen ca. 24 %
85–90 Jahre:	Männer ca. 30 %, Frauen über 40 %
über 90 Jahre:	Männer ca. 52 %, Frauen ca. 68 %

Das statistische Bundesamt fügt hinzu, dass über 70 % der Pflegebedürftigen zu Hause gepflegt werden. Diese Zahl kann noch aufgeschlüsselt werden nach privater und professioneller Pflege.

Informationen über häusliche Pflege, Pflegeversicherung und Anträge informiert jede Krankenkasse und diese Website: www.pflegeverantwortung.de.

Stress

Eigentlich würde man denken, im Alter gäbe es keinen Stress mehr, weil es keine formalen Verpflichtungen mehr gibt, wie man sie noch im Berufsleben hatte. Leider ist oft das Gegenteil der Fall. Gewohnheiten wie Sorgfältigkeit, Pflichttreue, Verbindlichkeit, Arbeitseifer, oft über die eigenen Grenzen hinaus, lassen sich nicht so schnell ablegen. So kann auch der frei gewählte Englischkurs, der doch »eigentlich nichts bringt«, mit dem Pflichtgefühl verbunden sein und nur mit einem schlechten Gewissen abgebrochen werden. Das Gefühl von wirklicher Freiheit muss erst wachsen und sich im Bewusstsein und im Gefühl verankern. Sie sagen: »Ich habe den Kurs aber bezahlt!« – »Ja und? Er kostet dasselbe, ob Sie nicht hingehen oder hingehen und sich ärgern!«

Eine andere Ursache für Stress ist es, sich selbst (zu) viele neue Aufgaben aufzuladen, zum Beispiel die regelmäßige Versorgung eines Enkelkindes statt eines »normalen« Großeltern-Enkel-Kontaktes. Stress bedeutet zweierlei: Erstens die Angst, nicht zu schaffen, was ich tun will/muss (das Gefühl von Überforderung) sowie zweitens den Widerstand gegen das, was ich tun sollte oder müsste (zeigt sich zum Beispiel in dem Gefühl, ausgenutzt zu werden). Die Lösung ist denkbar einfach: sich auf die eigene Freiheit besinnen, »Nein« sagen zu dürfen und achtsam »Ja« zu sagen.

Sport und Bewegung

Ob jemand Freude am Sport hat, hängt in erster Linie mit früher Sozialisation zusammen, des Weiteren mit der beruflichen Belastung (körperlich arbeitende Menschen haben eher das Bedürfnis nach Ruhe als nach Bewegung). Auch wenn die gesundheitsrelevanten Vorteile hinlänglich bekannt sind, gibt es immer noch viele Menschen, die sich nicht zu einem regelmäßigen Sportprogramm motivieren können. Da bleibt nur die alte Weisheit, dasjenige zu lassen, was man nicht tun will. Genau das ist doch die große Freiheit im Alter. Wenn das schlechte Gewissen gar zu sehr drückt, helfen moderate Auswege – auch bekannt als »lieber die Treppe nehmen als den Fahrstuhl«. Hilfreich ist auch ein sogenannter »Personal Trainer«. Das klingt exotischer, als es ist. Wie wäre es mit einer Yogalehrerein, die ins Wohnzimmer kommt, wo zwei bis vier Freundinnen sich zusammenfinden? Der Tanztee in der benachbarten Altentagesstätte könnte ja sogar Spaß machen. Und natürlich: Wenn jemand Marathonlaufen oder Berge erklimmen, den Ärmelkanal durchschwimmen oder den Jacobsweg erwandern möchte, seien ihm oder ihr dabei viel Freude und angenehme Weggefährten gewünscht!

Ernährung

Hier gilt das Gleiche wie für den Sport. Es kostet eine große Anstrengung, seinen Speiseplan auf »gesund« umzustellen und dabei zu bleiben. Die Hauptsache ist, viel zu trinken und regelmäßig Obst und Gemüse zu essen. Beim Fleisch ein bisschen sparen (oder es ganz wegzulassen) und auch beim Alkohol zurückhaltend zu sein. Das klingt doch – zusammen mit der moderaten Bewegung – im Großen und Ganzen schon sehr gesund.

Lebenslanges Lernen

Natürlich dürfen alle alten Menschen so lange lernen, wie sie möchten. Dieses Stichwort erscheint allerdings häufig als ernsthafte Warnung, die leicht implizieren könnte: Wer das nicht tut, wird dement. Nun wissen inzwischen alle Hirnforscher (besonders informativ und erfrischend ist Prof. Dr. Gerhard Hüter), dass Lernen nur funktioniert, wenn der oder die Lernende Spaß daran hat und ein wirkliches Interesse für die Sache. Es ist bedauernswert wie wenig Lehrende sich nach dieser Grundvoraussetzung richten. Für das Gehirn ist es gleich effektiv, ob wir chinesisch lernen oder mit Liebe und Freude unseren Kontakt zu unseren Enkelkindern pflegen und an ihren Spielen teilnehmen. Und kein »Gehirnjogging« kann verhindern, dass unsere Großhirnrinde ein wenig schrumpft und dass darunter unser Kurzzeitgedächtnis leidet und uns manchmal Namen oder Orte gerade nicht einfallen. Der einfache Trick ist hier, sich nicht anzustrengen, sondern sich möglichst einem anderen Thema zuzuwenden. Nach einigen Augenblicken klickt es im Gehirn, und das gesuchte Wort ist wieder da.

Kommentierte Literaturliste

Backes, G.M. & Clemens, W. (2013). *Lebensphase Alter: Eine Einführung in die sozialwissenschaftliche Alternsforschung.* Weinheim: Beltz-Juventa.

Beauvoir, S. de (1977). *Das Alter.* Reinbek bei Hamburg: Rowohlt Verlag.

Das erste Buch, das sich – es erschien erstmals 1970 auf Französisch – ausführlich, empathisch und engagiert mit dem Alter und seinem Platz in der Gesellschaft beschäftigt. Vieles von dem, was die Autorin darin ausführt, gilt auch noch heute: Auf die Frage »Wie müsste eine Gesellschaft beschaffen sein, damit ein Mensch auch im Alter ein Mensch bleiben kann?« gibt Beauvoir die Antwort: »Er muss immer schon als Mensch behandelt worden sein. Das Schicksal, das sie ihren nicht mehr arbeitsfähigen Mitgliedern bereitet, enthüllt den wahren Charakter der Gesellschaft.«

Bode, S. (2015a). *Die vergessene Generation. Die Kriegskinder brechen ihr Schweigen.* Stuttgart: Klett-Cotta.

Das Buch hilft Kindern, deren Eltern zwischen 1935 und 1945 geboren sind, diese besser zu verstehen, besonders ihren Ehrgeiz und ihre Härte in der Erziehung.

Bode, S. (2015b). *Kriegsenkel. Die Erben der vergessenen Generation.* Stuttgart: Klett-Cotta.

Zusammen mit dem vorhergehenden Band bildet dieses Buch eine eindrucksvolle Beschreibung des Kriegswirkens, der Traumatisierungen und der Verdrängung von Schuld über die Generationengrenzen hinweg.

Böner Zollenkopf, M. (2012). *Die Breidbachs. Lebenslang politisch aktiv.* Bremen: Kellner Verlag.

In diesem Buch finden Sie die Geschichte von Herbert und seiner Frau, die Geschichte eines politischen, antifaschistischen Engagements bis ins sehr hohe Alter.

Brecht, B. (2013). *Kalendergeschichten.* Frankfurt am Main: Suhrkamp.

Choron, J. (1967). *Der Tod im abendländischen Denken.* Stuttgart: Klett.

Das Buch verfolgt die Sicht auf Tod und Sterben von der Antike bis zur Mitte des 20. Jahrhunderts. Es ist besonders denjenigen empfohlen, die Interesse an philosophischen Aspekten des Alters gefunden haben. Leider ist es nur noch antiquarisch erhältlich.

Dürr, H. (2011). *Über das Alter. Ein Gespräch mit Cato über Jugendwahn, Weisheit und Vergänglichkeit.* Köln: Quadriga.

Ein kluger, fiktiver Dialog zwischen dem ehemaligen Präsidenten der deutschen Bundesbahn und dem römischen Feldherren und Schriftsteller Cato. Er weckt die Lust auf Philosophie über das Alter.

Erikson, E. H. (1973). *Identität und Lebenszyklus.* Frankfurt am Main: Suhrkamp.

Dieser erstmals 1959 in englischer Sprache erschienene Band bietet eine gut lesbare Entwicklungspsychologie, die unterschiedlichen Reifungsaufgaben der Altersstufen beschreibt.

Franz, M.-L. von (1992). *Der ewige Jüngling. Der Puer Aeternus und der kreative Genius im Erwachsenen.* München: Kösel.

Estés, C. P. (2012). *Der Tanz der großen Mutter. Von der Jugend des Alters und der Reife der Jugend.* München: Heyne.

Die »Große Mutter« spielt in vielen Mythen der Welt eine herausragende Rolle und ist ein klassischer weiblicher Archetyp des Alters – und vielleicht auch ein gesellschaftlicher Anspruch an älter werdende Frauen.

Freud, S. (1982). *Zeitgemäßes über Krieg und Tod.* Frankfurt am Main: Fischer.

Eine frühe Untersuchung Freuds darüber, warum es den Menschen so leichtfällt, in einen Krieg zu ziehen. Seine Antwort: Es geht nicht nur um eine (wie auch immer geartete) »gerechte Sache«. Der Kampf ist nur möglich, wegen unserer tiefen Überzeugung, unsterblich zu sein, so Freud.

Frisch, M. (1975). *Stich-Worte.* Frankfurt am Main: Suhrkamp.

Fritsche, L. (2016). »Ich muss aufpassen, dass ich ihn nicht entschuldige«, *Süddeutsche Zeitung Magazin*, Nr. 41, S. 26–32.

Ein gut aufbereiteter Artikel über Hilde Schramm, der Tochter von Hitlers Architekt Albert Speer.

Gorz, A. (2009). *Brief an D. Geschichte einer Liebe.* München: btb.

Der französische Sozialphilosoph beschreibt in einem Brief an seine fast 82-jährige Frau das Werden und Sich-Entwickeln seiner Liebe zu ihr. Es ist anrührend zu lesen, wie eine Beziehung über 60 Jahre bestehen und lebendig bleiben kann.

Hammer, E. (2007). *Männer altern anders. Eine Gebrauchsanweisung.* Freiburg/Basel/Wien: Herder.

Dieses Buch Eckart Hammers richtet sich an Männer, die nicht mehr berufstätig sind oder bald in Rente gehen und sich damit auseinandersetzen wollen, wie sie ihre nächsten Lebensjahre gestalten. Das Buch ist kein Ratgeber im eigentlichen Sinne, aber es wird immer wieder darauf hingewiesen, wie wichtig es ist, sich nicht zu sehr von den negativen Erscheinungen des Alterns beeinflussen zu lassen.

Heisterkamp, G. (2009). Der alte Großvater und sein Enkel. *Psychotherapie im Alter, 6*(3), 339–352.

Hesse, H. (1974). *Demian. Die Geschichte von Emil Siclairs Jugend.* Frankfurt am Main: Suhrkamp.

Ein schöner Entwicklungsroman, der die These C. G. Jungs bestätigt, dass die Bewältigung einer Krise zur Persönlichkeitsentwickung führt.

Hohmeier, J. & Pohl, H.-J. (1978). *Alter als Stigma oder Wie man alt gemacht wird.* Frankfurt am Main: Suhrkamp.

Eine historisch außerordentlich interessante Aufsatzsammlung, die die veränderte Bedeutung des alten Menschen in unserer Gesellschaft spiegelt: von einer überflüssig gewordenen Menschengruppe zum Objekt der Begierde für Handel, Medizin und Freizeitindustrie.

Ironside, V. (2010). *Nein! Ich will keinen Seniorenteller.* München: Goldmann.

Unterhaltsame Literatur mit realistischen Geschichten vom Älterwerden, nicht idealisierend und mit viel Humor geschrieben. Auch zu empfehlen sind die von Hannelore Hooger gelesenen, bei Random House Audio erschienenen Hörbuchfassungen.

Jung, C. G. (1990). *Archetypen.* München: dtv.
Jungs Theorie der Archetypen als Grundlage seiner Psychologie.

Jung, C. G. (2013). *Kleines Lexikon der Analytischen Psychologie.* Ostfildern: Patmos.
Eine gut verständliche Einführung in Jungs Gedankengebäude – von ihm selbst geschrieben.

Kakar, S. (1999). Das hinduistische Weltbild. In: D. Riemenschneider (Hrsg.), *Shiva tanzt. Das Indien-Lesebuch.* Zürich: Unionsverlag.
Das Buch zeigt viele Facetten des uns so exotisch erscheinenden Landes.

Kakar, S. (2012). *Die Seele der Anderen. Mein Leben zwischen Indien und dem Westen.* München: C. H. Beck.
Diese Autobiografie des bekannten indischen Psychoanalytikers und Romanciers beschreibt das Leben in zwei Welten. Kakar hat in Hamburg studiert und ist mit einer deutschen Frau verheiratet. Seine Beschreibung umfasst auch die Beziehungen zwischen Eltern und Kindern, Paaren und das unterschiedliche Verständnis vom Altwerden.

Kornfield, J. & Feldman, C. (1998). *Geschichten, die der Seele gut tun.* Freiburg/Basel/Wien: Herder.
Heitere Geschichten zum Thema Gelassenheit und Spiritualität.

Mitscherlich, M. (2010). *Die Radikalität des Alters. Einsichten einer Psychoanalytikerin.* Frankfurt am Main: Fischer.
Dieses Buch schrieb Margarete Mitscherlich mit über 90 Jahren, zwei Jahre vor ihrem Tod. Hier schreibt sie noch einmal über ihre große Themen, über die Unfähigkeit zu trauern, die Emanzipation und die Stellung der Frau in der Gesellschaft. Aber auch über ihr Leben, ihre Familie, ihre Ehe, die Arbeit als Psychoanalytikerin. Das Buch ist ein Rückblick auf ein erfülltes Leben.

Nehls, M. (2015). *Alzheimer ist heilbar. Rechtzeitig zurück in ein gesundes Leben.* München: Heyne.
Der Titel verspricht (vielleicht?) zu viel, der Untertitel beschreibt seriöser, worum es geht. Ein »gesundes Leben« wird in allen Details beschrieben und

auch wenn es insgesamt vielleicht ein bisschen zu viel des Guten gibt, lädt es dazu ein, sich dasjenige herauszusuchen, was man braucht.

Onken, J. (2015). *Im Garten der neuen Freiheiten. Ein Reiseführer durch die späten Jahre.* München: C. H. Beck.

Die Autorin, die schon im Jahr 2000 mit ihrem Buch *Feuerzeichenfrau* vielen Frauen dabei half, die Wechseljahre nicht mehr als Katastrophe zu empfinden, nimmt sich hier mit der gleichen Intention das Alter vor. Sehr ermutigend – für Männer und Frauen!

Quinodoz, D. (2010). *Älterwerden. Eine Entdeckungsreise. Erfahrungen einer Psychoanalytikerin.* Gießen: Psychosozial-Verlag.

Eine wirklich lesenswerte, abwechslungsreiche Reise, in der viele Aspekte des Älterwerdens »besichtigt« werden, sowohl theoretisch als auch durch persönliche Erfahrungen der Autorin.

Radebold, H. & Radebold, H. (2015). *Zufrieden älterwerden: Entwicklungsaufgaben für das Alter.* Gießen: Psychosozial-Verlag.

Ein sehr differenziertes, realitätsbezogenes Buch über die Veränderungen im Alter und wie ihnen zu begegnen ist. Sehr akribisch und detailliert, es fehlt ein bisschen der Aspekt der Lust.

Ragde, A. B. (2016). *Die letzte Reise meiner Mutter.* München: btb.

Die Autorin beschreibt ihre eigene Geschichte auf dem Weg zum Erfolg und parallel dazu die letzten Jahre ihrer Mutter. Am Ende gelingt eine Wiederannäherung.

Reddemann, L., Kindermann, L.-S. & Leve, V. (2013). *Imagination als heilsame Kraft im Alter.* Stuttgart: Klett-Cotta.

Die Autorinnen stellen Imaginationsübungen vor und zeigen eindrücklich beschriebene Fallbeispiele für die Behandlung älterer Menschen, die an Traumafolgen leiden. Empfehlenswert für alle, die mit älteren Menschen arbeiten.

Roesler, C. (2016). *Das Archetypenkonzept C. G. Jungs. Theorie, Forschung und Anwendung.* Stuttgart: Kohlhammer.

Guter Einblick in die moderne Rezension der Jung'schen Theorien.

Rohwetter, A. (2016). *Es gibt ein Leben nach der Therapie. Therapieerfolge stabilisieren und Resilienz stärken.* Stuttgart: Klett-Cotta.

Anders, als der Titel sagt, ist dieses Buch auch für andere Leser geeignet. Es enthält Kapitel über die Individuation, Schattenseiten, die integriert werden müssen und viel Material zum Thema Meditation.

Rohwetter, A. (2017). *Versöhnung. Warum es keinen inneren Frieden ohne Versöhnung geben kann.* Stuttgart: Klett-Cotta.

Ein Fachbuch zu einem der wichtigsten Themen im Alter.

Seneca (1988). *De brevitate vitae. Die Kürze des Lebens.* München: dtv.

Seneca geht streng ins Gericht mit Menschen, die seiner Meinung nach das »kurze Leben« verschwenden. Aber er stellt auch – vor 2000 Jahren – bedenkenswerte Fragen, dieselben, die wir uns heute wieder stellen.

Stutz, P. (2015). *Deine Küsse verzaubern mich.* Freiburg/Basel/Wien: Herder.

Ein Buch über Erotik und Sexualität und die Spiritualität, in der sich (auch) die körperliche Liebe entwickeln kann.

Wauer, B. (2016). *Rabbi Wolff und die Dinge des Lebens.* Berlin: Hentrich & Hentrich.

Drei Jahre lang begleitete Britta Wauer den Rabbiner William Wolff. Im Frühjahr 2016 kam der sehenswerte Film *Rabbi Wolff* in die Kinos. In ihrem Buch lässt die Filmemacherin Wauer den Rabbiner aus seinem langen, spannenden Leben erzählen. Film und Buch sind unbedingt empfehlenswert.

Westendorf, R. (2015). *Alt werden, ohne alt zu sein: Was heute möglich ist.* München: C. H. Beck.

Ein Buch mit umfassenden Informationen über moderne Altersversorgung und die Veränderungen des Alterungsprozesses durch veränderte Lebensbedingungen. Nachteil: Auch dieses Buch enthält – schon im Titel – nahezu das Verbot, einfach (anerkannt und zufrieden) alt zu sein.

Wolff, C. (2004). *Letzte Szenen mit den Eltern.* München: Kunstmann.

Das Buch setzt sich mit den letzten Lebensjahren und dem Sterben der alten Eltern auseinander. Geschrieben von einer Tochter, die selbst schon älter ist. Deutlich wird die Verzweiflung, die die fortschreitende Krankheit der Mutter auslöst. Am Ende akzeptiert die Tochter den Abschied.

Yalom, I. D. (2008). *In die Sonne schauen.* München: btb.

Der amerikanische Psychiater und Psychotherapeut beschreibt die Angst vor dem Tod als universell und gleichzeitig als Chance, sich auf das Leben zu besinnen und es zu genießen, so lange es dauert. Darüber hinaus gibt es für ihn nichts.

Zweig, S. (1982 [1930/31]). *Die Heilung durch den Geist.* Frankfurt am Main: Fischer.

Internetquellen

Lehr, U. *Das Ende der Berufstätigkeit – Eine Zäsur im Lebenslauf.* Online unter: http://www.neoko.de/prof-ursula-lehr-das-ende-der-berufstatigkeit-eine-zasur-im-lebenslauf (26.07.16).

http://priscus.net/download/PRISCUS-Liste_PRISCUS-TP3_2011.pdf (20.09.16).

Die PRISCUS-Liste erfasst potenziell inadäquate Medikation für ältere Menschen und sollte jedem Arzt bekannt sein, der ältere Menschen behandelt. Sie zeigt Medikamente auf, die nicht (mehr) so gut verträglich sind und bietet Alternativen an.

https://www.deutsche-alzheimer.de/die-krankheit/haeufige-fragen-faq.html (22.09.16).

Offizielle Website der Deutschen Alzheimer Gesellschaft, informativ für Betroffene und Angehörige.

http://www.pflegeverantwortung.de (22.09.16).

Eine informative Seite, hauptsächlich gedacht für pflegende Angehörige, auch hilfreich für alle älterwerdende Menschen.

http://www.alzheimer.de (23.09.16).

Enthält wichtige Alltagratschläge zur Entlastung aller Betroffenen, ähnlich wie Pflegeverantwortung.de

Psychosozial-Verlag

Danielle Quinodoz

Älterwerden – Eine Entdeckungsreise

Erfahrungen einer Psychoanalytikerin

2010 · 260 Seiten · Broschur
ISBN 978-3-8379-2012-3

Die Autorin plädiert für die hilfreiche Rolle von Psychoanalyse und Psychotherapie bis ins hohe Alter und zeigt auf, dass Veränderung und Entwicklung immer möglich sind.

Eine Psychotherapie oder Psychoanalyse mit 70 Jahren? Ist das denn noch der Mühe wert? Diese von Betroffenen, Therapeuten oder Psychoanalytikern häufig gestellte Frage wird von der Autorin eindeutig bejaht. Sie belegt dies anhand zahlreicher Fallgeschichten aus ihrer Praxis und ihrer Supervisionstätigkeit an einer geriatrischen Klinik. Entscheidend ist ihrer Erfahrung nach die Motivation der Patienten, an einer Integration leidvoller und unabgeschlossener Aspekte ihrer Lebensgeschichte arbeiten zu wollen. Schwerpunkte sind dabei die innere Lebensgeschichte, das Erinnern, die Lebensphasen, die Angst vor dem Tod. Zudem behandelt die Autorin diese Themen auch in Bezug auf den Psychoanalytiker, der sich damit letztlich in gleicher Weise auseinandersetzen muss wie seine Patienten.

Walltorstr. 10 · 35390 Gießen · Tel. 0641-969978-18 · Fax 0641-969978-19
bestellung@psychosozial-verlag.de · www.psychosozial-verlag.de

Psychosozial-Verlag

Günter Heisterkamp

Vom Glück der Großeltern-Enkel-Beziehung

Wie die Generationen sich wechselseitig fördern

Juni 2015 · 281 Seiten · Broschur
ISBN 978-3-8379-2492-3

Günter Heisterkamp nimmt uns mit auf eine persönliche Expedition durch sechs Generationen.

In der Beziehung zwischen Großeltern und ihren Enkelkindern liegt ein großes Entwicklungspotenzial: Während vielfältiger Gelegenheiten können sich die Generationen wechselseitig bei der Bewältigung ihrer jeweiligen Entwicklungs- und Strukturierungsaufgaben unterstützen und das Miteinander genießen. So profitieren alle von den gemeinsamen Erfahrungen.

Im vorliegenden Buch werden die Freude und das Glück, das Großeltern und Enkelkinder miteinander erleben können, in den Fokus einer psychologischen Analyse gestellt. Ausgehend von persönlichen Erlebnissen mit seinen Enkelkindern kommt der Autor zu allgemeinen Schlussfolgerungen, die er mit Analysen verschiedener Kunstwerke aus Film, Literatur und Malerei untermauert. Großeltern, ihre Kinder und Enkelkinder erhalten durch die Lektüre zahlreiche Anregungen zur Reflexion und Belebung ihrer bisherigen Beziehungen.

Walltorstr. 10 · 35390 Gießen · Tel. 0641-969978-18 · Fax 0641-969978-19
bestellung@psychosozial-verlag.de · www.psychosozial-verlag.de

Psychosozial-Verlag

Till Bastian

Seelenleben

Eine Bedienungsanleitung für unsere Psyche

2016 · 162 Seiten · Broschur
ISBN 978-3-8379-2593-7

»Nachsichtig und fürsorglich mit sich selbst umgehen, damit die Seele nicht verkümmert – dazu fordert der Arzt und Psychotherapeut Till Bastian auf. Es geht ihm um Selbstberuhigung, Weisheit und das Wiederfinden von Humor. Sein schönes Lesebuch folgt der Aufforderung ›Erkenne dich selbst!‹ und ist voller Verweise auf Poesie, Philosophie und Literatur.«

Spiegel Wissen*, *1/2012

Viele Menschen investieren mehr Zeit und Energie – von Geld ganz zu schweigen – in die Wartung ihrer Autos als in die Pflege des eigenen Seelenlebens. Dieses Desinteresse hat oft fatale Folgen: Seelische Störungen mit Krankheitswert werden ignoriert und stellen eine Einschränkung unserer Flexibilität, eine Verminderung unseres inneren und äußeren Spielraums dar.

Till Bastian erläutert anhand vieler lebensnaher Beispiele ausführlich die Komplexität und Widersprüchlichkeit unseres Seelenlebens. Er liefert praktische Anregungen dazu, wie wir mit dieser inneren Vielfalt erfolgreich zurechtkommen können. Das Buch richtet sich an alle, die an Selbsterkenntnis und einem gelingenden Leben interessiert sind.

Walltorstr. 10 · 35390 Gießen · Tel. 0641-969978-18 · Fax 0641-969978-19
bestellung@psychosozial-verlag.de · www.psychosozial-verlag.de